寓生态文明于高校思政教育的创新研究

陈安琪　著

北京工业大学出版社

图书在版编目（CIP）数据

寓生态文明于高校思政教育的创新研究 / 陈安琪著
. 一 北京 ：北京工业大学出版社，2020.6（2022.1 重印）
ISBN 978-7-5639-7502-0

Ⅰ．①寓… Ⅱ．①陈… Ⅲ．①高等学校－思想政治教
育－研究－中国 Ⅳ．① G641

中国版本图书馆 CIP 数据核字（2020）第 134761 号

寓生态文明于高校思政教育的创新研究
YU SHENGTAI WENMING YU GAOXIAO SIZHENG JIAOYU DE CHUANGXIN YANJIU

著　　者：陈安琪
责任编辑：乔爱肖
封面设计：点墨轩阁
出版发行：北京工业大学出版社
　　　　　（北京市朝阳区平乐园 100 号　邮编：100124）
　　　　　010-67391722（传真）　bgdcbs@sina.com
经销单位：全国各地新华书店
承印单位：三河市明华印务有限公司
开　　本：710 毫米×1000 毫米　1/16
印　　张：13.5
字　　数：270 千字
版　　次：2020 年 6 月第 1 版
印　　次：2022 年 1 月第 2 次印刷
标准书号：ISBN 978-7-5639-7502-0
定　　价：58.00 元

前　言

　　高校作为培养社会人才的重要基地，更要遵循可持续发展的原则，贯彻落实生态发展观，将生态文明更多地融入高校教育体系中。大学生的生态文明意识是其思想体系的一部分，自然是思想政治课（以下简称"思政课"）内容中的一环。生态发展观是有利于个人及社会整体发展的正面价值，因此在思政课教学过程当中，生态文明意识与课堂内容的相互融合是必要的。但是根据实际情况分析，当前部分高校教师并未意识到生态文明理念在思政课中融合的重要意义，对于生态文明教育在思政课中的融入依然体现出形式化特征，或者一带而过，又或者作为一个章节，只涉及理论，十分枯燥，这是无法引起学生重视的。

　　教学目标的制定决定着教学成果，思政课也是如此。大学生公共必修课中的核心科目便是思想政治教育（以下简称"思政教育"），这是开展生态文明教育的关键渠道。但是根据目前思政课教材内容规划及教学目标制定来看，理论的传达依然是主要目标，生态文明理念建设没有得到充分的重视，似乎是一个不存在于实际生活中的概念。实际上，生态文明是体现在社会生产生活方方面面的，是体现在大众行动当中的。如果教学内容多是晦涩的概念，过于零散且假大空，缺乏实际指导意义，那么必须进行改革。但是从实际角度分析，当前教学内容依然以理论为主，并没有表现出实践指导的意图，只是背一背概念，走一走形式，不足以让学生真正具备生态概念，难以了解当前我国生态环境面临的危机局面。在应试体系下，许多院校认为只有以这样的方式展开教学，以分数判定学生的认知程度，才符合应试体系特征。实际上这样做恰恰阻碍了生态文明理念在教学过程中的融入。

　　生态文明在当前社会背景下是不可忽视的重要课题，是人类文明发展进步阶段的过程。我国早期工业文明发展阶段为追求经济发展而忽视了环境建设，这是不利的局面，因此为避免人类社会发展走向末路，必须从生态文明角度规划各个领域的发展。高校思政课当中也要融入生态文明思想，给学生带来更好的引导，让学生素养更强，有更好的未来。

由于作者水平有限，加之时间仓促，书中难免存在疏漏和不足之处，望广大读者批评指正。

目 录

第一章　我国生态文明教育史

我国生态文明教育以环境教育为前身，在可持续发展理念的指导下不断丰富发展，并于 21 世纪初转向真正意义上的生态文明教育。从 20 世纪 70 年代国内环境教育发端开始，我国生态文明教育经历了近 50 年的发展历程，取得了显著成绩，同时还存在不少问题与不足。在看到成绩的同时，我们更应该看到问题，分析问题成因，为下一步解决问题、弥补不足做好准备。本章将在梳理我国生态文明教育产生、发展并走向成熟过程的基础上，探明当前我国生态文明教育取得的成绩和存在的问题，进而深入分析各种问题产生的原因。

第一节　我国生态文明教育的发展历程

马克思主义哲学认为："事物的发展是一个过程。一切事物，只有经过一定的过程，才能实现自身的发展。"任何事物都有一个渐进的自我发展过程，我国生态文明教育同样经历了一个不断发展与完善的过程。本节将按时间先后顺序梳理我国生态文明教育的发展。

一、环境教育阶段（1972—1992 年）

相对于我国官方文件中正式提及的"生态文明"概念来说，似乎生态文明教育起步较晚。但从我国公众环保意识的萌芽及环保宣传的实践中来看，20 世纪 70 年代初期，以环境保护教育为主题的生态文明教育就已经开始起步了。生态文明教育的起源，可以从对环境相关的教育开始。从某种意义上讲，这一时期的环境教育实质上就是生态文明教育。可以说，从 20 世纪 70 年代初国家派团积极参加"联合国人类环境会议"，到 20 世纪 90 年代末联合国《21 世纪议程》的通过，我国生态文明教育在环境教育这个起步阶段，就缓慢潜行了 20

多年。历程虽然艰辛，但却为我国生态文明教育的进一步快速发展，打下了坚实的基础。

（一）积极参加"联合国人类环境会议"

1972 年，我国政府派代表团参加了在瑞典首都斯德哥尔摩召开的首届"联合国人类环境会议"，在这次具有开创意义的国际环境会议上通过了纲领性文件《人类环境宣言》。通过各国与会代表的协商探讨，这次会议形成了一个重要的国际共识，即"我们在决定在世界各地行动时，必须更加审慎地考虑人们对环境产生的后果。由于无知或不关心，我们可能给幸福生活所依靠的地球环境造成巨大的无法挽回的损害。反之，有了比较丰富的知识和采取比较明智的行动，我们就可能使我们自己和我们的后代在一个比较符合人类需要和希望的环境中过着较优越的生活。"[1] 在《人类环境宣言》中特别强调了关于环境教育的十九条原则，其中心思想主要是为了社会的持续进步与人类的长远发展，特别强调应当对年轻人，也包括成年人在内的所有人实施环境方面的宣传教育，以提高人们的环境保护意识，增强人们在社会发展过程中对自然环境的责任感和使命感。为了实现社会各方面的协调发展，积极采取措施进行环境破坏与污染方面的宣传，同时向人们传授保护环境、改善环境的方法与途径，正反面相结合加大环保教育的力度。[2] 我国政府派团积极参加这次具有开创意义的国际会议，充分表明了我国政府在对待环境问题及环境教育方面的明确立场与态度。同时，也标志着我国政府已经开始意识到环境对社会生产生活的极端重要性，意识到环境教育是解决环境问题的重要途径，解决环境问题、开展环境教育是社会发展中的一项基本任务。可以说，从这时起我国生态文明教育业已蹒跚起步了。

（二）第一次全国环境保护会议的召开

在"联合国人类环境会议"的影响与带动下，我国第一次全国环境保护会议在北京顺利召开。这次会议为我国积极开展环境保护和环境教育指明了方向，具有里程碑意义。根据《人类环境宣言》形成的国际共识，结合我国的实际情况，会议确立了"全面规划，合理布局，综合利用，化害为利，依靠群众，大家动手，保护环境，造福人民"[3] 的环境保护工作方针。同时，在这次会议上制定

---

① 贾振邦，黄润华. 环境学基础教程. 2 版. 北京：高等教育出版社，2004：341.
② 王学俭，宫长瑞. 生态文明与公民意识. 北京：人民出版社，2011：124.
③ 中国环境科学研究院环境法研究所，武汉大学环境法研究所. 中华人民共和国环境保护研究文献选编. 北京：法律出版社，1983：7.

了《关于保护和改善环境的若干规定》，这一规定就"大力开展环境保护的科学研究和宣传教育"提出了明确要求，为具体实施环境教育提供了政策导向。此次会议不仅表明了我国政府解决环境问题的态度与决心，而且也向全世界做出了庄严承诺，从某种意义上说，也是当时我国政府为"消除污染、保护环境"而向全国人民发出的动员令。国际社会对环境问题的广泛关注和重视以及当时国内存在的各种环境问题直接促成了我国首届环境会议的召开。本次会议最大的意义就在于号召全国人民开始关注环境、重视环保，它既是我国环境保护事业和环保教育工作起步与发端的主要标志，同时也为我国环境教育的理论研究与实践探索开辟了道路。①此次会议的隆重召开，使人们认识到环境污染的危害性与环境保护的重要性，客观上对我国环境教育的健康发展起到了积极的推动作用。

（三）以环境保护为国策的环境教育继续推进

在我国第一次环境保护会议召开10年之后，第二次全国环境保护会议于1983年12月底至次年1月初在北京召开。在这次会议上，国家把环境保护上升到前所未有的高度。时任国务院副总理的李鹏在这次会议上指出，保护环境是我国必须长期坚持的一项基本国策。同时，这次会议还强调要从以下几个方面抓好环境保护工作：一是要求各级领导要高度重视环境保护问题；二是要广泛调动基层社会成员对环境保护工作和环境问题监督举报的积极性；三是要建立健全环境保护的法律法规，为环境保护工作提供强有力的法制保障。然而环境保护工作的顺利开展、环境保护意识在全社会的普及与深入，其关键途径要通过环境教育，大力宣传和普及环境保护知识以及开展环境保护活动，以不断强化各级领导和人民群众的环境保护意识与环境保护自觉。会议中对推进以环境保护为国策的环境教育，可谓是一个重要的战略措施，也在客观上推动了我国生态文明教育的发展。

在第七届全国人民代表大会第四次会议上，李鹏做了《关于国民经济和社会发展十年规划和第八个五年计划纲要的报告（1991年）》，报告中对"环境保护是我国的一项基本国策"再次做了强调，特别指出："要努力防治环境污染，力争有更多的城市和地区环境质量得到改善。要加强环境保护的宣传、教育和环境科学技术的普及提高工作，增强全民族的环境意识。"②做好环境保护工作的重要基础是普及环境教育，提高全民的环境保护意识，对此，国家在

---

① 陈丽鸿，孙大勇．中国生态文明教育理论与实践．北京：中央编译出版社，2009：34．
② 中共中央文献研究室．十三大以来重要文献选编：下．北京：人民出版社，1991：1515．

政策层面已经给予高度重视。我国环境教育多年来的发展实践证明，在全社会广泛开展各种形式的环保宣传教育是提高国民环保意识的重要途径。

（四）环境教育以不同形式展开

首先，环境教育以社会教育形式为主。我国早期的环境教育实际上主要是由环境保护部门直接承担的。就当时的情况来看，将破坏环境引发的污染问题和影响人民群众正常生活的环境问题公布于众，让更多的人加入保护环境的行列，从根本上提升民众的环保意识，是当时中国环境保护的主要工作。事实上，早在1970年前后，周恩来总理曾就中国的环境污染防治问题，对国家有关部门和地区做过多次指示，要求切实采取有力措施，对遭受污染的中国主要河流展开认真调查和有效治理。20世纪80年代初，国务院环境保护领导小组办公室（经过多次改革现为生态环境部）在全国范围内通知各部门各单位，积极开展形式多样的环境保护和宣传活动。在国家的大力号召下，全国各地开展了两次较大规模的"环境教育月"活动。该活动主要以"环境政策、环境科学知识以及环保法规知识"为核心宣传内容。按照国务院环境保护领导小组的通知要求，地方各级政府及环境保护部门要通过广播、杂志、报纸等多种新闻媒体，以报告、讲座、展览等不同形式，积极开展环保政策、环保科学及环保法规知识等方面的宣传教育活动。

其次，学校环境教育广泛开展并发挥重要作用。在社会环境宣传教育活动如火如荼地开展的同时，党和国家开始意识到环境教育要从孩子抓起、从青年大学生抓起。中小学环境教育开始启动，重点是在中小学教育中增加环境保护知识、培养学生的环保意识。针对在全国范围内开展环境宣传教育的方针与策略问题，中共中央专门下发的《环境保护法工作汇报要点》中明确指出："普通中学和小学也要增加环境保护的教学内容。"[①] 为了贯彻落实上述通知要求，国家教育部门在编纂和出版各级各类教材及教育书籍时，有意识地将环境保护的内容写进去。

再次，环境教育辅之以培训的形式。1981年8月，国家环境保护总局（现为生态环境部）为了提高在职环保人员的业务素质和水平、促进中国环境保护事业的发展，在河北秦皇岛创建了"环境保护干部学校"。这是专门为提高各级在职领导干部及员工环保素质开设研修班所建立的学校。同年3月，全国职工教育工作会议明确要求，对环境系统各类人员进行教育和培训的同时，还要通过党校或职工培训的形式对成人加强环境知识方面的教育。

---

① 国家环境保护总局，中共中央文献研究室. 新时期环境保护重要文献选编. 北京：中央文献出版社，2001：16.

最后，环境教育通过期刊报纸等媒体渠道在全社会广泛传播。书报期刊等大众传媒是向公众传播知识、灌输理念的重要途径。为了增强环境教育的宣传力度、在全社会普及环境科学知识、唤醒广大民众的环境保护意识，国家相关部门积极创办与环境保护有关的各种报纸、杂志。

（五）环境教育建设走向规范化

1984 年，国务院成立了环境保护委员会。同年，国家环境保护总局成立，其在国务院的直接领导下开展工作，并且专门设立了负责环境宣传和教育的宣教司，其主要职责是对全国环境教育进行综合指导。20 世纪 80 年代末，一些声名远播的媒体机构，如人民日报社、新华社、国家广播电视总局以及国家相关教育部门陆续加入了国家环境保护委员会的工作之列，承担起全国环境保护及教育的宣传普及工作。由此可见，国内对环境保护及宣传教育方面的工作，已从单一化向多样化和协作化方向发展，同时也标志着国家环境教育的组织机构正式形成。

1990 年，《国务院关于进一步加强环境保护工作的决定》中强调，宣传教育部门应当有组织、有计划地进行环境保护宣传教育活动，广泛宣传环境保护是我国的一项基本政策，让环境保护和资源节约的理念深入人心，让更多的人研究环境科学、学习环境保护知识，不断向广大群众普及《中华人民共和国环境保护法》（以下简称"《环境保护法》"）及相关法律常识，大力提高社会成员特别是领导干部的环境保护意识，明确保护环境是每个社会公民应尽的责任。高校应将环境保护相关的专业或课程纳入教育教学计划之中，在初等教育中也应将学习课程与环境保护进行有机结合，以达到广泛普及环境保护理念的目的；在全国各地的干部培训中，应将环境保护及相关教育作为培训学习的重要方面。在第七届全国人民代表大会第四次会议上，李鹏在强调保护环境是我国一项基本国策的基础上，进一步指出，在全社会广泛开展环境保护的宣传教育，切实提高全民族的环境保护意识，这对做好环境保护工作至关重要。可见，国家领导层已经认识到环境保护工作的顺利开展需要大力开展环境教育，并把这一思想上升到国家政策层面，从而为进一步加强与完善环境教育指明了方向。

各种环境教育宣传机构的建立，环境教育在中小学教育中的日常化、系统化，国家对环境保护国策的重视与重申、为环境教育提供的法律保障等，都说明我国环境教育在党和国家的重视与推动下正在走向规范化。

纵观生态文明教育在环境教育阶段的整体状况，可以发现，环境教育得到了党和国家的高度重视与大力支持，在这一阶段的环境教育过程中政府起到了主导作用，开展教育的形式以社会环境教育为主，环境教育目的明确而内容方法比较单一，环境教育主题化明显，环境教育对象逐步扩大，环境教育体系正在形成，环境教育的领域逐渐由封闭走向开放。

二、可持续发展教育阶段（1992—2003 年）

20 世纪 90 年代初，可持续发展理念被国际社会广泛接受并成为各国正确处理经济发展与人口、环境、资源关系的重要指导思想。同时，国际环境教育也在可持续发展理念的指导下向可持续发展教育转型。在国际社会的影响与带动下，我国的生态文明教育也开始由环境教育转向可持续发展教育。可持续发展教育是"以跨学科活动为特征，以培养学习者的可持续发展意识，增强个人对人类环境与发展相互关系的理解和认识，培养他们分析环境、经济、社会与发展问题以及解决这些问题的能力，树立起可持续发展的态度与价值观。"①可以说，可持续发展教育阶段是环境教育发展的必然结果，也是生态文明教育走向成熟的必经阶段。

（一）环境教育向可持续发展教育的转化

1992 年，具有里程碑意义的联合国环境与发展大会在巴西里约热内卢隆重召开。各国代表齐聚一堂共同探讨全球环境问题，在不断交流磋商的基础上，会议通过了一个纲领性文件，即《21 世纪议程》。其中可持续发展理念的彰显是《21 世纪议程》最重要的贡献，这一重要理念的提出为世界各国解决环境问题、应对气候变化开辟了新的道路，提供了科学的指导思想。同时，国际环境教育也在可持续发展理念的指导下逐步转向可持续发展教育。1994 年，联合国教科文组织启动了"为了可持续发展的未来的教育"项目。第二年，联合国教科文组织在希腊雅典召开了"环境教育重新定向以适应可持续发展需要"地区间研讨会。1997 年，以"国际环境与社会：可持续发展的教育和公众意识"为主题的国际教育与发展大会在希腊第二大城市萨洛尼卡顺利召开，这次会议是对 20 世纪 70 年代以来国际环境教育的阶段性总结，也是对下一阶段可持续发展教育的展望。②

在联合国环境与发展大会精神的影响和带动下，可持续发展理念迅速在中华大地生根发芽，我国环境教育也在此推动下逐步转向可持续发展教育。我国代表团参加完在巴西召开的环境与发展大会归国后不久，外交部联合国家环境

① 王民. 可持续发展教育概论. 北京：地质出版社，2006：34.

② 刘经伟. 马克思主义生态文明观. 哈尔滨：东北林业大学出版社，2007：423-424.

保护总局迅速出台了《关于出席联合国环境与发展大会的情况及有关对策的报告》，1992 年 8 月 10 日中共中央办公厅、国务院办公厅转发了这一报告。报告根据联合国环境与发展大会的精神和指导思想，结合我国当时存在的各种环境问题和国民环境意识状况提出了十项整改方案。其中，第八项指出，要积极开展全民环境教育，切实提高广大人民群众的环境保护意识，同时强调各级领导干部要充分认识环境保护的重要性，切实提高关于经济发展与环境问题的综合决断能力。这一报告也成为我国迈向可持续发展道路的首个专门性政策文件，随着党和国家对可持续发展理念认识的深化与相关实践的深入研究，我国政府于 1994 年正式颁布《中国 21 世纪议程》（全称为《中国 21 世纪议程——中国 21 世纪人口、环境与发展白皮书》），它是世界上首个国家级"21 世纪议程"，也是指导我国实施可持续发展战略的总纲领。其中，第六章提出在教育改革中要加强对受教育者的可持续发展思想的灌输，在小学"自然"、中学"地理"等课程中纳入资源、生态、环境和可持续发展内容；在高等学校普遍开设"发展与环境"课程，设立与可持续发展密切相关的研究生专业，如环境学等，将可持续发展思想贯穿于从初等到高等的整个教育过程中；加强文化宣传和科学普及活动，组织编写出版通俗的科普读物，利用报刊、电影、广播等大众传播媒介，进行文化科学宣传和公众教育，举办各种类型的短训班，提高全民的文化科学水平和可持续发展意识，加强可持续发展的伦理道德教育。同时，《中国 21 世纪议程》要求把可持续发展理念贯穿于环境教育的各方面与全过程，在教育内容方面实现从单向的灌输环境保护知识向多层次传授社会发展与人口、资源、环境关系的价值理念转变，打破了学习环境教育内容就是传授环境保护知识这种认识的局限性。《中国 21 世纪议程》的颁布与落实，体现了我国政府走可持续发展道路的决心与整体规划，也是联合国可持续发展精神在我国的贯彻与落实。

显然，我国环境教育在可持续发展理念的指导下，教育的重心与主题逐渐从以往的"为了环境的教育"转化成"为了可持续发展的教育"，把环境保护意识的普及成功融入"实现什么样的发展"这个时代课题之中。生态文明教育的根本宗旨也从提高全民族的环境保护意识转向培养具备可持续发展理念的现代公民上来。可持续发展教育的兴起使环境教育走向更宽广的道路，在实践中可持续发展理念可以与人民的现实生活、教育改革乃至社会发展紧密地联系在一起。[1] 这标志着我国可持续发展教育时代的到来，也表明我国在环境与发展方面的教育同国际社会步调一致，我国政府和人民有决心同世界各国一起致力

---

[1]　陈丽鸿，孙大勇. 中国生态文明教育理论与实践. 北京：中央编译出版社，2009：445.

于全球人类与环境的可持续发展。

（二）可持续发展教育的深入发展

首先，在学校教育中环境教育逐步转变为可持续发展教育。在这一阶段，我国中小学可持续发展教育的课程设置，已经形成了以各学科"渗透式"教学为主，单独并设相关课程为辅的可持续发展教育模式。随着可持续发展教育在我国的兴起，人们很快认识到它的跨学科性和渗透性及与其他学科的相关性，逐渐融入了可持续发展教育的相关知识。融入了一些新的内容，尤其是清洁生产、绿色消费观等内容。

《高中地理教学大纲》把可持续发展引入了正规教育，要求帮助学生形成正确的人口、自然、资源、可持续发展观念。同时，在化学、生物、语文以及数学等其他学科中也渗透了可持续发展教育的内容，在思想品德教育中还把环境观、资源观、人口观作为德育的一个新的重点内容。[①] 在高等教育方面，由于可持续发展理论研究的带动，部分综合大学和师范院校相继建立了资源环境专业并开设相关课程，同时一些与环境教育相关的研究机构开始着手研究与经济发展、环境、生态、人口、资源等相关的课题。在推进基础课程与教材改革工作中，也有部分单位或个人完成了环境教育与可持续发展教育的相关理论研究工作。

其次，可持续发展理念逐步深入社会环境教育之中。20世纪90年代中期，我国制定了《国民经济和社会发展"九五"计划和2010年远景目标纲要》，把"可持续发展与科教兴国"作为未来10年国家最为重要的发展战略。为了从环境保护方面贯彻落实可持续发展理念，国家环境保护总局于1995年编订了《中国环境保护21世纪议程》。该文件内容要求在全社会大力开展以可持续发展为主题的宣传教育活动，认为"提高全民族对环境保护的认识，实现道德、文化、观念、知识、技能等方面的全面转变，树立可持续发展的新观念，自觉参与、共同承担保护环境，造福后代的责任与义务"等都需要充分发挥教育的积极作用。从2001年起，国家环境保护总局为了通过大张旗鼓地宣传可持续发展教育，激起广大民众重视环境问题、监督环境治理的热情，与中宣部、国家广播电视总局共同开展了以可持续发展为核心的环境警示教育活动。2003年，在《中国21世纪初可持续发展行动纲要》中，国务院明确强调："加大投入，积极发展各级各类教育。强化人力资源开发，提高公众参与可持续发展的科学文化素质。在基础教育以及高等教育教材中增加关于可持续发展的内

---

① 王民. 可持续发展教育概论. 北京：地质出版社，2006：32.

容，在中小学开设'科学'课程，在部分高等学校建立一批可持续发展的示范园（区）。利用大众传媒和网络广泛开展国民素质教育。加快培育一大批了解和熟悉优生优育、生态环境保护、资源节约、绿色消费等方面基本知识和技能的科研人员、公务人员和志愿者。"

在这一阶段，我国各级各类教育积极推进可持续发展教育，将可持续发展教育内容渗透到了各门学习课程和教学实践活动中，有效提高了学生的可持续发展意识和参与能力。同时，积极利用各种宣传媒体，向全民普及可持续发展意识，使人们在生产生活中逐渐认识并开始遵循可持续发展的原则。

总之，相对于环境教育来说，可持续发展教育的内涵更丰富、意义更深刻。这一教育理念要求从自然界与人类社会发展的整体出发，使受教育者从实现什么样的发展角度认识环境问题，找到环境恶化的根源，从而为根治环境问题寻求出路。环境恶化在一定程度上是发展带来的负面影响，但是并不是所有的发展都必然导致环境破坏，可持续发展理念所倡导的是一种兼顾资源环境的良性发展。可持续发展一方面强调了发展的性质和质量；另一方面也突出了其统筹兼顾的发展原则。把可持续发展理念融入教育，在全社会深入开展可持续发展教育是真正实现社会经济可持续发展的重要任务。可见，可持续发展教育整合与发展了环境教育，是对环境教育的超越。

三、生态文明教育阶段（2003 年至今）

党的十六届三中全会提出，要树立和落实全面发展、协调发展和可持续发展的科学发展观。科学发展所倡导的可持续发展、协调发展、全面发展及人与自然和谐发展是对可持续发展理念的创新与发展。科学发展观的提出不仅为我国经济社会各方面的发展提供了与时俱进的行动指南，同时也为我国实施生态文明教育，提高国人的生态文明素质指明了方向。在 2005 年的中央人口资源环境工作座谈会上，中共中央总书记、国家主席胡锦涛指出："要切实加强生态保护和建设工作。完善促进生态建设的法律和政策体系，制定全国生态保护规划，在全社会大力进行生态文明教育。"为了贯彻落实科学发展观，在全社会树立生态文明观念，提高全民的生态文明意识，2009 年国家林业局（现为国家林业和草原局）、教育部、共青团中央决定开展国家生态文明教育基地创建工作，从而为生态文明教育在全社会的广泛开展提供平台和途径。2012 年，党的十八大再次强调："加强生态文明宣传教育，增强全民节约意识、环保意识、生态意识，形成合理消费的社会风尚，营造爱护生态环境的良好风气。"可以说，我国的生态文明教育经过环境教育阶段的奠基与培育，可持续发展阶段的促进与成长，开始步入真正意义上的生态文明教育阶段。

（一）建设生态文明社会战略方针的确立

党的十六大报告中描述了生态良好的文明社会应该具备的特征是"可持续发展能力不断增强，生态环境得到改善，资源利用效率显著提高，促进人与自然的和谐，推动整个社会走上生产发展、生活富裕、生态良好的文明发展道路。"2003年10月，党的十六届三中全会提出了以"以人为本，树立全面、协调、可持续的发展观，促进经济社会和人的全面发展"为基本内涵的科学发展观。贯彻落实科学发展观要求坚持统筹城乡发展、统筹区域发展、统筹经济社会发展、统筹人与自然和谐发展、统筹国内发展和对外开放。科学发展观的提出，不仅为生态文明教育提供了强有力的理论支撑，也为在全社会牢固树立生态文明观念奠定了理论基础。党的十六届五中全会提出要全面贯彻落实科学发展观，加快建设资源节约型、环境友好型社会。同年12月，我国又颁布了《国务院关于落实科学发展观加强环境保护的决定》，明确提出要加强环境宣传教育、弘扬环境文化、倡导生态文明。在全国第六次环境保护大会上，时任国家总理温家宝提出我国环境问题的解决思路：一定要转变发展观念，创新发展模式，提高发展质量，把经济社会发展切实转入科学发展的轨道。

党的十七大报告明确提出，把建设生态文明作为我国未来发展的新目标，通过努力要"基本形成节约能源资源和保护生态环境的产业结构、增长方式、消费模式。循环经济形成较大规模，可再生能源比重显著上升。主要污染物排放得到有效控制，生态环境质量明显改善。生态文明观念在全社会牢固树立"。可见，党的十七大已经把通过宣传教育在全社会牢固树立生态文明观念作为生态文明教育的重要任务明确提出了。党的十八大报告进一步把生态文明建设上升为"五位一体"的社会主义总体建设布局之一，报告指出："必须树立尊重自然、顺应自然、保护自然的生态文明理念""要加强生态文明宣传教育，增强全民节约意识、环保意识、生态意识，形成合理消费的社会风尚，营造爱护生态环境的良好风气。"

总之，自党的十六大提出"建设生态良好的文明社会"以来，党和国家在政策层面与实践领域越来越重视人口、资源、环境的协调发展，逐步确立了建设生态文明社会的战略方针。

（二）以生态文明为主题的教育基地逐步建立

为了更好地配合生态文明教育，全国各地在环境教育基地建设的基础上，积极推进以倡导生态文明为主题的教育基地建设。在这方面比较突出的当推广州市，该市以"绿色、生态、教育"为主题，创建了"绿田野生态教育中心"即生态环境保护专业继续教育基地，并积极开展环境监测和环境科学研究，探索生态良性循环的道路。在这一教育基地的中心区设有小型环境示范工程、清洁能源模型、展览厅等；在生态区设有珍稀濒危植物示范区、无公害有机蔬菜种植试验基地等。北京的南海子麋鹿苑博物馆，是一个以普及生态道德为特色的科技教育基地。它既是一个保护麋鹿的生物多样性研究场所，也是一个以开展自然、历史、文化、生态旅游及环境保护为主题活动的全国青少年科技教育基地和生态博物馆。这里设有滥伐林木的结局雕塑、世界灭绝动物公墓等，向人们展示了人类与自然和谐的重要性。

（三）生态文明教育向正规化方向发展

在党和国家的重视与推动下，以科学发展观为指导，我国生态文明教育逐步向正规化方向发展。这种规范化趋势主要体现在环境教育和可持续发展教育在本阶段新的发展与突破上，特别是我国环境基础教育与环境专业教育异军突起。从发展历程来说，环境教育与可持续发展教育是生态文明教育的初级阶段；从教育内容来说，它们又是生态文明教育的重要方面。

首先，我国的环境基础教育在21世纪迎来了发展的新高潮。这不仅对节约资源与保护环境起到了积极的推动作用，更重要的是增强了我国青少年建设可持续发展国家的能力和信心，有助于培养他们成长为对环境、对社会有责任心的世界公民。

其次，环境专业教育成绩斐然。据中国教育和科研计算机网报道：截至2018年，在全国共有200多所高校开设各类不同层次（含大专、本科、硕士、博士、博士后）的环境教育专业，专业设置呈现出以污染控制和生态保护类为主的特征，向社会输送了数以万计的环境科学专业人才。可以说，培养出的大量环境科学专业人才不仅成为我国环境保护领域的重要生力军，而且极大地促进了我国环境保护事业的健康发展。建设生态文明需要教育在全社会普及生态文明理念，也需要教育为环保事业培养大批专业技术人才。而多年来环境专业教育的长足发展及取得的成绩也充分体现了这一阶段我国生态文明教育的正规化发展趋势。

（四）树立大国形象，影响世界、教育国人

随着全球气候变暖趋势的加剧和环境质量的不断下降，各国都在积极寻求解决环境恶化的有效途径。多年来，国际社会通过每年一次的联合国气候变化

大会，共同寻求解决气候变化和环境恶化的方案与对策。我国作为最大的发展中国家和碳排放总量最大的国家，一直在为解决全球气候与环境问题积极努力，并且勇于承担应有的国际责任，用实际行动在世界上树立了负责任大国的形象。

我国是最早制定实施应对气候变化国家方案的发展中国家，先后制定和修订了节约能源法、可再生能源法、循环经济促进法、清洁生产促进法等一系列法律法规。我国是近年来节能减排力度最大的国家，截至 2019 年上半年，我国单位国内生产总值能耗比 2015 年降低 13%。我国是新能源和可再生能源增长速度最快的国家，水电装机容量、核电在建规模、太阳能热水器集热面积和光伏发电容量均居世界第一位。我国是世界人工造林面积最大的国家，目前人工造林面积达 11.8 亿亩（1 亩 =666.7 m^2），居世界第一。

我国政府在身体力行的同时，呼吁各国应积极配合，共同应对气候变暖这一全球性难题。我国作为第一大碳排放国和全球第二大经济体，越来越成为国际谈判的焦点；我国的发展战略与相关政策也越来越对国际气候谈判进程的全局产生重大影响。在全球控制气候变化的国际合作中，我国一直扮演着积极角色。

近年来，我国在国际社会上的影响力越来越大，在解决全球气候环境问题上的促进作用也越来越明显。我国作为一个发展中的人口大国，无论是在舆论宣传还是在实际行动上都向世界和国人树立了负责任大国的形象。从教育的角度来说，这无形中对世界各国和我国人民具有积极的宣传教育与舆论引导作用。现代通信与网络媒体的高度发达把各国人民紧密地联系在一起，我国政府在国际社会的生态呼声和绿色倡议能在第一时间传播到世界各国，这种跨越国界的生态正义宣言将影响、带动每一个有责任心的世界公民。对我国公民来说，来自政府和社会舆论的生态文明宣传教育作用更加明显，电视、广播、报纸、手机、互联网等多媒体上的海量信息无时无刻不在感染着我们的视听神经，党和国家治理污染、建设美丽中国的时代最强音正慢慢渗透每一个人的生活。节能减排与绿色发展已经深入国家的执政理念和各项社会事业中，我国政府在国际社会的生态立场与实际行动对每一个社会成员，特别是对领导干部具有重要的教育和启发意义。

纵观我国生态文明教育在现阶段的发展，从理论层面到实践层面、从政策层面到执行层面、从制度层面到体系层面，生态文明教育正逐步深化并走向成熟。

第二节　我国生态文明教育的现状

生态文明教育自 20 世纪 70 年代由环境教育发端以来，经历了可持续发展教育的丰富和发展，在理论与实践的深化过程中正逐步走向成熟。立足当前我国生态文明教育的现实状况，分析我们在实施生态文明教育过程中的功过得失，是进一步加强与完善生态文明教育体制机制建设，进而更加富有成效地开展全民生态文明教育，提高国民生态文明素质的重要基础。本节将在阐述当前我国生态文明教育取得的成绩与存在的问题的前提下，重点挖掘这些问题产生的根源，以期为问题的解决探明方向。

一、我国生态文明教育取得的成绩

我国生态文明教育在环境教育与可持续发展教育的基础上，经过 40 多年的发展取得了一定的成绩。生态文明教育在学校教育中健康发展，生态文明理念在家庭教育中逐步深化，生态文明宣传在社会教育中广泛开展。生态文明教育在各方面的健康发展，有效提高了社会成员的生态文明素质，促进了社会经济与生态环境的和谐发展。

（一）生态文明教育在学校教育中健康发展

国家制定《环境教育发展规划（草案）》并纳入国家教育计划之中，国家教育委员会（现为教育部）把中小学教育计划和教学大纲正式列入环境教育内容，为全面普及环境教育提供了保证。第一次全国环境教育工作会议在苏州召开，宣布我国已经形成了一个多层次、多规格、多形式的具有中国特色的环境教育体系。在高等教育方面，截至 2018 年，我国共有 200 余所高校开设各类不同层次（含大专、本科、硕士）的环境专业教育，而且专业设置呈现出以污染控制和生态保护类为主的特征，向社会输送了数以万计的环境科学专业人才，为我国的环境保护事业做出了重要贡献。目前，我国高等环境教育专业门类齐全，在学科专业设置方面已逐渐形成包括本科、硕士、博士在内的多层次一级学科教育体系。

（二）生态文明理念在家庭教育中逐步深化

多年来，各种生态危机对人们生产生活影响的加深和国家对生态文明的宣传引导，促使社会公众的生态文明意识不断提高。社会公众生态文明意识的提高表现在家庭教育上就是，家长开始重视对孩子进行环境保护与资源节约等方面的教育和引导。有关调查显示，在家庭生活中"经常谈到"环境保护话题的家庭占19.8%，"有时会谈到"环境保护话题的家庭占65.6%，合计占调查家庭总数的85.4%，而"从未谈到或没必要谈到"环境保护话题的家庭仅占14.6%。这说明多数家长已经认识到了节能环保等生态理念的重要性，并且能够在日常生活中把这些生态文明理念有意无意地灌输给孩子。环境保护部（现为生态环境部）联合中国环境文化促进会首次开展全国生态文明意识调查，初步调查结果显示，在回答"如果在你家附近建垃圾处理场或垃圾焚烧站，你愿意吗？"这一问题时，约有66%的被调查者选择了"当然不愿意，抗议"；在回答"对于垃圾分类，你的态度是？"时，近81%的被访者选择了"积极配合参与"。而在这一大型调查活动中，主动通过网络参与调查的18岁以下的青少年及儿童约占总数的32%，仅次于参与调查总人数中30～60岁成年人所占的比例（约35%）。以上几项调查结果，一方面说明社会公众具备一定的生态文明素质，大部分人愿意积极投身环保；另一方面说明青少年儿童的生态文明素质也在逐步提高。显然，青少年儿童生态文明素质的提高与家庭生态文明教育密不可分，这充分说明多数家长重视对孩子进行环保与节约等方面的教育。近年来，在日常生活中公众逐渐减少塑料购物袋的使用，积极配合垃圾分类处理，父母长辈的实际行动无形中感染教育了孩子，同时为青少年儿童树立良好的生态文明意识营造了教育氛围、树立了学习榜样。当前，越来越多的家长开始注重培养孩子的环保意识与生态情感，如假期与周末给孩子更多走进自然、亲近自然的机会，使孩子能够在欣赏自然、融入自然的同时更深刻地理解人类要尊重自然、顺应自然的重要意义。另外，习近平总书记在生活上身体力行勤俭节约的作风也深深地感染了全国人民。国家领导人的榜样示范力量对青少年有重要影响，同时广大家长在言传身教中也会将节俭光荣、浪费可耻的优良传统传输给孩子。

（三）生态文明宣传教育在社会教育中广泛开展

近年来，生态文明教育在社会教育领域也得到广泛发展，为社会生态文明意识的提升起到了积极的促进作用。社会各界不仅在世界环境日、植树节、爱鸟周、地球日和国际保护臭氧日、世界生物多样性日等纪念日开展各种生态环境保护宣传活动，而且"中华环保世纪行"每年开展的生态环境保护教育宣传活动，都对普及绿色生活理念，提高公众生态文明素质起到了积极的推动作用。

二、我国生态文明教育存在的问题

尽管我国生态文明教育在社会各界与全国人民的共同努力下取得了一定的成绩，但是我们更应该清醒地认识到，我国生态文明教育还存在诸多不足，社会成员的生态文明素质还不能适应推进生态文明、建设美丽中国的需要。当前我国生态文明教育尚存在不少问题，具体来说，这些问题主要表现在以下几个方面。

（一）体制机制不健全、缺乏顶层制度设计

生态文明教育是一项覆盖全社会、涉及每个社会成员的系统工程，这一庞大工程的有效实施需要国家的顶层制度设计和保障其运行的体制机制。尽管在生态文明建设和绿色发展理念的引领下，党和国家一再强调要加强生态文明宣传教育，在全社会牢固树立生态文明观念，以增强全民的生态意识、节约意识和环保意识，但是目前我国生态文明教育在很大程度上还停留在宣传教育层面，尤其以媒体宣传为主。换言之，当前我国生态文明教育还没有被正式纳入国民教育体系，在学校教育中专门开设生态文明教育课程的还很少，多数教学单位仍停留在口头的宣传教育阶段，而这种宣传教育也大都流于形式。目前我国还没有形成一套指导生态文明教育有效实施的整体规划，保障生态文明教育顺利开展的体制机制还有待完善。生态文明教育作为一项公益事业，国家对其机构设置、隶属关系、职责权益划分等还没有明确规定。当前我国在生态文明教育的管理体制与运行机制，相关政策、法规的制定与执行，国家教育资金、资源的投入与分配，师资队伍与基础设施建设等方面均需国家有关部门从顶层制度设计的高度进行完善。对于如何划定教育、宣传与环保等部门的职责范围，是否需要成立管理生态文明教育的专门机构，以及生态文明教育的内容与目标、生态文明教育实施的法制保障、资金保障与队伍保障等诸多具体运行机制也亟须国家及地方有关部门制定相应政策。

同时，当前我国生态文明教育还没有形成必要的反馈评价机制，尚需进一步发展完善。生态文明教育作为一项实践性较强的社会活动，其目的是让所有的社会成员都能够在生产生活中践行保护环境、节约资源的生态文明理念。生态文明教育的成效如何，在何种程度上达到了教育目的，需要相应的评价反馈机制对前期的教育活动进行有针对性的总结与评价。通过对前期教育过程的诊断与分析，可以从中对原有的教育方案进行改进和优化，以有效指导后期的教育实践。但是，从目前来看，我国生态文明教育还没有建立相关的评价反馈机

制，不少学校和教育机构也在积极实施生态文明教育，但是缺少的是对教育效果的评价和教育过程的反馈，这样不但不能对前期的教育效果有客观真实的认识，也不能对后期教育活动提供科学有效的理论指导，最终造成生态文明教育表面形式上轰轰烈烈，实际上效果却不甚理想的局面。显然，当前我国生态文明教育在实施过程中缺少反馈评价的环节，这是理论与实践亟待解决的一大问题。

（二）教育整体效果还不理想、缺乏时效性

近年来，虽然生态文明教育在家庭教育、学校教育和社会教育中得到长足发展，取得了一定的成绩，但是从整体上来看其教育效果并不理想。这主要体现在社会公众的生态文明意识水平及其践行度上。

一方面，当前我国社会公众的整体生态文明素质仍然不高，对生态文明相关常识的知晓度和准确率较低。2018 年环境保护部委托中国环境文化促进会开展的全国公众生态文明意识调查结果显示，以百分制计算，我国公众生态文明的总体知晓度仅为 48.2 分。调查中受访者对 14 项有关生态文明知识（包括生态文明、雾霾、生物多样性、能效标识、环境保护法、环境空气质量标准、野生动物保护法、环境影响评价制度、排污收费制度、环境信息公开制度、白色污染、世界环境日、PM2.5、环境问题举报电话）的平均知晓数量为 9.7 项，其中对 14 项知识均知晓的仅占 1.8%。在回答"你了解生态文明吗？"这一问题时，选择"知道的不多"和"没听说过"的被访者占到 60% ～ 85%。同时，这一调查还体现出社会公众对生态文明知识知晓度准确率低的特点。调查数据显示，受访者对 PM2.5、世界环境日、环境问题举报电话等常识知晓的准确率均在 50% 以下，其中能准确说出什么是 PM2.5 的受访者只有 15.9%。

另一方面，我国公众当前生态文明理念的践行度较低，知而不行的现象较普遍。全国公众生态文明意识调查小组对"随手关灯和水龙头""抄近路践踏草坪""买不需要的东西""向身边人宣传环保""出行方式""扔垃圾""外出就餐""超市购物""夏天开空调""举报污染环境行为"10 项生态文明行为践行度进行调查，以每道题 10 分，总分值 100 分计算，得到公众总体践行度分数为 60.1 分。可见，当前我国公众生态文明理念的践行度还不理想。在日常生活中很多人并不是不知道如何做有利于节能环保，而是多数情况下大家是知而不行。如垃圾分类、购物不使用塑料方便袋等行为有益于环保，乘坐公共交通工具、选用节能家电有利于资源节约，但是具体到个人身上，大家大都出于行为选择的成本和怕麻烦的思维惯性而选择各种非环保的行为方式。这也是

当前我国生态文明教育要解决的一大问题，即不仅要让公众"知"，更重要的是解决"行"的问题。

（三）师资力量严重不足且缺乏专业性

教师素质是搞好生态文明教育的关键。只有在教师的正确引导下，教学内容所具有的教育价值才能纳入学生的认知结构中，形成一定的生态道德观和价值观。对生态文明教育内容的选择，对教学方法的运用，对整个教学过程的调节和控制无不依赖于教师。因此，教师在生态文明教育中的主导地位，对学生生态文明意识的提高和相关行为能力的养成具有不可替代的作用。教师生态文明意识水平的高低直接影响生态文明教育工作的顺利开展和成效显微，具备较高生态文明素质和教学能力的师资队伍，对提高生态文明教育水平起着重要的推动作用。

随着党和国家对生态文明建设重视程度的加深，作为生态文明建设的基础工程，生态文明教育越来越受重视。但是，生态文明教育的体制机制还不完善，特别是从事生态文明教育的施教力量较为薄弱，并且各领域的师资队伍专业水平较低。由于全体社会成员均应是生态文明教育的对象，全国十几亿人口需要通过不同的途径接受生态文明教育，这需要大量的师资队伍，而我国生态文明教育起步晚、发展还不成熟也造成了当前师资力量紧缺的现状。从学校教育来看，目前生态文明教育工作主要由物理、化学、生物、地理、自然等学科的教师兼任，而生态文明教育专业教师仅能满足部分高等教育的农林、资源环境学院的需要，尽管在中小学从事生态文明教育的教师大多接受过相关培训，但他们缺乏生态环境及生态价值观等方面的专业知识，教学中往往局限于本专业的教育内容，而把生态文明知识和绿色发展理念作为所教学科的内容延伸或附加内容。同时，由于教师本身专业知识的缺乏，渗透相关教育内容时，多数是生搬硬套或者照本宣科，难以获得预期的教育效果。虽然近年来各层次教师生态文明教育培训活动举办的次数和参加的人数越来越多，但与社会对生态文明教育教师的需求相比仍然相差甚远，还难以满足当前生态文明教育发展的需要。而家庭生态文明教育和企业生态文明教育中的师资力量就更难以适应社会发展的需要了。

（四）学校教育重知识灌输而轻素质培养

学校教育作为生态文明教育的主阵地、主渠道，在普及生态文明理念，培养生态文明建设人才方面具有不可替代的地位。但当前我国学校教育在生态文明教育方面存在重知识灌输而轻素质培养的倾向。从基础教育的中小学情况来

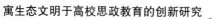

看，我国目前生态文明教育多集中在单一的生态文明知识教育和生态危机教育上，而缺乏深入和系统的生态道德教育，还没有完全将生态文明教育融入人文素质教育中，也未从人口与资源、环境与发展的层面认识生态问题，更未从人类可持续发展的高度上审视生态问题。常常以"环保教育""环境教育"代替生态文明教育，学校的生态文明教育大多停留在地球日、爱鸟周、世界环境日等特殊的日子，以"拉拉条幅，喊喊口号"为主。这样做虽然具有一定的宣传教育意义却没有从根本上挖掘生态文明教育的灵魂，忽视了树立正确生态价值观的重要性，从而使教育的实效性大打折扣。因此，为使生态文明教育能够取得突破性进展，在教育过程中补充和强化生态道德方面的内容显得十分紧迫，应加强从道德视角审视和指导生态文明教育，强化生态伦理学对生态文明教育的基础和指导作用。

从我国高等教育来看，多数高校还没有把提高学生的生态文明素质作为人才培养的一项基本目标来重视，还没有把生态文明素质看作学生素质教育的一个重要组成部分；尚未把基础的生态文明教育课程列为所有大学生（大专生、本科生、研究生）必修的公共课，未能对在校学生进行广泛的生态文明素质提升教育。虽然目前大多数综合性大学及理工科院校设有资源环境学院，并开设生态学、水资源工程、环境科学等专业课课程及公共课程，但这些课程主要是自然科学层面的知识灌输、专业技能培养，重点向学生讲授环境、资源、生态等的自然属性及物理意义，而很少涉及人与自然关系及生态价值观的培养。这种状况的存在，主要与我国生态文明教育过分重视知识、技术教育，而忽视人文素质的全面提高有关，重视"授业"，而忽视"传道"。建设生态文明、推进绿色发展，不仅需要我们的教育培养科学家，还需要培养思想家、政治家、社会学家、社会咨询家以及环境和政治决策的积极参与者和问题解决者。这就要求我们的教育特别是生态文明教育必须超越技术和知识教授层次，提升至生态文明意识、态度、价值观、环境伦理的培养高度。

（五）教育方法单一、缺乏实践参与性

当前我国生态文明教育的方式方法整体上还较为单一，受教育者的实践参与性明显不足。在家庭生态文明教育方面，家长对孩子的教育多是躬身示范的榜样教育法。父母在家树立节能环保、讲究卫生的良好榜样固然能在一定程度上引导孩子效仿学习，但若仅靠这一种教育方法对孩子进行生态文明教育，教育效果就不甚理想。从社会生态文明教育来看，其教育方式主要是通过舆论宣传和活动宣传向公众传播生态文明理念。这种宣传教育方式的效果更多体现在

让社会公众对生态文明"知"的层面，而距离"行"还有较大的差距。在学校生态文明教育中占主导地位的仍是传统的课堂讲授法，其他方法运用较少。讲授法是各科学习必不可少的一种方法，它在传授知识方面具有优越性。但讲授法对学生来说是被动地接受知识，实践性和参与性严重不足。因此，单一的教学方式会直接影响生态文明教育的教育效果。

德国环境教育协会和教师培训中心的赫尔曼教授研究发现，在学校传授的环境知识，大约只有 10% 可以转化成环境意识，而环境意识和对环境友好的行为之间也只有约 10% 的转化率。据此赫尔曼认为更多地传授知识并不一定意味着行为的改变。知识到行动只有 1% 的转化率。什么才是从知识到行动的有效方法呢？根据他的研究，阅读可以转化 10%，听可以转化 20%，边听边看可以转化 30%，讨论可以转化 50% ～ 60%，动手去做可以转化 75%，向别人讲述可以转化 90%。因此，生态文明教育在实践中必须采用讲授、视听、案例讨论、演讲和实践参与等多种教育教学方法。

生态文明教育的落脚点不仅是让学生掌握一些生态环境保护方面的知识，更重要的是培养学生的生态文明意识、态度、技能并最终形成相应的行为习惯。从心理学来看，多样化的有效刺激方式可以加速人们行为习惯的养成。从生态文明教育本身固有的实践性、跨学科性和参与性等特点来看，要取得良好的教育效果，也必然要求其教育形式多样化，教学方法更加开放实用。随着生态环境问题的凸现，世界各国都逐渐认识到，单纯理论知识的传授远远不够，必须重视生态文明教育中教学方法的开发，努力探索新的教学方式以有助于教育对象把生态文明认知转化为生态意识和实际行动。其中最重要的是要让学生参与其中，亲自实践。为了实现这一目标，生态文明教育内容就要趋向本地化和实际化，即注重从学生身边能见到、可感知的事物起步，如垃圾、污水、森林、交通、能源、住宅等。因此，要提高我国生态文明教育的实际效果，注重教育对象的实践参与环节至关重要。一方面，学校要因地制宜地为学生提供生态文明教育活动的基础设施；另一方面，社会要为生态文明教育建立相应的实践教育基地，为社会公众接受教育提供必要的场所和环境。

三、我国生态文明教育的问题成因

从哲学的角度来说，没有无因之果，也没有无果之因，某种结果总是由一种或几种原因造成的。同样，当前我国生态文明教育存在的问题也是由多种原因造成的，具体来说，主要有以下几个方面的原因。

（一）政府相关部门的重视程度不够

多年来，尽管党和国家对环境教育、可持续发展教育以至当今的生态文明教育比较重视，但是，从以上生态文明教育存在的种种问题来看，这种重视程度还不够，公众的生态文明素质距离社会发展的现实需要还有较大差距。

首先，国家对生态文明教育的投入不足、基础设施建设滞后。尽管国家一再强调要"始终坚持把教育摆在优先发展战略位置"，要大力实施"科教兴国、人才强国"战略。各级环保宣传教育部门要积极扩宽资金投入渠道，努力争取各级财政、发改委基础设施建设项目及各类专项资金的投入；要充分调动社会力量，拓展社会资源进入环保宣教的途径，多渠道增加社会融资。由于投入经费的不足，生态文明教育基础设施建设相对滞后，全国很多学校缺少供学生操作、演练的实验室和先进的教学器材，不少生态文明教育基地建设不完善。特别是在经济较为落后的山区和农村，几乎没有任何开展生态文明教育的公共设施，有些地方甚至没有像样的宣传栏。基础设施建设的滞后在很大程度上影响了生态文明教育的发展与成效。

其次，生态文明教育的理论研究不足，尚缺乏成熟的指导理论。这也是国家及相关部门对生态文明教育重视程度不够的一个重要方面。没有理论的实践是盲目的，没有实践的理论是空洞的。实践活动要想达到预期的目的必须有正确的理论指导。生态文明教育作为一项实践活动，只有在科学有效的理论指导下才能沿着正确的方向前进，从而实现培养生态公民的教育的目标。但我国生态文明教育起步较晚，目前还没有较为成熟的指导理论。传授生态文明知识和技能、培养生态文明情感、树立生态文明信念、践行生态文明思想、养成生态文明习惯等也是生态文明教育的内容。

最后，生态文明教育缺少法律法规、政策制度等方面的配套措施。法律法规具有强制性、规范性与导向性等功能，在推进教育事业的发展中起着至关重要的作用。我国生态文明教育之所以存在种种不足，与相关法律法规的不健全有一定的关系。尽管我国早已把保护环境作为国家的一项基本国策，并颁布实施了《环境保护法》，在我国环境教育是有法律依据和政策支持的，这也体现了国家对环境保护和环境教育的极大重视。但是，生态文明教育毕竟与环境教育有所区别，从生态文明教育的性质、内容与现状等方面来看，用环境教育的法律法规来支撑生态文明教育在很多方面不合适。同时，生态文明教育是新时期、新阶段针对我国环境、资源与人口矛盾的实际情况而开展的一项新型教育，而关于环境教育的一些法律法规大都已经不适合当前生态文明教育的现实情况，因为社会、经济、人口、资源等与过去相比发生了较大变化，出现了新情况、新问题。因此，缺少相关法律法规的规范与引导，这在某种程度上影响了我国生态文明教育的健康发展。除了相关法律法规不健全外，国家及地方政府在支持生态文明教育发展方面的政策、制度也较为乏力。生态文明教育作为一项政府部门主导的公益性教育工程，需要各级政府出台支持、鼓励其发展的政策和制度，特别是需要教育、环保与宣传部门对生态文明教育的顺利开展做好相关制度设计。另外，生态文明教育之所以存在诸多不足，与地方政府在相关政策、制度方面的支持力度不够有关。因此，完善有关生态文明教育的法律法规，为生态文明教育提供有利的发展政策规章是促进其快速健康发展的重要举措。

此外，很多人把生态文明教育与环境教育混为一谈，尽管环境教育早已被纳入我国正规教育体系之中，但是生态文明教育尚未被纳入国家正式教育体系，这说明国家和社会对生态文明教育的重视程度还需进一步加深。

（二）生态文明教育本身的艰巨性

如前所述，生态文明教育是一项覆盖全体社会成员的社会系统工程，它涉及社会政治、经济、文化、法律等各方面，教育对象包括生活在我国境内的每一个人，而社会整体生态文明意识的提高很难在短时间内实现，因此，生态文明教育自身发展的艰巨性注定这一庞大工程的建设与完善是一个漫长的过程。具体来说，这种艰巨性主要体现在以下三个方面。

首先，我国生态文明教育起步较晚，发展历史较短。从生态文明教育的发展历程不难发现，即使从环境教育在我国的发端算起，自我国派代表团第一次参加"联合国人类环境会议"到现在为止，生态文明教育的历史也不过40多年，而若从真正意义上的生态文明教育（即从党的十六大国家提出建设"生态良好的文明社会"）开始算起，如此浩大的社会工程在短短的15年内是很难发展完善的，不要说国家及相关部门的重视程度不够，即使国家足够重视生态环境问题，生态文明教育工作还需要大批的资金投入，需要完备的法律制度规范，需要学术界的研究探索为其提供理论指导，而这些工作很难在短时间内完成。可见，我国生态文明教育当前存在的各种不足与其起步晚、发展历史较短不无关系。相比之下，英国、德国、美国、俄罗斯、南非和新加坡等国较早开展了生态文明教育，并且政府大力支持生态文明教育的发展，同时拥有雄厚的经济后盾，因此，这些国家在生态文明教育方面取得了显著成绩。

其次，生态文明教育对象的数量庞大、差异性大。由于生活在我国国内的全体社会成员都应接受不同层次的生态文明教育，因此，生态文明教育的对象是全体社会成员。有关数据统计显示，目前我国人口已超过 14 亿，再加上在我国境内短期与长期居住的外国友人，我国社会成员总数要远远大于这个数字。对如此庞大的人口数量开展生态文明教育，其难度可想而知，同时，每一个教育者在对其他社会成员进行生态文明教育时首先自己要受到良好的教育，具备较高的生态文明素质。另外，社会成员还存在较大的差异，从年龄阶段来看，学生、大学生、成年人和老年人各有特点；从地域角度来看，"老""少""边""穷"地区、一般发展地区和相对发达地区的民众难以同日而语；从身份职业来看，领导干部、企业高管、工人、农民之间千差万别。这就注定了在实施生态文明教育的过程中，对教育内容、教育目标和教育途径的制定与选择不能一概而论、不能搞"一刀切"，必须针对各个群体的不同特点因地制宜、因材施教，只有这样才能使生态文明教育富有成效。因此，生态文明教育对象数量的庞大性与复杂性大大增加了实施生态文明教育的难度，这也是我国生态文明教育存在种种问题与不足的主要原因。

最后，生态文明教育是一项长期的系统工程。生态文明教育的长期性主要表现在两个方面。一方面，生态文明教育涉及的面广、对象庞杂，实施难度较大，同时生态文明教育作为一个新兴的教育领域，它的发展成熟需要一个长期的过程。另一方面，从社会成员的生态文明素质来说，在实施生态文明教育的过程中很多人的生态文明理念基本是"从无到有""从错到对"。然而，正确生态文明理念的形成并非一朝一夕之功，同时，从理念到实际行动的外化过程也需要较长的时间。在现实生活中，很多人对生态文明行为知而不行，在某种意义上正说明理念外化为行动需要一定的时间考验。此外，生态文明教育不是只针对当代人的教育，而是需要世世代代延续下去的长期教育。总之，生态文明教育的长期性在很大程度上体现出其艰巨性与复杂性，这也是我国生态文明教育发展缓慢、问题较多的原因之一。

（三）各种"非生态"价值观的影响

生态文明教育的目的是提高社会公众的生态文明意识，使人们树立坚定的生态文明信念，进而把这种价值信念转化为实际行动。但是，社会上各种"非生态"价值观念的流行与泛滥在很大程度上影响了人们对生态文明意识的接受与外化。改革开放 40 多年来，随着市场经济在我国迅速发展，西方的一些价值观念也随之在国人的意识中滋生蔓延。市场经济的负面影响与某些西方消极价值观的泛滥对我国社会生态文明教育的健康发展有一定的负面作用。另外，在人们日常生活中长期形成的陈俗陋习以及各种"非生态"的行为方式对自己生态文明素质的提高也具有不同程度的负面影响。

作为有效配置资源的经济运行方式，多年来市场经济在社会主义制度下为国家经济的发展、人们生活水平的提高发挥了重要作用。但是，我们在肯定市场经济积极作用的同时，也不得不清醒地看到，市场经济具有自身难以克服的盲目性、自发性、滞后性、逐利性。特别是市场经济的逐利性，使不少人片面地认为，市场经济就是利益经济，只要能获得利润，即使污染了空气和水也无关紧要，因为这是为国家经济发展做贡献。很多人为了个人利益与眼前利益不顾对环境的破坏和资源的浪费，使青山变秃山、绿水变黑水，空气质量越来越差，给人们生产生活带来重大损失和恶劣影响。单纯的逐利性使很多人唯利是图、铤而走险，在他们的意识里几乎没有什么环境保护和资源节约的必要性，而这种"尚利"的价值观念和行为方式在社会上的流行与泛滥对生态文明观念的传播与普及无疑具有一定的冲击性。同时，西方的一些消极价值观，如个人主义、享乐主义、拜金主义等，在我国也有不小的影响。以自我为中心，不顾他人与后代人的生存和发展，这种价值观与可持续发展的生态文明理念背道而驰，因此，对具有个人主义倾向的人进行生态文明教育难度会更大。另外，不少人热衷于大吃大喝、爱面子、讲派头，从而过度消费、超前消费，这种行为方式是对资源的巨大浪费，同时会把社会风气带坏，也不利于资源节约理念的普及与传播。拜金主义的思想倾向是为了金钱可以不择手段，只要有利可图，什么生态、环境、资源都可以置之不理，这种价值观念的泛滥对生态文明意识的传播有百害而无一利。

长期以来，人们日常生活中的不少陈规陋习和"非生态"行为模式，不仅浪费资源、破坏环境，而且有碍于生态文明理念的传播和生态文明教育的健康发展。从个人生活习惯来看，有的人随地吐痰、随手扔垃圾，有的人甚至随地大小便，家庭生活和公共生活中的"长流水、长明灯"等资源浪费现象更是司空见惯。这些生活中看似平常的小事，其实反映的是很多人长期以来在"非生态"价值观影响下养成的坏习惯。所谓"积习难改"，显然，这些不良习惯给当前的生态文明教育带来了很大障碍。另外，在一些落后地区特别是山区农村，还有不少人把生活垃圾甚至人畜粪便随处倾倒，这不仅会污染水源、破坏环境，更重要的是会传播各种疾病。然而，长期以来当地人却习以为常，因为在他们的观念里根本就没有环保与生态的意识。这说明人们长期形成的陋习很难改变，因为他们从来没有认为那样做有何不妥。凡此种种都与"非生态"价值观有一定的关系。从另一个角度来说，这也为生态文明教育提供了很好的反面教材，尽管我们为此付出了沉重的代价。

总之，以上各种"非生态"价值观与行为方式的长期累积影响了我国生态文明教育的健康发展，阻碍了节能环保等生态文明理念在全社会的普及与传播，当前我国生态文明教育之所以存在种种问题与形形色色的"非生态"价值观念不无关系。因此，我国生态文明教育的有效开展需要引导全体社会成员更新观念、提高认识，摒弃陈旧落后、消极堕落的不良价值观，树立科学环保的生态文明理念。

第二章　生态文明教育的中外比较

生态文明教育不仅是理论知识的传授、生态道德情感的培养，更是生态文明教育的重要组成部分。在学校思政教育中，学生认识到尊重、保护自然的重要性，做到主动关心自己和他人的生存环境，进一步提升保护生态的责任感，树立可持续的发展理念和价值观念。

第一节　中国的学校生态文明教育

一、中国学校生态文明教育的主要内容

学校是生态文明素质培养的主要阵地，世界许多生态环境优美的国家，都十分重视发挥学校在生态文明教育中的重要作用。在我国，对青少年进行生态文明教育的起步比较晚，20 世纪 70 年代末，环境教育才被正式列入中小学教育计划和教学大纲，在一些学校设立了环境科学选修课，但是生态文明教育并没有在全国范围内普遍开展起来。

在我国的学校教育中，生态文明教育主要讲授有关环境的基本知识，培养学生保护生态环境的生态意识，形成正确的价值观。讲授的内容包括生态系统概念、生物的多样性、人口与环境、社会的可持续发展对国家及世界的重要意义等。但是由于我国的中小学学校片面地注重升学率，所以多数中小学学校没有设置专门的课程进行生态文明教育，多是通过自然、社会、化学、地理等学科进行环境知识的讲解。

学校生态文明教育内容还包括对学生进行生态文明法制教育，学生了解环境保护的基本原则和制度，环境管理的机构、职责、奖励、惩罚等内容，通过这些知识的学习，增强了学生的法律意识，要求他们做到知法、守法、用法，自觉用法律保护我们赖以生存的环境。

另外，技能的培养也起到关键的作用，针对学生的不同特点，组织学生积极参与开展生动活泼的绿色环保活动，带领学生深入公园、社区、街道，亲近大自然，培养他们的生态实践能力。通过实地调查、研究掌握一手的资料，指导学生正确把握事物和现象相互之间的因果联系，提升学生分析解决实际问题的能力。

二、中国学校生态文明教育的方法与途径

生态文明教育是全民性教育、终身性教育，学校是传授知识的主要阵地，也是对公民进行生态文明教育的主要渠道。青少年阶段是良好的行为习惯养成的关键时期，在学校开展生态文明教育，有利于提升学生的环保意识和环保责任感。

课堂是学生接受教育的传统方式，同样，课堂教学也是对学生进行生态文明教育的主要方式。课堂教学分为两种方式。第一种是将环境知识分散在各个学科之中，使环境知识和各个学科知识相融合，通过各个学科渗透的环境知识，可以达到生态文明教育的目的。例如，在地理课中通过讲解天气与气候知识，了解近些年在我国出现的气候变暖、雾霾天气，以及极端天气给人们生活带来的影响，引导学生提出对策如何保护我们的家园；教师在讲解我国自然资源知识时可以让学生了解我国自然资源的分布与现状，让学生了解资源的宝贵。在语文课教学中，通过对歌颂我国大好河山文章的讲解，激发学生热爱自然、保护自然的情感。在思想品德课程中，通过学习社会公德强化环保意识。第二种是学校设置专门的生态环境课程对学生进行生态文明教育。在我国有一部分大学将生态环境课程设置为专业必修课，对学生进行系统、全面的环境教育，不仅让学生掌握环境知识，还要让学生具备生态意识。但是在我国的中小学，迫于升学的压力，多数学校没有设置环境专业课程，而是采用多学科课程模式，将生态文明教育渗透到各个学科中，有少部分学校开设生态文明教育选修课，但是课时教所占学校课程总课时数比例很小，在师资的配备上，缺少具有生态文明教育的专业师资，生态文明教育没有受到应有的重视。

在校园开展绿色环保活动。生态文明教育不仅是知识的传授，更重要的是创新教育形式，做到在实践中让学生体验与感知。在我国，很多学校都利用世界环境日、世界地球日、植树节等与环境相关的纪念日开展形式多样的活动，通过讲座、义务劳动、植树、参观、主题班会等多种形式，让学生在实践中认识自然，正确看待人与自然的关系，保护地球资源，提升保护环境的道德感。

很多学校还依托校园的社团组织开展公益环保活动，组织学生志愿者到社区、公园等公共场所进行义务劳动，在劳动的艰辛中体会环境保护的意义，倡导绿色节约的环保理念，使学生的文明素质得到提高。我国学校的生态文明教育实践性并不明显，由于应试教育的影响以及我国参观学习教育基地资源的紧缺，很多学校生态文明教育只是停留在知识的传授上，忽视了实践性和动手能力的培养，教学模式单一，学生缺乏学习的主动性和积极性，阻碍了生态文明教育在学校的发展。

在学校开展生态文明教育的宣传。良好的校园环境不仅能为学生提供整洁舒适的学习环境，还能营造保护环境的文化氛围。很多学校都利用校园宣传橱窗、宣传板、宣传条幅、校园广播等传播环保知识，强化学生对生态文明的认知。1996 年我国首次提出"绿色学校"概念，"绿色学校"是将环保意识和行动贯穿到学校日常的管理、教学和建设中，引导教师和学生关注环境保护问题，参与可持续发展的行动，建设和谐的校园环境。通过绿色校园活动使学生生态文明素养得到提高，校园环境得到改善。学生大部分时间都是在学校度过的，整洁优美的校园环境会对学生产生潜移默化的影响，也会鼓励学生对其进行保护。但是"绿色学校"在我国发展很不平衡，尤其在经济不发达地区"绿色学校"起步晚、数量少。

第二节　国外的学校环境教育

一、新加坡、日本学校的环境教育

新加坡是一个岛国，国土面积不大，自然资源十分有限。新加坡能以"花园城市"的美誉闻名于世，离不开整个国家在环境保护工作上所做出的艰辛努力。除了对健全的环境保护法严格执法外，新加坡政府还意识到单靠行政手段不能从根本上解决环境污染问题，而向市民广泛普及环保知识、重视生态文明教育在学校教育中的重要作用，提升全民环保意识才是治本之策。所以，新加坡的学校有完整的环境教育体系，注重从娃娃抓起对孩子进行环保教育，培养环保意识。

在新加坡，有越来越多的学校推行环境教育。在小学阶段，环保教育与学校教育紧密结合，争取做到每个国民都有环境保护意识，每个人都能对环境保护做到身体力行。环保教育被列入了学校课程的一部分，政府鼓励每所学校至少成立一个环境保护俱乐部，并鼓励在学校培养环境保护大使。在学校的环境教育中，新加坡很注重在实践中培养孩子的生态保护意识，鼓励孩子与大自然接触，在实践中培养他们的学习兴趣，增强对国家的归属感。在莱佛士学院的生态素养选修课中，教师带学生观察当地的蓄水池，学生在编写关于蓄水池的书籍中不仅培养了热爱自然的情感，同时也增强了自身的书籍出版技能。新加坡的新生水厂、垃圾无害化填埋工厂等都是环保教育参观学习的基地，学生在教师的带领下进行参观，感受科技带来的低碳、循环、可持续发展方式。

新加坡拥有自己完善的环境教育体系，早在"新加坡绿色计划"中，环境教育就以实现新加坡可持续发展的首要战略的地位被列入其中。在环境教育上，新加坡推出"生态学校项目"这一新举措。通过"生态学校项目"，开展以实践为导向的环境教育，将环境学习与实践相结合，进而改善学校的环境，节约资源，实现低碳、环保式的生活。"生态学校项目"的核心是七步骤过程。第一步是建立生态学校委员会，促使学校和社区都参与到"生态学校项目"中去。第二步是开展环境评审，通过评审帮助学校确定自己的环境教育计划。第三步是制订行动计划，评审结果中收集的数据显示出学校需要解决的环境问题，生态学校委员会根据问题的紧迫性制订学校行动计划。第四步是监测与评估，确保行动计划的实现。第五步是与课程建立联系，将环境教育概念注入学校现有的课程，而不是单独开设环保教育课。将生态文明教育融入某门学科中，使学生不仅能够接受环保的思想，还能加深对这门学科的理解，增强趣味性。第六步是宣传和参与，尽可能多地让每一个人都了解环保知识，保护生态环境。第七步是起草环保章程。"生态学校项目"还根据新加坡环境发展现状制定了六大环境教育主题，包括废弃物与垃圾、水资源、能源、校园、生物多样性、气候变化，学生通过社会调查、户外活动等多种形式参与到主题环境教育中，使环境保护与日常生活紧密联系，增强学习的自主性，促进学校环境的可持续发展。

日本的生态文明教育走在了世界的前列，学校的环境教育是其重要的组成部分。日本自20世纪60年代正式开始在学校开展环境教育以来，学校的环境教育在教育目标、教育内容、教学方法等方面都形成了比较完整的体系。

日本的环境教育经历了从不成熟到成熟的过程，在不断摸索中渐进发展。20世纪50年代日本工业飞速发展，经济高速发展的同时也带来了以环境污染为代表的公害问题，日本学校将公害教育纳入教育大纲中，在"社会科"里增添了"公害"的内容。20世纪80年代，日本的"公害教育"正式更名为环境教育，环境教育所包含的意义更大、范围更广。1991年日本的文都省把环境教育纳入学校教学大纲，并颁布《环境教育指导资料》，这标志着环境教育被正式纳入中小学及高中的教育大纲中，日本的学校没有设置专门的环境教育课程，而是将环境教育渗透到各个学科中。日本学校对不同的受教育对象采取不同的教育方式。如对低年级学生进行的是亲近自然的教育，让他们在接触自然的过程中增强环保意识。对高年级学生进行理解自然的教育，让学生观察自然现象，思考如何将保护环境落实到行动上。日本学校对学生进行生态文明教育的目的不单单是传授环保知识，更重要的是培养学生对待环保的态度，让他们树立环保意识，自觉付诸行动。日本有很多的环境教育基地，学生能经常到教育基地体验户外教育，学校将生态文明教育已经渗透到校园生活的各个方面，在时间上具有连续性，学生每时每刻都在无意识中接受环境教育。所以，日本的生态文明教育经历了几十年的渐进性发展，使得以学校为主的生态文明教育成为国民教育的重要组成部分，学生能够主动关心环保问题，主动思考环境问题，环保意识在每个人心中生根发芽。

二、美国、英国学校环境教育的特点

美国是世界上最早通过环境教育法的国家，美国的生态文明教育具有规范化的特点。美国通过了世界上的第一部《环境教育法》，该法规定了在全国范围内开展环境教育，使得美国的生态文明教育走上了法制化和规范化的道路。在美国，除了联邦政府建立环境教育法以外，大部分的州也建立了相应的环境教育法。美国通过法律规定了国家对公民进行生态文明教育的责任和义务，为环境教育提供了政策支持。师资是环境教育开展的有力保障，美国环境教育的师资具有专业性的特点，对环境教育的教师有专业的标准，在教育目的、特点、专业品质等方面有详细的规定。美国的中小学有非常完善的关于环境教育的教学计划，根据不同年龄段孩子的特点，有不同的课程设计，将环境教育渗透到各个学科当中，或者开设专门的环境教育课，有针对性地对学生进行生态文明教育，不同地方的学校还根据自身的特点，采用灵活多样的教学方式和教学内容，如将课堂设置在户外，在实践与游戏中认识自然，加深与大自然的感情。

英国学校对高校进行生态文明教育的主要目的是帮助学生将琐碎、零散的生态知识上升为系统、全面的环境知识，使学生在遇到环境问题时，通过分析各种因素，能够提出解决问题的办法，加深对环境问题的理解。英国的高校会根据学生采取不同的教育方法和教育内容，如学生由于对事物的认识还停留在感性阶段，教师会尽量通过游戏或参与户外活动，在亲身体验中深化学生对环境问题的理解，激发孩子保护自然的兴趣。初中年级的学生，教师会带领他们参与课外团体活动，在调查实践中，了解自然的奥秘，培养良好的环保行为习惯。教师的生态素养对学校生态文明教育的开展具有直接性的影响，英国的学校非常重视师资的培养，将环境教育的师资培训分为职前培训和在职培训，虽然英国在师资培养上做出了很多的努力，但是在数量和质量上仍有待提高。

第三节　中外学校生态文明教育的异同、基本经验及启示

一、中外学校生态文明教育的异同

中外学校生态文明教育都注重环境教育立法。科技的进步及社会的发展，带来了生态危机问题，各个国家也逐渐意识到对全民进行终身生态文明教育的重要性。在国家层面上，各国都很重视生态文明教育，并出台相关政策保证学校生态文明教育的开展。

在生态文明教育中，渗透式教学模式是各个国家普遍采用的教学方法之一，通过此模式将生态文明的知识渗透到各个学科当中。课堂是学生接受生态文明知识的重要阵地，如在自然、地理、生物等课程中融入生态环保的思想。我国由于缺乏专业的环境教育师资并受升学压力的影响，多数学校没有设立专门的环境教育课，课堂上主要采取渗透式教学方式向学生传授生态环保知识。在日本、美国和英国，对中小学学生也普遍采用渗透式教学模式，将环保知识渗透在各学科中，通过了解自然现象认知大自然的因果关系，形成生态保护的理念。渗透式教学无须专门生态文明教育的教师和设备，也减轻了学生的课业负担，但同时也忽略了生态文明教育的系统性，使得生态文明教育变得零散和片面。

我国主要由教育主管部门在学校开展生态文明教育，欧美等西方国家注重各个部门的协作以及政府和非政府组织的广泛合作。学校生态文明教育不仅是教育部门要面对的问题，环保、能源等部门以及社会团体、民间组织也应承担起相应的责任。在日本，由几个相关的政府部门联合出台生态文明教育政策，在政策的执行上也更有力度，保证了学校生态文明教育的有效开展。在美国，一些非营利性机构、基金会在学校的生态文明教育中起着举足轻重的作用，美国的"绿丝带教学计划"是联邦教育部、各州的教育主管部门、民间组织、学校、社区联合组织开展的一项旨在推动学校的教学体制、能源的利用、校园环境绿色发展的积极行动。美国也有很多热衷于环保事业的基金会，在生态文明教育

方面这些基金会给予了资助和奖励，推动了学校生态文明教育的规范化发展。在德国，阿尔伯河（Alber）沿岸共有 200 多所学校，德国环境教育协会组织这些学校对河流进行全面的调查和研究，每个学校负责不同的河段流域，成立多个活动小组，最后汇总各个学校的调查数据，学生在实践中增强了学习能力又增强了环保意识。

西方国家注重生态文明教育师资建设，我国尚有欠缺。如西方国家十分重视生态文明教育的师资培训，在美国对专业从事生态文明教育的师资有严格的专业要求，专业从事生态文明教育的师资需要具备一定的专业品质和素养，美国的联邦政府、各州、非营利组织从不同层面对生态文明教育师资进行培训，保证了学校生态文明教育的顺利开展。

二、中外学校生态文明教育的基本经验

日益严重的生态危机已经引起各个国家的重视，西方发达国家走了一条先污染后治理的老路，经济的飞速增长以牺牲资源环境为代价。西方发达国家开始探寻解决生态危机的方法，并在环境教育方面积累了大量的经验。我国在经济发展的同时，也在摸索中前行，不断总结生态文明教育的经验。

（一）完善的法律法规是学校开展生态文明教育的重要保证

美国是法制化的国家，美国政府善于通过法律规范稳定社会的发展。随着环境问题的不断涌现，美国政府颁布了世界上第一部环境教育法，将环境教育推上了法制化轨道。美国的环境教育法使环境教育在高校全面开展起来，不仅保障了环境教育在教学体系中的重要地位，同时使教育内容、教学方式、课程设置也更加科学和规范。20 世纪末，美国总统签署的《国家环境教育法》，细化了环境教育的政策与法规，并设置了各个奖项，以奖励在环境教育中做出突出贡献的个人。目前我国缺乏系统的生态文明教育法律法规，生态文明教育还没有进入法律化进程，法律具有强制性的特点，建立完善的生态文明教育法规体系，明确生态文明教育的重要地位，必将有助于推动学校生态文明教育的顺利实施。

（二）建立多元化的教学方式，提升生态文明教育的实效性

学校是提升公民素质最有效的途径，学校教育具有系统性、计划性的特点，所以各个国家把学校的生态文明教育作为提升公民素质的重要方式。学校在传授生态环保知识的过程中普遍采用课堂教学法，也就是口头讲解的方式传播知

识，我国在生态文明教育中多采用这一方法。但是生态文明教育具有实践性、参与性的特点，课堂教学法不能满足教学的需求，我们应采取多元化的教学方法，让生态文明教育更具趣味性和互动性，激发学生的学习热情。在英国，教师多通过游戏让学生掌握环境知识，在玩乐中增强学习的兴趣。有教师通过讨论法，让学生发表对某一问题的看法，在讨论中思索问题，探讨解决办法，培养学生的创新意识。环境教育离不开环境，户外教学法也是各个国家普遍采用的方法，将大自然作为教育的资源，学生在实际体验中感知自然，培养热爱自然、保护自然的情感，树立主人翁意识。我国应丰富教育方法，多采用实地考察、远程教育、角色扮演等方式，让学生多动手、勤思考，在实践中树立正确的生态文明价值观。

（三）开展"绿色学校"创建活动，增强环境教育意识

"绿色学校"是指学校在日常工作中将可持续发展的思想纳入学校管理中，这不仅包括学校的硬件建设，同时也包括软环境建设。我国的学校环境教育内容主要包括"组织管理"和"校园环境"两大块，前者是软件管理，后者是硬件管理。我国的学校生态文明教育在理论和实践上取得了一定的成效，但仍有很多省、市、自治区的"绿色学校"计划没有推广开来，仍需借鉴西方发达国家的成功经验。瑞典是"绿色学校"建设的典范，在瑞典的学校中随处都可以看到学生自己设计和实施的废水净化、垃圾分类、太阳能发电及风力发电设备等。在美国，社区尤其是非政府组织的广泛参与是美国"绿色学校"计划的一大特点。一些民间的想法、资源可以有效地投入学校生态文明教育中，从而丰富学校生态文明教育的资源，填补学校生态文明教育的不足，使更多的人关注生态文明教育。我国应因地制宜，努力挖掘本土学校生态文明教育的特色，联合教育、环保等相关部门，制订自身学校生态文明教育的方案，把可持续发展的理念融入教学管理和运行体系，构建符合我国国情的"绿色学校"教育体系。

三、中外学校生态文明教育的启示

（一）将生态文明教育与各学科有效融合

生态文明意识是一种道德意识，学校教育倡导以德育人，所以在课堂教学中教师有必要对学生进行德育教育，通过课堂渗透的方式，将生态文明观念渗透各个学科之中，化整为零，优化学科课程设置，使学生在潜移默化中树立生态价值观，培养环保意识，自觉养成生态文明的习惯。通过生态文明教育实现在环境中育人，以施教者的主观能动性影响受教育者，达到生态文明教育的目

的，努力实现生态、经济、社会的可持续发展。

（二）建立丰富的生态文明教育课程资源

教师、学生、教育资源是教育活动必不可少的三要素。丰富的教育资源有助于教师达到教育的目标，推动教师提升教学质量。教材是学校开展生态文明教育必不可少的教育课程资源。应组织专家和学者根据各地具体的环境问题，编制适合学生心理特点的统一教材。教材在传授学生环保知识的同时更要注重技能的培养，增强学生的公民责任感，鼓励他们把环保知识、个人技能的运用和对环境事件的评估作为解决环境问题的基础。同时，教材要体现时代性，将新的环境问题、各地区的典型性环境问题以图文并茂的方式展现出来，确保生态文明教育的针对性和实用性特征，这样更加有利于学生接受和理解。课堂授课和户外体验是对学生进行生态文明教育的两个重要方式，课堂授课注重学生对环境知识的掌握，而户外体验让学生在实践中加强对环境的认知，增进人与自然的亲密感。所以，应鼓励学生充分利用校外环境课程资源，将大自然的河流、山川、森林等作为学习的实验室，对事物进行观察、思考、探究，在实践中使学生更深入地了解自然，正确认识人与自然的关系，树立正确的生态文明观念。

（三）加强生态文明的教育培训，建设高水平的师资队伍

教师的职业素质是教育实施过程中的关键一环，高水平的师资队伍有利于提升学生的综合素质，培养出高质量的人才。美国、英国等西方国家非常重视教师生态文明教育的培训。而在我国，缺乏专门从事生态文明教育的教师，多数生态文明的教师没有系统地接受过环境教育培训，他们多是通过自身对环境问题的理解或知识的积累来教授学生，知识的传授缺乏系统性和专业性。因此，加强对教师生态文明的教育培训，提升师资专业化水平尤为重要。对高等师范院校的学生进行必要的入职前生态文明教育培训，使他们不仅具备专业知识，同时具备生态文明素养，甚至将生态文明教育列为他们取得教师资格证的必要条件之一，加深对生态文明教育学科的重视。通过学科渗透、举办研讨会、开设选修课等多种形式丰富职前教育。在职教育培训有利于教师知识的不断充实和更新，教师可以采用集中备课、进修、集体组织观摩实践等方式储备环境知识，创新教学方法，以利于实现生态文明教育的可持续发展。

第三章　高校学生思政教育模式

　　高校学生思政教育模式就是在一定的思想政治理论的指导下，为解决高校学生思政教育问题而构建起来的教育目标、内容、方式、方法、手段、机制等的综合性理论模型和实践范式。可想而知，一个行之有效的思政教育模式的建立对解决高校学生思政教育问题有着重要的理论和实践意义。进而为加强思政中生态文明教育创造基础前提。高校思政教育中融入生态文明教育，提高了对生态文明的重视，可以创新思政教学方法，发挥出生态文明教育的合力。

第一节　和谐视野下高校学生思政教育模式

　　高校学生是党和国家的宝贵人才资源，是建设和谐社会的重要力量。加强和改进高校学生思政教育，促进高校学生全面和谐发展，是建设和谐社会的必然要求。将高校学生思政教育纳入和谐视野下，是由其本质和内涵决定的。在和谐视野下构建高校学生思政教育模式，既是对高校学生思政教育工作的正确认识，也是对以往某些思政教育模式的反思。和谐视野下，高校学生思政教育模式是教育目标、教育内容、教育主客体、教育环境、教育方法、教育管理等各方面都贯穿和谐思想并使之形成一个系统、有机的整体。

一、高校学生思政教育目标的和谐

　　以往的高校学生思政教育在教育目标的定位上模糊不清。早期的教育目标定位在精英型教育，偏重于对高校学生进行政治教育、理想人格教育、高尚道德情操教育，偏离了学生的学习、生活、思想，实际效果不理想。高校扩招以后，大学教育开始从精英教育走向平民教育，倡导一种大众型教育，强调德育本身是面向大众、面向生活的，培养的是参与社会的公民，而不是培养社会精英或者楷模。这种以平凡性代替高尚性的教育虽然是对过去精英教育的一种反思，但却失去了思政教育的本质特征。

在和谐视野下，我们重新审视高校学生思政教育，其目标应该是培养和谐的人，造就和谐的人的个体，就是要使每一个学生有健全的人格，健康的心理，有正确的世界观、人生观和价值观，能合理地处理个人与自然、个人与社会错综复杂的关系，做到融入自然、融入社会，做到全面发展。这是一个大的目标体系，该目标体系应该由若干个子目标构成：低层次目标——培养学生成为健全的人；中间层次目标——培养学生成为社会的人；高层次目标——培养学生成为一定阶级的人。这些高低不等的目标构成了一个完整和谐的目标体系，不可或缺也不可偏废。

二、高校学生思政教育内容的和谐

在和谐视野下要求思政教育内容各要素间比例适当，相互协调，有机结合，构成一个整体，即既要有高层次的政治教育，又要有低层次的知识教育、思想教育、道德教育、心理健康教育、法纪教育等，形成一个教育内容高低层次不等但都不可偏废的有机系统。

此外，高校学生思政教育也不能缺少生活教育，毕竟教育的根本目的就是教会学生在社会生活中立身处世，学会做人。杜威明确提出："教育即生活"；我国著名教育家陶行知也提出了"生活即教育""社会即学校"的教育思想。生活教育要求德育从纯粹的理性世界和理想世界中走出来，回归丰富多彩的现实生活世界。在德育目标上实现由约束性德育向发展性德育转变，注重引导"学会做人，学会关爱，关注生活，珍爱生命，懂得礼貌，具有良好的行为习惯"等基础德性的形成；在德育内容上，植根于现实生活，服务于生活，突出生活性。注重责任心及责任心的培养，诚信教育及诚信品质的培养，同情心及爱心的教育等。

三、高校学生思政教育主客体的和谐

在传统的思政教育理论中，主客体是不和谐的。通常把教师看作教育活动的主体，把学生看作教育活动的客体、信息接受的"靶子"，把教师对学生的教育看作单向的灌输，没有考虑到学生在受教育活动中的积极主动性，违背了思政教育形成的规律，也违背了教育的根本目的，实际效果较差。近几年来，以人为本的教育理念盛行，人们开始把学生也看作教育活动的主体，提倡学生的自主认识、自主选择、自主思维、自主控制以及自主完善等。在教育内容的选择上，关注学生的生活世界，贴近学生、贴近实际、依靠他们、相信他们；在德育教育方法上，倡导对话教育、体验教育、自我教育、个性化教育；在教育管理上，要求人性化管理。

提倡主体性教育无疑是教育理念的一大进步，也是破解高校学生思政教育实效低下的良方，但与此同时，我们仍应看到，思政教育工作的主体——教师一般都受过专门训练或经过较长时间的实践，掌握了一定的理论，具有一定的教育经验和能力，加之他们是思想政治工作的组织者、策划者、实施者和调节者，在思想政治工作中发挥着主导性的作用。同时要发挥学生的主观能动性，倡导学生自我教育，这对学生自身的要求很高，不是每个学生都能做到的，且在某些高层次教育内容的学习上，确实还需要教师的引导和说教，这更需要发挥教师的主导性作用。

因此，思想政治工作是"双主体"的工作，离开任何一方的主体性，思想政治工作的有效性都会受到影响，只有当双方的主体性都得到充分体现，思想政治工作才能取得成功。

四、高校学生思政教育环境的和谐

思政教育环境是指影响人的思想政治道德素质形成、发展和人的思政教育活动的一切外部因素的总和，具体包括社会环境、学校环境和家庭环境。

社会环境对高校学生的影响是无所不在的，这就要求全社会都来重视高校学生思政教育的社会环境影响。社会环境对高校学生思政教育的影响一般是通过微观环境来实现的，特别是学校环境对高校学生思想和行为产生着更为直接的影响。

学校环境依据其育人的构成要素，分为教学与学习环境、管理与校风环境、人文与硬件设施环境。在校园景观的设计上，要寓德育思想于校园规划建筑设计之中，整体渲染和突出校园基本建设的育人功能；科学布局学校建筑，充分体现校园的文化氛围，达到一种导向、调适效用；精心营造优美洁净的校园环境，让学生在优美的环境中陶冶情操。

大学的人文环境是大学文化内涵、精神底蕴的重要表现，它无时无刻不在潜移默化地影响着置身其中的每一个学生。为此，要重视品味高雅的人文环境建设并发挥其教育功能。

家庭环境主要由家长的职业、文化程度、经济状况、思想政治道德素质等方面构成。家庭是社会的基本细胞，一个人出生后2/3的时间是在家庭里度过的，家庭教育对一个人的影响是终生的。高校学生虽然离开了家庭，但其自身远没有真正独立，对家庭不仅有物质上的依赖，也有精神上的寄托，一个人的家庭环境好不好、家庭氛围是否和谐、家长的思想道德素质高低都影响着家庭中的孩子。

五、高校学生思政教育方法的和谐

传统的思政教育方法由于存在着明显的弊端，近年来遭到攻击，一些新的教育方法，如生活教育、成长教育、网络教育等受到追捧。其实，各种教育方法都有其优劣，各有不同的适应对象和适应内容，应该相互补充、相互匹配。

（一）显性教育法与隐性教育法相和谐

显性教育是指充分利用各种公开的手段、公共的场所，有领导、有组织、有系统的思政教育方法。理论教育方法、宣传教育方法、实践教育方法、疏导教育方法、榜样示范教育方法、批评教育方法等都属于显性教育法。它的优点非常明显：具有系统地传达社会主义主导思想理论与价值体系并促进学生主动或被动接受的功能，同时它还具有鲜明的思想导向和政治动员的造势能力。但显性教育法的缺点也非常明显，如有些道德教育内容难以通过直接的显性教育法实施，特别是这种方法容易使学生产生一种"强迫灌输"感，从而使学生产生一种逆反心理，制约高校学生对教育内容的理解、接受和内化，这在很大程度上影响了思政教育的实际效果。

隐性教育法近年来在思想政治理论和实践两方面都受到热捧。与显性教育法相反，它是一种不为教育对象自觉意识到自己在受教育的教育方法，强调环境氛围的育人功能，重视良好环境氛围的营造，主张通过暗示、启迪、诱导和激励等手段，使受教育者在身边环境氛围的影响下，潜移默化，接受一定社会要求的世界观、价值观、道德文化等。隐性教育法弥补了显性教育法的缺陷，它把教育内容分散渗透在高校学生生活的各个方面，在不知不觉中影响高校学生思想道德价值观念。这种把抽象的理论寓于具体情境的方式，极大地减少了高校学生的逆反心理，而且对他们的思想、道德认知和行为产生一种无形的但有足够深度的影响，教育效果持久而稳定。但这种方法的缺点在于，由于缺乏系统性和规范性，思政教育处在一种松散的状态，没有明确的思想道德教育目标，极大地影响和削弱了思想道德教育的权威性和效果。

由此，我们可以看出，显性教育法和隐性教育法可以互相补充，弥补双方的不足，在思政教育法中可以协同作战、相互渗透、相互协调。

（二）灌输法与体验教育、成长教育相和谐

一方面，灌输法仍是高校学生思政教育的主流方法。思政教育带有强烈的意识形态色彩，其规律要求思政教育工作者必须对高校学生进行科学理论的灌输。另一方面，体验教育、成长教育在高校学生思想道德的培养上具有突出的优势。体验教育是建立在尊重受教育者主体地位的基础上，按建构主义原理而生成的一种教育方法，主要指品德的学习不是道德知识的简单转移和传递，而是在活动中主动建构自己德性的过程。体验教育要求学校有效地组织道德实践活动，创设富有感染力的真实的道德情境，促发学生对道德的切身体验，理解社会的道德要求，并内化为自己的思想和行为。体验教育由于尊重了受教育者的主体地位，符合受教育者的思想形成规律，教育效果持久而稳定。成长教育是组织学生按照一定的规范要求，参加各种实践活动或是在日常生活的行为规范中逐步形成良好的思想品德和行为习惯的一种教育方法。成长教育的观点是，思想品德的形成是日常生活的行为习惯养成的，它注重对学生良好行为习惯的培养，并且通过这种良好的行为让学生逐渐形成道德意识进而内化为自己的道德思想。这种教育方法很好地弥补了传统德育只进脑不进心，学生的道德知识不能转化为道德行为的缺陷，且一旦学生形成了良好的行为习惯，就不会轻易改变。

（三）课堂教学与网络教育、心理咨询相和谐

课堂教学作为传统的高校学生思政教育手段和方法，有其显著优点，但随着现代科技的发展，网络进入高校学生的生活且成为一种生活方式。学生在网络中学习、交友、娱乐，在网络中传播信息也受信息传播影响，如果不重视网络教育，就失去了思政教育的一种重要载体，造成思政教育的盲区。此外，利用心理咨询进行人生观、价值观教育，道德教育，社会适应教育，完善人格教育等，是对课堂教学的有益补充。处于改革大潮中的高校学生，面临人生、理想、专业学习和求职就业等一系列重大问题，心理压力会越来越大。相当多的学生思想问题归根结底是心理问题，这就要求我们用心理咨询的方法，提高高校学生的心理素质，形成健全的人格，进而做好高校学生思政教育工作。

六、高校学生思政教育与管理的和谐

中共中央、国务院发出《关于进一步加强和改进大学生思想政治教育的意见》，指出："高尚思想道德的培养，良好社会风尚的形成，既要靠耐心细致

的思想教育，又要靠科学规范的严格管理。"因此，管理也是高校学生思政教育中重要的一环。管理的目的很明确，就是通过各种法律、法规及规章制度来约束人的行为，使高校学生按照公共的要求和道德规范参与社会生活，正确处理人与人、人与社会、人与自然的关系，这与思政教育的目的是一致的。教育通过内在的思想来管理人，管理通过外在的约束来教育人，教育与管理是相和谐的。

在管理工作中要注意科学管理与人本管理相和谐。科学管理强调目标管理、严格的规章制度和计划明确的职责与任务，而人本管理基于学生的独立人格、自由个性和情感需要的基础上，灵活艺术地开展学生管理活动，强调以学生为中心，把发展学生、解放学生作为管理的目标。这两种管理模式应相互匹配，既要有严格的规章制度，加强学生的日常管理，又要施以人性化管理，发展高校学生的智慧和能力，尊重他们的需求，同时在管理手段上采用说服教育、感情投入、关心体贴、形象影响、心理沟通、激励尊重等柔性管理方式，把组织者的意愿和管理者的目标变为高校学生自发或自觉的行动。

在和谐理念下构建一个和谐的高校学生思政教育模式，使思政教育的各环节都相互协调、匹配，最大限度地发挥思政教育工作的"合力"，使思政教育工作落到实处。加强和改进高校学生思政教育工作是培养全面发展的高校学生，实现高校学生与社会的和谐、与人的和谐、与自身的和谐、与自然的和谐的重要途径，在和谐视野下对高校学生的成长具有潜移默化的影响，对高校学生学习如何做人、做事、做学问起着自然的引导作用。和谐视野是以校园为纽带的各种教育要素创建的全面、协调、整体优化的育人氛围，是学校教育各子系统及各要素间的协调运转、相互依存、相互协调、相互促进的状态，体现出以人为本、民主法制、公平公正、充满活力、诚信友爱、安定有序、文明整洁的根本要求，是学校与社会互动、教与学相长、自然与人文共融、学校各项事业协调发展的整体效益。在和谐视野下，应创新高校学生思政教育工作的模式和方法，切实加强和改进高校学生思政教育工作模式，促进高校学生全面和谐发展。

如何把握高校学生的现实思想特征、赋予高校学生思政教育的时代内涵，是值得永远探讨的话题。构建社会主义和谐社会理论是加强和改进当前高校学生思政教育的理论先导。在和谐视野中去审视和提升高校学生思政教育，契合了高校学生的成长实际、适应了和谐社会人才的培养要求，这对开创高校学生思政教育的新局面、为社会主义和谐社会的构建输送高素质的建设者和接班人具有十分重要的意义。

第二节　高校学生思政教育活动模式

在当前的社会经济形势下，高等教育所面临的内外部环境已经发生了很大的改变，使得高校学生的思政教育活动开始面对新的机遇和挑战，对新时期的思政教育工作提出了新的要求。对此，本节在分析新时期高校思想政治工作的重要意义的基础上，对当前教育模式下的弊端和问题进行了总结，最终就完善高校学生思政教育活动模式的策略进行重点研究，希望对提升大学生的思想政治工作水平能够有所借鉴和启示。

高等教育的主要目标就是要培养高素质的、能够适应社会主义现代化建设需要的复合型应用人才，其中大学生的思想政治素质是提高综合素质的基础和前提。然而在新的教育环境下，传统高校思政教育模式下的弊端日益显现，面对网络信息化、经济全球化、政治民主化的社会形势和时代背景，需要高校思政教育工作者坚持与时俱进，加强科学发展观的指导，创新高校学生思政教育的内容和活动载体，实现理论教育与实践教育的有效结合，更好地发挥高校思政教育工作的功能和价值。

一、加强开展大学生思政教育活动的重要意义

随着社会经济的发展，当代大学生的思想观念和价值观念呈现出多样化的发展趋势，高校作为文化交织与思维碰撞的前沿，更在一定程度上凸显了思政教育活动的重要性。

（一）大学生健康成长的需要

在目前的大学生当中，独生子女的数量在不断增多，然而适应新环境的能力却相对较弱，这显然不利于大学生的健康成长。目前的高校在校大学生比较突出的问题主要表现在以下几点：①在进入大学校园后，学生的学习压力有所降低，很多学生放松了对自己的要求，甚至沉溺于网络，遭受一系列负面因素的影响，思想滑坡的问题比较严重；②学生的虚荣心有所增长，出现攀比、炫富等现象，自负、自傲的学生越来越多，学生的集体意识和责任感在不断下降；③学生自我约束、自我管理的能力较弱，承受生活、情感、学习上的挫折与压力的能力不够强，学生缺乏理性思考，容易出现心理健康问题；④学生的个体意识过于严重，同教师、学生之间的沟通能力在不断下降。面对学生在大学环境中的种种表现，为了提高当代大学生的培养质量，应当进一步拓展思政教育的职能和范围，不断提高学生的思想政治素质。

（二）应对高校扩招、思政教育紧迫性的需要

随着高等教育扩招政策的不断实施，大学生的在校学生人数与日俱增，大学生在综合素质上的差异也表现得更加明显，这就对传统的思政教育活动的模式提出了新的挑战。但是传统的教育模式显然已经无法满足当前思政教育的各种需要，有限的教师资源和基础设施决定了不可能再对学生实施全过程、全方位的微观管理与控制。因此，在高校扩招的教育背景下，学生思政教育模式与实际需要之间的矛盾越来越突出，需要对开展思政教育活动的传统模式进行创新和发展，增强思政教育活动的针对性和有效性。

（三）落实科学发展观，培养当代高素质大学生的需要

近年来，高等院校培养的学生数量在不断增加，但是毕业大学生的质量却没有实现明显的提升，这与当前高等教育的初衷和目标是不相符的。在知识经济背景下，随着我国市场经济的不断发展以及经济全球化趋势的不断加强，对大学生的综合素质提出了更高的要求，同时要求学生能够真正适应价值取向多样化、思想观念复杂化、学习生活网络化的发展趋势，树立正确的人生观、价值观。尤其是随着全面建成小康社会、构建和谐社会等宏伟目标的提出，各高校只有不断加强思政教育工作，才能使学生深刻理解习近平新时代中国特色社会主义思想，增强自身的综合素质，使自己成为中华民族复兴的重要力量，做社会主义现代化建设事业的可靠接班人和合格建设者。

二、传统的思政教育模式的弊端

近年来，我国很多高等院校的思政教育课程体系已经相对完善，逐步建立了相对高效的思政教育队伍，在实践中也积累了很多宝贵的经验，取得了十分显著的成绩。但是在知识经济和网络时代背景下，高校思想政治工作面临的内外部环境已经发生了很大的改变，出现了许多新的工作内容和特点，迫切需要对传统的高校思政教育活动的开展模式进行创新和发展。传统教育模式下的弊端主要体现在以下几点。

1. 思政教育的方法与手段相对落后

传统的高校思政教育，过分依赖课堂的讲解和理论知识的普及，采取"灌输式"的教育方法，使学生在思政教育活动中始终处于被动地位，不利于调动学生的积极性和主动性。例如，很多学校忽视了爱心服务、社会实践、校园文化建设等隐性教育手段和形式。在课堂教学活动中，师生之间以及学生与学生

之间缺乏有效的互动，课堂氛围不够活跃，很多教师忽视了多媒体等现代教育技术的有效应用，使得学生在参与思政教育活动时缺乏主动性和热情，甚至有的教师和学生认为思政教育活动是可有可无的，导致高校的很多思政教育活动浮于表面、流于形式。

2. 高校思政教育活动的组织形式存在缺陷

首先，目前高校负责思政教育工作的组织结构存在缺陷，这是因为高校学生的思政教育工作通常是由一名党委副书记或副校长主管的。学生管理处作为主要的管理与协调部门，代表学校制定和实施思政教育工作的目标、内容、计划等，并负责对与思政教育活动相关的组织和个人进行考核与评价。校团委则是在校党委的领导下，构建学校、院系、班级的三级组织网络，开展各项思政教育活动。但是这与当前高校教育个性化、特色化以及学生在发展中的个性化需求是不相适应的。其次，目前高校学生思政教育活动的组织形式缺乏开放性，忽视了校园外的教育载体和力量。活动的开展过分强调思想政治素质的增加，而忽视了与其他教育活动的相互促进，造成了高等教育中德育教育和智育教育的分离。这不仅不利于提高思政教育工作的全面性、针对性和有效性，也不利于学生综合素质的全面发展。

3. 脱离了高校学生的生活与实践

目前的高校思政教育活动，并没有引起学校相关领导和教育工作者的足够重视，思政教育观念相对落后，使得思政教育的过程和传递的价值很难得到学生的认同，这与高校思政教育活动脱离了学生的生活和社会实践有很大的关系。一般说来，大学生思政教育活动的开展，以及学生思想道德素质的提升，是建立在学生对思政教育活动的认同和认知基础之上的，需要学生经历知、情、意相结合的心理过程，只有这样才能最终内化为学生自身的综合素质。然而，在现有的高校思政教育模式下，各类活动的开展由于与学生的心理感受和思想诉求存在较大的差异，忽略了学生的个性化需求，这对高校思政教育活动的高效开展显然是不利的。

三、完善高校学生思政教育活动模式的有效措施

（一）坚持以学生为本的工作理念

当前形势下高校学生思政教育活动的开展，应当紧紧围绕着人才培养的目标，坚持以学生为主体，突出学生在思政教育活动中的主体地位，遵循"育人

为本，德育为先"的教育原则，真正做到以学生为本。唯有如此，高校借助思政教育活动的开展，才能对学生的健康成长和人生发展提供更多的指导和帮助，调动学生在思政教育活动中的积极性和主动性，实现学生由"被动接受"到"主动学习"的积极转变。

（二）加强教育组织队伍的建设

面对高校在校学生的不断增加，思政教育工作任务的不断加剧，高校思政教育组织队伍建设的不断加强，提高教育工作者的综合素质是至关重要的。首先，学校应当制订完善的教育培训计划，督促教育工作者及时转变教育观念，完善知识结构，丰富开展思政教育活动的手段和方法，拓宽教育的渠道和职能，实现教育工作者工作职能的不断提高。其次，学校应当加强辅导员队伍建设，进一步发挥辅导员在学生思政教育活动中的职能和作用，这是因为辅导员是平时与学生联系最为紧密的，教学任务相对较轻，善于把握大学生的思想动向和心智变化规律，有助于增强思政教育工作的针对性和有效性。

（三）紧密结合学生的生活实际和个性化需求

随着大学生思想价值观念的日趋多样化及个性化发展需求的不断增长，高校学生思政教育工作的开展必须打破传统"填鸭式""一刀切"的教育模式，积极实现理论教学与实践教育的有效结合，深入学生的生活和实际，突出"以服务为中心"的工作基础，加大对大学生的心理素质教育，帮助大学生树立正确的人生观、价值观和人生发展目标。此外，针对部分学生的个性化需求，教育工作者应当加以足够的重视，确保学生价值观念和思想动态的准确性，增强学生进行自我管理和自我控制的能力。

要想增强高校学生思政教育工作的时代性和先进性，提高思政教育的成效，教育工作者必须对开展思政教育活动的手段与方法进行进一步的丰富和发展。例如，网络技术手段的应用，不仅能够增强课堂教育的艺术性和有效性，调动学生的学习主动性，还可以有效缩短师生之间的距离，为师生之间的交流和沟通提供良好的平台。同时，借助社会服务、课外实践等多种教育形式，可以进一步丰富高校学生思政教育工作的层次感，提高其影响力。

在知识经济背景下，随着高校学生思政教育工作环境的变化，高校的思想政治工作者应当打破传统教育模式和教育思维的限制，敢于对传统的教育模式和教育手段进行创新与发展，制定正确的工作目标，紧密结合大学生的实际生活和现实需要，增强思政教育活动的针对性和实效性，提高当代大学生的综合素质，为我国的社会主义现代化建设提供更多高素质的人才。

第三节　融媒体时代高校学生思政教育管理模式

社会科技的快速发展最大限度地推动了融媒体时代的发展进程，在此情况下，高校教师就必须要与时俱进地转变思政教育管理观念。除了要对现阶段的社会发展情况进行详细的分析和研究之外，还需要进一步考虑教育管理的各方面要求和学生实际的发展需求，在教育管理过程中不断加大融媒体手段和全新管理理念的应用。

融媒体时代的发展为学生的信息获取提供了各种多元化的渠道，大部分的学生在实际学习和生活的过程当中，都能够利用网络或者其他设备来获取各种信息。但是，这也意味着学生很容易受到网络流传的各种不实信息和不良观念等消极内容的影响，从而对学生正确三观的形成和高校思政教育管理工作造成极大程度的阻碍。因此，高校教师需要紧随时代步伐做出管理调整，并借助各种先进的管理观念和高效快捷的管理方式来开展具体的教育管理工作。

一、加强教育管理体制的建设

在社会快速发展和教育体制不断改革的情况下，传统的思政教育体制已经不能够满足当下的教育工作管理需求，因此，高校教师必须通过创新和改革寻求教育管理方面的突破。为此，高校需要对原有的党委组织推行的体制进行创新改革，充分地考虑学生的发展需求和教育管理要求，及时引导党委和校长转变落后的管理理念。要求二者根据相关的管理标准来开展每个阶段的工作，并根据具体的管理情况进行管理方法和管理模式的调整，最大限度地提高二者之间的配合默契度，进而快速地完成全新教育管理体制的全面建设。

例如，相关管理人员可以根据学生群体、教师群体，以及专任教师、职能部门教师等不同的阅读偏好群体进行内容的筛选和整合，并对管理工作进行科学的语言组织和精确的内容筛选，并将相关的管理结果及时地推送给不同的阅读群体。这样才能使教育管理工作更加深入人心、细致入微。另外，校长和校党委还必须全面加强业务能力较强和素养较高的宣传管理队伍的建设，为管理工作涉及的文字、美编、摄像、采访提供相应的设备和较好的工作环境，这样才能够确保能快速及时地获得第一手的教育管理信息。也可以加强新闻传播方面的专业知识教育或者专业人才的招聘，引导校级管理人员和教师养成互联网思维，进而能够彻底地将新媒体运用在教育管理工作当中。

二、借助融媒体手段进行管理

高校可以充分地借助各种高效快捷的网络途径和多媒体教育手段来开展具体的教育管理工作，全面地加强校内教育工作管理评价平台的建设。确保实际的教育工作开展情况能够被管理人员了解和控制，以便管理人员根据相关的要求对管理工作进行有效的指挥和调整。也可以加强具有较高科学化、科技化水平的评估管理系统的引入，利用信息化手段对实际的思政教育开展情况和各阶段管理工作能承载的问题进行详细的调查，根据科学的评估标准对其进行全面透彻的分析。

例如，构建以团委和党委宣传部为核心的校园宣传橱窗、官方微信公众号、学校校刊、学校官网等的党委新闻媒体宣传平台。并建立以 QQ 智慧校园、高校团委官方微博、官方微信、校园报社、广播台为主的校团委融媒体平台。并由教师组织学生，建立相应的学生协会、学生社团、学生会等辅助管理组织，并根据思政教育管理的需求，设置相应的微信公众号、微博等。也可以安排专业的教师负责对学生的思政教育活动进行管理，利用各种高效快捷媒体渠道和方法实现编辑整理、素材搜集、自主策划等的相关操作，并将整理后的内容公布在高校的媒体平台上。高校还可以和本地的融媒体机构进行合作，将校内优秀的政治教育成果和管理成果报送到日报、电台、电视台等机构进行宣传，通过各种新媒体平台最大限度地宣传思政教育管理工作的影响力和凝聚力。

教师想要结合融媒体时代的优势来开展具体的教育管理工作，除了要充分利用传统教育管理过程中的优势之外，还必须借助各种有力的媒体环境和途径来加大管理力度。在全方位加强具有较强严谨性和科学性的思政教育内容的传播的情况之下，更好地掌握高校教育管理各方面发展的具体情况，并根据反馈信息对管理工作进行相应的调整和改进，从而为高校思政教育管理工作在新媒体时代取得较好的成绩奠定良好的基础。

第四节　高校学生公寓思政教育生态模式

环境因素是思政教育诸多因素中的重要内容。思政教育的环境因素包含诸多方面，既包含了经济、政治、文化等因素，也囊括了学校、家庭等因素，可以说思政教育处于一个复杂的社会环境之中，邱柏生教授认为，这一系列的因素不是孤立的，而是相互促进、协同作用构成了思政教育环境互动的生态链条。环境因素、教育者和受教育者共同构成完整的生态环境。思政教育进公寓是当前高校思政教育的新话题和新方向，随着价值观的多元、利益诉求的多样、学生特点的新变化以及大学学分制等因素的影响，如何发挥公寓思政教育育人作用，形成公寓思政教育生态的良性互动成为公寓思政教育的新话题。

一、公寓思政教育生态系统的构成

公寓思政教育生态系统包含主体（教育者）、客体（受教育者）、介体（教育的方式和方法）和环体（教育的环境条件），四个因素相辅相成，达到动态平衡。在这个生态系统中，教育的主体是入住公寓的思政辅导员，客体为学生，介体则是教育主体利用公寓环境对教育客体进行教育的方式方法，环体主要是公寓的住宿环境和公寓的文化制度信息等，这几个因素在不断适应和能动地影响环境的过程中使思政教育生态系统达到动态平衡。

在该生态系统中，教育的生态环境与教育的主体和客体相互影响，教育主体通过教育的手段和途径，充分利用环境的正影响力来对客体进行思政教育。教育环境中具有丰富的影响因素，既有住宿环境等的硬件因素，也有诸如教育制度、管理规范、公寓文化等的软环境因素。

二、公寓思政教育生态的运行模式

公寓思政教育生态系统是一个相对复杂的系统环境，各组成要素间相互联系和作用，在系统内外互动下达到动态平衡。公寓思政教育生态循环主要依托两个循环链条，一个是教育者与受教育者之间的主客体生态循环，另一个是教育环境与人之间的生态循环。

公寓思政教育主客体之间的互动循环。教育者与受教育者是思政教育活动的最基本的因素，两者的关系也是思政教育活动中最核心的关系。在公寓思政教育生态系统中，教育者与受教育者是对立统一的，一方的存在必须以另一方的存在为基础。在实践中，公寓辅导员依据公寓学生具体的生活需求和思想动态针对性地开展相应的思想政治工作，把社会、学校所认可的行为规范和价值观，通过显性和隐性的教育手段与方式"灌输"给学生，使学生形成科学向上的价值取向。随着时间的变迁，"80后""90后"的公寓辅导员和"95后"学生相应具有不同年龄段的性格和行为特点，这就要求公寓辅导员要不断调试自身状态，不断加强自身的教育水平来应对不同的形势，这是主客体循环的一个方面。教学相长是教育的基本规律，也是主客体循环的另一个方面，公寓辅导员在解决学生的生活问题并做好思想引导工作外，也要加强与学生之间的感情交流，充分发挥情绪价值在工作中的应用。通过多方面工作的磨炼也间接提高了公寓辅导员的思政教育能力和水平，进而形成了教育主体和客体间的生态循环。

公寓思政教育环境与人之间的互动循环。一定的思政教育总是与一定的环境联系在一起并形成互动，观念的形成与现实环境密切相关，在公寓思政教育环境与人之间的互动循环中，公寓的各种软硬环境对教育主体和客体都会产生深刻影响。公寓辅导员通过评价公寓环境来形成公寓思政教育的基本判断和教育理念，将公寓所具有的文化内涵融入自己的教育手段当中，进而为思政工作服务。公寓的制度规范、文化内涵也会引导学生形成符合学校期待的行为规范，如公寓楼内张贴的"不准吸烟""不随意丢垃圾"等标语会间接、潜移默化地规范和约束学生的行为举止，这种行为方式会带动和影响整幢公寓楼内学生的行为。除了约束规范作用，公寓环境也会感染和促进学生的发展，公寓楼内开展的各种学风和党建活动，会使优秀学生凝聚在一起，在优秀风气和榜样作用带动下，其他学生耳濡目染和亲身体验，从而影响自身的发展。

三、遵循规律，建构良性的公寓思政教育生态模式

高校公寓思政教育生态系统的良性运转取决于两个循环的和谐互动和相互协调，要使这个系统当中的能量、信息之间达成动态平衡，就必须遵循思政教育的发展规律，形成可持续性的生态模式。

以学生为本，建构和谐的教育主客体关系。大学生思政教育本质上应当是个体人格和思想政治品德的建构过程，是受教育者个体与社会规范要求的互动过程。在现实公寓思政教育过程中，高校公寓思政教育在一定程度上演变成为教育者对受教育者人格和行为规范的单向作用过程，只注重一味地"灌输"价值观和要求，从教育者自己的立场出发，为学生搭建所谓的教育平台或者教育途径，缺乏对大学生实际需求的关注。由于教育者自身的理论素养和专业限制，在公寓思政教育中却要承担诸如生活、党建、心理、就业等多方面的指导，这使得公寓辅导员在为学生解决问题的能力上显得"力不从心"，从而降低了工作效率及学生对教育者的信任与认可程度。

倡导以生为本的公寓思政教育理念，就要求公寓的教育者提高自身的理论素养和调用各方资源的能力，为学生的个体人格发展做好指引和服务。此外，要遵循双向互动的思政教育规律，增强学生的主体意识，调动学生参与公寓实践的积极性，在自我管理、自我服务的理念中锻炼自己的能力，建构良好的思

政品德。

以人为本，建构环境与人的良性互动关系。"人类中心主义"生态伦理学强调人类对环境的绝对占有和支配，环境只是人类的附庸，而以人为本则强调人与环境的和谐互动，人与环境是相互依存的。在公寓思政教育过程中，环境因素发挥了重要作用，它是受教育者参与思政教育实践的重要平台，也是思政教育发挥作用的重要载体。从这个意义上讲，教育环境和受教育者是统一的，教育环境的建设与受教育者的主体素质的提升是相互依赖的，要倡导以人为本的环境建构理念，就是要在公寓育人环境的创设中，注重学生的具体需求，发挥学生的能动性，让学生参与到环境建构的活动当中，提高学生思政教育环境建构的自我意识。

以文化为本，建构可持续性的思政教育生态模式。从"育人"的角度来看，文化与思政教育有着密不可分的内在联系。公寓思政教育并不是将公寓与思政教育整个大环境独立开来，而是将其作为高校思政教育的重要组成部分，构建高校精神和文化理念的衔接，将学校的育人理念和文化内涵等引入公寓这一重要的思政教育基地上来。文化作为公寓开展思政教育的精神指导，在育人方面发挥着提高思政教育针对性、吸引力和感染力的重要价值。

构建稳定的公寓教育内部文化理念，是公寓思政教育推进学生价值观教育的核心内容，如同家风、家训等对家庭价值观的影响，公寓内部的文化理念是公寓思政教育生态氛围营造的重要因素，在对学生人格塑造和价值观引导上具有潜移默化的作用。只有充分发挥具有延续性和传承性的公寓生态文化理念作用，公寓思政教育的生态循环才具有可持续性。

第五节　大数据时代高校思政教育模式

大数据时代的到来，让数据信息快速传播，覆盖面广，影响大，同时也给高校思政教育工作带来了新的调整。一方面学生可以自由地接触到这些信息，开阔了视野，提升了知识面，但同时也造成学生无法在海量信息中做出正确的判断，迷失了自我，逐渐失去道德观念。另一方面对高校思政教育工作者来说大数据能够帮助他们收集、分析学生的思想动态，摆脱传统思政教育的不利因素影响，但是开放的信息让学生脱离教师自主学习，导致思政主导有效性降低。针对大数据时代给高校思政教育带来的调整，下面来探讨大数据时代高校思政教育模式的创新途径。

一、大数据时代给高校思政教育带来的挑战

大数据的到来，对学生来说猛然打开了新世界的大门，各种海量的信息充斥在周围，学生的视野立刻变得开阔，大数据能够满足学生的好奇心，拓展学生的思维，激发学生的求知欲望，提升学生的创造力与自我展示能力，帮助学生展示自我价值。大数据的到来也预示着信息全球化，高校学生能够在第一时间接触到来自全球不同国家、不同地区的数据信息，根据这些信息，学生经过判断，从而获取自己想要的信息，并且理解和掌握最专业的知识，强化主体意识，提升学生对课本知识的理解能力，弥补课堂之内学不到的知识点，开阔视野。但是大数据的到来，也会给高校学生带来一些不良影响，大数据信息各种各样，除了有正面、积极的信息也有负面、消极的信息，在这样海量层次不齐的信息中，学生是否能够用正确的价值观去选择自己想要的信息呢？对于很多学生来说，在海量信息中他们会迷茫不知道如何选择，会在大数据中迷失自己。大数据时代的来临给学生带来了海量开放的信息，并且让他们自由地选择、获取数据，一些不良信息会导致学生迷失自我，放纵自己，逐渐失去道德观念，弱化责任感，而大数据时代信息的快速传播，也会让这些大量的负面信息充斥在学生周围，让一些道德观薄弱的学生失去意志，无法做出正确的判断，最终导致价值观迷茫。

大数据的到来，对高校教师来说也会形成一定的挑战。高校思政教育最重要的是师生之间的有效沟通交流，传统的方式基本上是教师找学生个别谈话、举行主题班会等形式，但是这些方式因为受到教学能力、心理因素等影响，教师对学生的思想变化无法及时准确地掌握，也会导致思政教育工作结果不理想。大数据时代的到来，学生能够自由地发表自己的看法与意见，通过这些数据的收集、汇总、分析来获取学生的思想动态，打破了传统的思政教育环境，摆脱了传统思政教育中的不利因素。通过大数据可以及时掌握学生的思想变化，引导学生树立正确的人生观、价值观与世界观，大数据为思政教育工作创立了新的教育平台。传统的思政教育基本上是以教师单方面传授为主，教师讲，学生听，教师讲什么，学生学什么，学生被动地接受教师传授的内容。而大数据信息时代，因为学生能够根据自身需求去挖掘、分析数据，形成自我认知，容易导致师生之间的思想政治理解度不一样。因为大数据使得人人都能够在第一时间获取信息，学生也一样，在获取信息的时候可能会比教师更早、更全面，而且在获取信息的时候，学生比较喜欢收集利于自己判断的信息，这些信息可能会影响正确的价值观念，也会导致高校教师在进行思政教育工作的时候受到挑战。

大数据具有开放、多元、便捷的特点，学生可以利用课余时间接受教育，可以脱离教师自主学习，这也导致这些高校学生无法进行潜移默化、长期的思政教育，从而导致思政教育的主导有效性大大降低，进而影响高校思政教育的有效性。

二、大数据时代高校教育模式创新途径

（一）树立大数据意识，提高思政教育新意识

互联网信息在我们生活中随处可见，全球互联网用户已经达到40亿，相当于全球人口的52.6%，而我国的网民规模已经达到了9.04亿人。大数据时代的到来，让信息传播更加快速，信息覆盖面也越来越广，同时信息管控难度也越来越大，高校思政教育应该适应大数据，树立大数据意识，才能提高有效性。在大数据环境下，高校思政教育工作者应该具备数据信息的敏感性，对能够提升高校学生价值取向与精神风貌的内容要多加收集，挖掘出这些信息的规律，并且进行有效的利用，以提升高校思政教育的有效性。在进行思政教育工作时，不要局限于传统教学方法，要不断改进和创新，从众多数据中发现关联性，从宏观上进行整体把控，及时掌握学生的思想动态变化，根据学生的实际情况与思政需求进行针对性的教育，从而提高思政教育的有效性，培养学生正确的思政价值观念。

（二）分析大数据，开拓思政教育途径

思政教育就是思想信息的交流，借助语言、文字、行为等传递正确的思想动态。大数据时代下，教师通过收集学生查阅、分享、制作的数据，科学地分析这些数据，初步掌握学生的思想变化，为思政教育工作提供一定的参考数据。学生的思想变化是复杂的，所以高校思政教育工作者要借助大数据开放、便捷、共享的特点，多渠道收集不同学科、不同学习资源的信息，多角度地对数据进行分析，以便更加全面地掌握学生的思想动态。大数据的到来，让思政教育工作者可以在不同空间、随时随地地进行思政教育，教师可以根据不同的场合采用不同的教育方法，让学生接受思政教育。平时，教师可以利用微信、QQ等网络沟通工具与学生交流，与学生做朋友，再根据具体情况有针对性地、隐蔽地开展教育工作。高校思政教育还要做好预防工作，教师可以根据大数据传播速度快、信息覆盖面广等特点，主动创作一些有利信息，让更多的学生能够接受思政教育。

（三）结合大数据特点，创新思政教育有效机制

大数据是开放的，信息可以共享，所以要做好信息保密工作，减少个人信息的泄露。思政教育工作者在对学生的思想动态收集、分析时，也要解决信息安全问题，保护学生的个人隐私，加大学生信息、个人隐私保护力度。大数据时代下，对思政教育专业人才要求也越来越高，所以高校还应该做好专业人才的培养工作，提升思政教育工作效率。一方面可以对现有的教师队伍进行培训，树立大数据意识，运用大数据技术提升思政教育效果，另一方面也可以引进专业人才，提高思政教育队伍的综合素质水平。

（四）创建高校思政教育大数据队伍，构建高校思政教学辅助系统

要想实现大数据的导入、问题分析以及实际运用，关键是要靠专业性队伍。传统的课堂以教师知识传授、以考试成绩作为学生的评价标准形式，而大数据是通过动态性与过程性的综合评价指标，通过对学生综合素质能力、社会热点、网络小论文等各方面的综合评判，更加全面地体现高校思政教育的教学目标，所以创建一支高校思政教育大数据收集、分析、教育队伍是尤为重要的。大数据收集队伍主要负责数据平台的建设以及动态搜集工作，通过数据来挖掘学生比较关注的热点，自动生成大数据结果表；大数据分析队伍主要由有计算机经验的教师组成，根据需求能够运用计算机算法及公式来分析不同大数据信息的相互关联性；而教育队伍则由思政教育教师组成，通过大数据分析结果，及时地进行问题跟踪与处理。大数据分析后呈现出来的问题，可以通过开放式的互联网资源寻找相关资料，让思政教育有前瞻性，能够分析学生思政教育存在的问题，有针对性地进行课堂教学，这样不仅能够提升学生的思政综合素质，也能够提升教师自身的思政教育理论，及时地给学生关注的问题进行指导与解答，从而构建起"技术—分析—教育"于一体的高校思政教育辅助系统。

大数据时代给高校思政教育带来了新的挑战，也是一个机遇，只要掌握大数据的特点，树立大数据意识、分析大数据、结合大数据特点来创新高校思政教育方式，就能提高教学有效性。当然，大数据时代下高校思政教育不是一个人的事，而需要靠不同专长的教师共同努力，全面提升高校思政教育水平。

第六节 学习共同体视域下高校思政教育模式

随着社会经济的不断发展，我国高校教育也进行了不断的改革和创新，其中高校的思政教育成为高校教育模式改革的重要内容，是教育界很多专家重点研究的课题之一。随着社会的不断进步，我国不仅需要创新能力和实践能力较强的人才，还需要高水平的思想政治素质人才。很多高校都对思想政治的教育进行了积极的探索，其中也获得了一些显著的成绩，而将学习共同体应用在高校思政教育中是一项创新的教育方式，有着传统教育模式所不能比拟的优势。

一、学习共同体的概述

学习共同体来源于"共同体"和"实践共同体"，是二者亲密连接起来的产物。学习共同体是指让学生和教师连接在一起，二者在共同的学习活动中围绕一个主题，在相同的学习氛围中，通过活动、参与、反思、对话、合作解决问题等多种模式来构建的一个具有独特文化氛围的动态结构。在学习共同体中，教师和学生能够在共同的学习活动中展开充分的交流与沟通，不同的主体对彼此的学习资源进行学习和互享，继而促使学习主体之间的知识、情感、思想等的融合甚至创新。在共同学习的过程中，教师和学生之间的关系会变得更加和谐，在学习和沟通中不仅获取了知识，也收获了快乐。可以这样说，学习共同体不仅是一种学习的组织方式，也是一种能够促进人际交往和谐的重要途径，同时又是一种科学育人的重要形式。在学习共同体的组织学习方式中，教师和学生以一种对等的关系进行学习，不仅促使了信息之间的相互流通，也实现了师生之间情感的交流。

二、学习共同体的基本特征

学习共同体主要具有三个方面的基本特征。

（一）有共同的学习目标

学习共同体的基础是设定共同的学习目标，只有设定了共同的学习目标，学习公共体才能发挥出应有的作用。学习共同体是以共同学习为根本目标的学习组织形式，可以通过班级、小组、学习等方式实现。同时，该学习组织形式也是分层次进行的，这个层次是可以深入扩展的。本节所讨论的学习共同体主要是以班级和小组这样的模式进行的学习形式。在以学习共同体为基础开展的班级或者小组的学习活动中，学生和教师都有着一个相同的学习目标，即都是针对一个问题所展开的讨论和行动，或者是针对某一个话题所进行的热烈讨论，在这一个相同的学习目标中，教师和学生之间能够进行多样性的影响作用，并且使自己的长处和优势得到最大限度的发挥。在这一个相同的学习目标中，小组和成员之间是相互依存、相互作用的，他们共同构成了一个完整的整体。学习共同体相同的学习目标对个体或者组织都是有利的。其一，这个相同的学习目标能够给每一个个体强烈的归属感和动力，促进组织个体不断地进步和发展；其二，相同的学习目标能够为组织中的个体提供发挥力量的平台，每一个成员都可以参与其中，共同促使学习目标的实现。

（二）重视个体之间沟通的顺利和相互之间的尊重

若学习共同体以班级为形式展开，在这个过程中，教师和学生能够进行彼此之间的交流与沟通，并且在一定的学习氛围中进行思考与评判，进而实现对知识的理解和掌握。在学习共同体的课堂学习中，两个交往的主体是教师和所有的学生，教师和学生之间强调的是一种对等的关系。学习共同体的学习主体不只是以教育对方和改变对方为目的，而是成为一种在一个共同的话题中相互合作和沟通的"你"和"我"，教师和学生变成了一个合作的参与者。在这样一个新型的关系结构中，学生不再是被动地接受教师所传授的知识，而是以一个知识学习和探索主体的身份参与进来，教师也不再是过去传统知识的教授者，而是对学生进行思想和学习上的引导。

（三）帮助师生共同成长

以学习共同体为学习组织形式的课堂教学，教师和学生是一个对等的动态关系。首先，教学内容不再只是重视对知识的传授，而是引导学生自主学习，教师从中起到引导的作用。其次，在教学中教师也不再只是教学的主导者，教师不仅可以扮演知识传授的角色，也可以扮演学习交流中的参与者，有时候甚至是被教育的人员，同时，学生在接受教师教育的时候，也可以成为教育教师的人员。在借助学习共同体的组织教学下，学生和教师是学习"双主体"，对学习有着同等的权利和责任，教师和学生相互合作，彼此相互交流，通过一系列的共同活动实现知识的交互、情感的交流，最大限度发挥彼此的优势和作用，并且使双方的知识变得更加丰富，达到更好的学习效果。

三、学习共同体在高校思政教育中的作用

学习共同体的组织教学形式对高校思政教育有着很重要的影响，其中发挥的价值和作用主要可以通过以下几个方面体现出来。

1. 学习共同体是提升教学效果的最佳方式

学习共同体和高校的思政教育是相互协调的，是完全符合高校思政教育目标的学习组织形式，将学习共同体应用在高校的思政教育课程中去，是一种提升教学效果的最佳方式。思政教育是高校教学的一个重要组成部分，与其他的课程相比，高校的思政教育课程显得比较特殊，思政教育不仅重视对学生知识的教学和传授，更加重视引导学生树立正确的世界观、人生观和价值观。高校的思政教育是为了帮助学生学习马克思主义理论、社会主义核心价值观，培养学生发现问题、分析问题以及解决问题的能力，这些方面只依靠教师的课程教学是不能实现的。学生形成正确的价值观需要养成理性思维的习惯、需要有一定的情感共鸣，同时，学生思维方式的培养也需要他们自主的探索和学习。而在学习共同体的教学模式中，高校的思政教育课堂将会以小组组织的形式开展，在设定一定的学习目标下，学生能够更加积极和主动地参与学习、讨论，主动地学习和思考，并且通过积极主动的探索，思维能力会得到大幅度提升。学生与学生之间能够在相互的交流和沟通中，彼此影响，进而加深他们对知识的理解和掌握，并且对思政教育中科学的价值观有所认同。

2. 学习共同体是提升教学针对性和实效性的重要方式

学习共同体给予教师和学生一个自由沟通的场所，在这个学习空间里，教师和学生的地位是平等的，这是思政课中教师了解学生、学生认同教师的重要前提，教师能够有计划地设置出教学的形式和课堂的情景教学，进而提升思政教学的针对性和实效性。高校的思政课中，教师所承担的任务比较重，教师需要对教学的用书有深入的了解，明确地知道教学的目标、内容和任务，即教师要知道思想政治教学到底需要教给学生什么内容。此外，教师还需要对学生的真实想法有深刻的了解，了解学生所关注的问题、了解学生所掌握的知识、了解学生的内心世界，只有这样教师才能做到与学生相互了解。基于此，教师在课堂教学中才能设计出适合学生或者是学生感兴趣的内容，激发学生的学习兴趣和学习动机，引导学生参与到课堂教学中去。教师需要根据学生现有的知识基础，为学生构建出新旧知识的关系，并且以此为切入点引导学生参与讨论，以启发式的方式引导学生养成思考的好习惯，自主掌握知识的规律，自觉改正

思想上的不足，引导学生的学习朝着有意义的方向前进。

3. 学习共同体是弥补应试教育不足的重要方式

传统的教学模式下，教师重视学生的成绩与分数，教学过程也是采取"灌输式"的教学方式，此教学模式有着很多的不足，它不仅限制了学生的天性，也限制了学生多样化的发展，而学习共同体是对传统教育模式的一种反击，它否定了将学生作为知识容器的教学方式，反对"灌输式"的教学，提倡交互式的教学形式，认为教学过程是一种对话的过程，是教师和学生之间互相学习、交流、理解的过程。通过教师和学生之间的对话，学生能够对自己有着更深刻的认识，学会对他人的理解、学会与别人的交往，激发理性的思维，形成批判、反思的思维方式，培养创新思维的意识。因此，将学习共同体应用在高校的思政教育中，将能更好地培养学生的学习能力、沟通能力、实践能力以及创新能力，对培养社会主义合格接班人起着重要作用。

四、学习共同体视域下高校思政教育模式的策略

（一）构建学习共同体和谐的人际关系

采用学习共同体模式的高校思政教育需要以构建和谐的人际关系为前提。学习共同体模式下的高校思政教育是一个教师和学生交互的过程，在这样的教学课堂中，教师和学生对这个教学课堂完全地信任，这是学习"双主体"互相学习的家园。只有教师和学生之间维持和谐的氛围，学生才能更加放心地学习，才能获得精神的归属感，进而也对思政教育的目标有所认同，主动地参与学习过程，共同努力致力于完成学习目标，在学习的过程中大家共同进步。高校的思政教育想要构建师生和谐的关系，首先需要对现有的师生关系进行反思，教师应该以"以人为本"的教学思想进行教学，重视学生学习主体的地位，在教学中关心学生、爱护学生、尊重学生，善于发现学生的潜能以及学生身上的优势，并且适时地激发和鼓励学生勇于表现自己，不能对学生有太高的要求，对学生的缺点也要包容。其次教师应该重新认识学生之间的关系，应该善于引导学生树立正确的竞争意识，杜绝学生之间的不良竞争关系，应该让学生深刻地认识到不通过交流和沟通的知识是不完善的，学生只有将自己学习中的发现主动与别人分享，才能实现与同学之间的情感共鸣和知识的交互。

（二）构建学习共同体互动的平台

每一个学生都认真地学习这并不是学习共同体，学习也不是孤军奋战，而

是学生之间相互的合作和配合。学习共同体互动是相互合作、交流、沟通、情感和知识共享的一个过程。教师要善于调动学生参与学习沟通的主动性，为学生构建一个互动的平台。首先，教师需要以思政课教学内容为基础，为学生设计出感兴趣的话题或问题，学生只有对这个话题或问题感兴趣，才更愿意参与教学讨论的活动，继而培养学生之间的默契，将学习信息最大范围地扩展，提升学习的成效。其次，教师作为教学的组织者，需要对学生的心理特点和学习基础有深刻的理解，提出合适的问题，并且能够对不同的学生采取适当的引导方式，这也是对教师教学能力的一个重要考验。

（三）营造学习共同体良好的学习氛围

高校的思政教育通过创设问题，促使学生能够在相互合作的基础上对知识进行分析和讨论，分享自己的意见和观点，使学生能够深刻地认识到学习是一件快乐的事情。学习共同体模式下的高校思政教育的重要内容就是培养学生之间合作的能力，以及对彼此欣赏的能力。因此，高校的思政课需要为学生营造一个良好的学习氛围，鼓励学生相互学习、相互欣赏，通过分享获取快乐。学习共同体模式下的高校思政教育是培养学生合作意识的教育，教师需要多通过小组学习的形式，让每一个学生都能感受到集体的归属感和荣誉感。另外，还需要培养学生的宽容意识，在学习共同体下，学生的思想和知识水平都是不一样的，不同的知识有着不同的来源和背景，不能对知识进行等级的划分，反而应该鼓励学生在对问题的讨论中各抒己见。

综上所述，通过高校对学习共同体的不断研究可以发现，学习共同体能够让学生通过实践体会到自身的积极价值，并且也能够激发大学生对思政学习的兴趣，促使学生能够主动地学习，不断地成长，真正地感受到学习思政教育的意义，从而寻找出自己人生的方向和价值。

第七节　高校共青团思政教育工作模式

高校团组织是党委、行政联系广大青年学生的桥梁和纽带，在思政教育中担当着独特的角色，发挥着积极的作用。团干部要深刻领会中共中央文件精神，努力探索共青团新的工作模式，促进大学生思政教育的创新与发展。本节紧密结合实践成果，就新时期高校共青团在大学生思政教育中面临的新挑战、探索的新模式和取得的新成效进行了深入研究。

一、高校共青团思政教育工作的新挑战

（一）新时期青年大学生的新特点

从总体来看，当代大学生普遍认同中国特色社会主义共同理想，拥护中国共产党的领导，拥护国家的大政方针，关心改革开放的各项举措，对中国梦的实现充满着信心。他们思想活跃，兴趣广泛，积极参加各种实践活动，重视自我的专业发展及自身价值的实现；关心时事政策，关注社会发展。但是，一些大学生不同程度地存在着政治信仰迷茫、理想信念模糊、价值取向扭曲、诚信意识淡薄、社会责任感缺乏、艰苦奋斗精神淡化、团结协作观念较差、心理素质欠佳等问题。

与其他社会群体相比较，当代大学生群体具有鲜明的特点。一是群体规模大、数量多。根据国家统计局《2014年国民经济和社会发展统计公报》，全年在校研究生184.8万人、在校本专科生2547.7万人，总规模达2732.5万人。二是以"90后"为主体，独生子女占大多数。他们出生于新时期，伴随着社会主义市场经济建设而成长，经历了经济社会的快速发展和思想观念的加速变迁。三是接受了规范化的正统教育，价值取向积极健康向上。

（二）共青团组织自身局限性所带来的新挑战

随着现代社会的高速发展，广大青年的需求日趋丰富，但有些团组织的工作方式和方法还没有走出计划经济体制的束缚。例如，习惯于根据面上情况制订规划，较少深入细致地解决问题；习惯于自上而下的指令性工作部署，较少深入基层分类指导服务；习惯于"号召型""活动型"的群众工作方式，较少深入细致开展针对性工作。面对新形势，部分高校团组织仍沿用以往旧的活动方式，脱离了时代现实，具体表现在网络思政教育工作与网络的快速发展不相适应；思政教育措施缺乏系统性、连贯性和针对性；理论研究水平偏低，研究深度不够，研究成果偏少等方面。

思政课教学内容与经济社会发展相脱节所带来的新挑战。高校思政教育以"思政课"为主渠道、主阵地，而理论联系实际又是最重要的教学原则，思政课教学倘若违背了这一原则，势必会成为"无本之木、无源之水"。而在实际的教学中，许多高校不同程度地存在着理论脱离实际的情况，把思政课讲成纯理论条条，变成了空洞的说教。从教学内容来看，一是部分内容与中学课程内容存在着重复，高校思政课在学生眼里无疑是在"炒冷饭"，缺乏应有的吸引力；二是各门课程之间存在内容交叉重叠现象，学生认为虽然学习了几门课，

但都是在重复，调动不了学习热情；三是教学内容更新速度较慢，总是滞后于实践，缺乏时代感、超前性，学生学习的兴趣索然；四是学科的不断整合，导致新教材内容多，受课时数限制，有些内容很难展开讲，以致教学与现实社会、市场经济脱节，学生很难理解和接受，没有达到预期效果。

二、高校共青团思政教育工作的新模式

（一）深化团员理论学习活动，以科学理论武装人

一是坚持系统理论学习，加强团的思想建设。在理论学习活动中，要把提高理论水平与强化素质养成结合起来，丰富主题实践载体形式。要坚持团员意识教育与大学生思政教育相结合，深入开展爱国主义、集体主义和社会主义教育，主动践行社会主义核心价值观，切实提高教育活动的思想性和针对性。二是坚持党建带团建，加强团的组织建设。要切实加强对团工作的领导。高校各级党组织要提高认识，定期召开会议，研讨和解决团工作方面的重要问题。要从制度上规范团的工作，使之沿着正确的方向健康发展。要坚持将开展群众路线教育实践活动、"三严三实"专题教育活动与团员意识教育活动结合起来，深化党建带团建工作。三是尊重团组织的创造性和团员的主体作用。"人民群众是人类历史的创造者"。在各项工作中，要充分发挥基层团组织的创造性，放手让他们开展工作，开拓创新，探索行之有效的工作方式及途径。高度重视团员的主体作用，充分发挥团员的主动性。

（二）拓展学生社会实践活动，以深入实践锻造人

习近平总书记曾以"在实现中国梦的生动实践中放飞青春梦想"勉励青年。当前高校思政课教学，较为重视传授基本知识、基本理论，但在开展实践教学、让学生亲身体验方面还做得不够。要广泛开展专业实践、课程实践，广泛开展生产实践、社会实践，广泛开展社团活动、青年志愿者活动，使学生通过实践了解国情社情民情，感受改革开放成就，培养实践能力，锻炼专业技能，坚定"三个自信"。青年志愿者活动是当代大学生传承中华优秀传统、弘扬民族精神、时代精神和革命精神的行动体现。对于大学生的成长来说，青年志愿者活动有助于内化道德要求，培养良好品行，养成道德习惯。

建设积极健康的校园文化，以先进文化塑造人。积极建设健康向上的校园文化，优化育人环境是培养社会主义"四有"新人的客观要求。高校团组织可通过开展学生喜爱、富有格调、特色突出的校园文化活动，进一步弘扬、培育

大学精神，营造健康、文明、向上的校园文化氛围，活跃校园学术氛围。笔者所在单位的团委重视营造温馨的、充满人文关怀的氛围。例如，每年举办仲恺香凝文化节，帮助学生树立健康第一的理念，组织"走下网络、走出宿舍、走向操场"群众性课外体育锻炼系列活动，创造良好的促进学生全面成才的外部条件。

（三）积极促进大学生就业创业，以优质就业激励人

近年来，毕业生就业难的问题逐年加重。共青团组织参与化解就业难的矛盾，就是要结合实际，发挥自身优势，在组织勤工俭学活动，开展就业演练，更新就业理念等方面主动作为。通过开展多种形式的教育实践活动，促使大学生树立正确的就业观和择业观；通过各类学生社团，如大学生职业发展协会、农工教育发展协会，举办各类竞赛活动，开展诸如大学生职业生涯规划大赛、大学生学业规划大赛等活动，营造优良的"规划大学四年学习，规划自身职业生涯"的氛围；积极建设各类"就业见习基地"，让大学生在校期间有机会到基地见习，提高就业创业的本领。

（四）强化网络思想教育功能，以网络文化熏陶人

党的十八大指出："要加强和改进网络内容建设，唱响网上主旋律。加强网络社会管理，推进网络规范有序运行。"在我国网民数量多达9.4亿人的今天，作为党的助手和后备军的团组织，一是要加强管理制度建设，构建网络监督、引导机制，抓好基层团组织、社团组织、专业班级网页内容审核工作，抓好校园网络进出内容审核工作；二是要建设"红色"网站，开通微博和微信，唱响网上主旋律，以正面内容充实网络，弘扬正能量；三是要提高共青团网络的吸引力，通过自身"红色"网站、微信公众号和官方微博发布教学活动、校园生活的动态信息，以平等交流的方式进行热点事件的正面引导，提供兼具知识性、思想性和趣味性的服务，充分发挥"红色"网站、微博和微信潜移默化式的熏陶作用。

（五）主动帮扶"弱势群体"学生，以贴心服务暖人心

在朝着"全面建成小康社会""奋力实现中华民族伟大复兴中国梦"的目标迈进的时候，团组织应当对"弱势群体"学生，即存在经济贫困、学习困难、心理问题、情感困惑、身体伤害或家庭变故等问题的学生，给予无微不至的关怀和帮助。当前，在党和政府、社会各界人士热心关爱、大力资助之下，贫困生的困难状况正得到一定程度的缓解。同时，他们还可通过勤工俭学，依靠自

身的努力克服困难。共青团组织应当关注、关爱他们，一方面要与他们交朋友，既从物质上给予扶助，又从精神上给予帮扶，使他们坚定克服困难的信心；另一方面还要构建长效帮扶机制，实行跟踪管理制度，使"弱势群体"学生完成学业。

三、共青团组织在服务大学生成长成才中取得的新成效

（一）提高了思政教育的实效性

团组织坚持解决思想问题与解决实际问题相结合的原则，重视拓展社会实践，使学生锻炼成长。团干部在实践活动中，与学生平等交流，更易于了解学生心理活动，掌握学生思想动态，从而针对性地进行教育。大学生在深入实践活动中，将会更为积极、主动，思政教育的实效性也更强。

（二）赢得了广大青年学生的信任

习近平总书记指出："祖国的未来属于青年，重视青年就是重视未来。"组织青年、引导青年、服务青年、维护青少年权益，是共青团的基本职能。团干部只有脚踏实地干一番事业，才能赢得学生的信任，提高自己的威信，增强团组织的吸引力。受社会经济发展的影响，当代大学生的学风更为务实，注重真才实学，注重实践锻炼，注重学习实效。他们更乐于参加社会实践，在实践活动中证明真理，得到真理。团组织创新工作模式，发挥自身专长，开展丰富多彩的实践活动，组织学生学习理论，必将有利于引导大学生践行社会主义核心价值观，服务学生成长成才，也一定会赢得他们的广泛信任。

（三）增强了共青团组织的凝聚力

健全和完善共青团工作规范，加强信息交流，促进互相沟通，听取团员的意见和建议，让广大团员参与工作决策与管理。注意了解每一位团员青年的个性、特长，做到"知人善任""人尽其才"，使"英雄"有"用武之地"。注重引导学生正确认识个人与集体、个人与社会的关系，正确处理个人利益与集体利益、个人利益与社会利益的统一关系，使广大团员树立正确的集体主义价值观，增强团组织的凝聚力。实践证明，不断创新思政教育工作模式，团的工作将变得更为有效。

（四）扩大了高校共青团的影响力

高校团组织在履行职能的过程中，广泛接触社会各界，广泛动员团员青年，

通过"社会化"工作方式扩大了自身的影响力。在帮扶"弱势群体"学生时，向社会各界募捐善款，为学生寻找、提供勤工助学岗位；在服务学生就业创业时，与产业单位联系，共建"就业创业见习基地"，并组织学生赴各地实践；在开展网络思想教育时，通过"红色"网站、微信公众号和官方微博，对学生进行思想教育引导；在进行团组织民主管理时，建立民主管理、民主监督制度，让广大团员参与团的事务，使他们充分发扬民主意识，提高参政、议政的能力。所有这些履职行为都在无形中扩大了团组织的影响力。

第八节　高校思政教育的"学校－教师－学生"互动模式

思政教育的主体间性转向研究是思政教育前沿课题之一。主体间性思政教育不是对主体性思政教育的否定，而是在继承的基础上对主体性思政教育进行现代修正，是重新确立和超越，即由单极主体性走向交互主体性。尽管对于"教育者－受教育者"的"主体－客体"关系向"主体－主体"关系的转向，学界仍存争议，但是对于教育者和受教育者在思政教育活动中的平等互动关系却已形成了普遍共识。然而，从思政教育的实效性角度来看，教育者和受教育者共同作为思政教育主体存在的交往互动模式较以往的"主体－客体"模式对受教育者的影响并不显著，这为深入研究主体间性思政教育提出了要求。

一、高校思政教育系统中的主体

高校主体间性思政教育是在扬弃了传统思政教育主客体关系的基础上建立起来的，反映的是思政教育活动参与者之间的平等互动关系。其理论基础是马克思关于人的本质的论断。马克思说："人的本质并不是单个人所固有的抽象物。在其现实性上，它是一切社会关系的总和。"由此把人理解为现实的、活生生的、具体的人，是一种社会实践的存在。正是在实践活动中，人把自身以外的一切存在变成自己的活动对象，变成自己的客体，与此同时，也就使人自己成为主体的存在，就出现了主体和客体两个哲学范畴。在人的活动中，人属于能动的主导的方面，人是自己活动的发动者、组织者和承担者，即人是支配人的活动的主体。对象在人的活动中处于主体之外，其存在不依主体为转移，是受动者，处于被动的从属地位，这就意味着它是人的活动的客体。主体和客体是对立统一的关系，即主体与客体在实践活动基础上以主体为核心而建立的自觉的对立和统一关系。其统一的性质是主体将客体同化，使主体需要得到满足，同时主体自身也得到改造，提升到新的水平。马克思揭示了一个基本事实，人的主体能力来自实践活动，主体性也只能为实践的性质所决定。

高校思政教育活动的特殊性决定了学校、教师和学生共同作为思政教育的主体存在。高校思政教育活动是教育者按照一定的社会要求有目的地影响受教育者思想政治素质形成的过程。它是从外部对受教育者施加积极影响的过程，也是教育者和受教育者共同参与、相互作用的过程。这个过程受到三方面因素的影响。一方面是教育者所施加的自觉影响，教育者包括直接和间接的教育者个体与群体，如学校教师、家长及其他社会群体的思政教育者所施加的影响。另一方面是社会环境因素的自发影响。对于高校思政教育而言，学校成为各种环境因素的主导，良好的思政教育的氛围在思政教育活动中发挥着积极、正面的影响。第三方面是受教育者所施加的自觉影响。受教育者认同教育目标和教育要求，独立做出判断和选择，自主调节行为，并在实践中完善自身品德，丰富和发展社会道德规范在日常生活中的自主性、能动性和创造性。如果受教育者不能认同教育内容的价值，和教育者之间较少互动，较少配合教育者，那么思政教育的效果就会受到极大的影响。在实际工作中，上述三个方面紧密联系在一起。

一般认为，教育者（教师）和受教育者是思政教育过程的两个主要因素，然而如果缺少了环境因素，思政教育也不能完成，环境因素也是思政教育必不可少的因素。在高校思政教育活动中，对人的思想品德形成、发展产生重要影响的环境便是由学校主导的。学校既为思政教育活动提供必要的物质条件，也通过各种政策和制度对思政教育的精神氛围起着决定性的影响，社会政治、经济和文化等大环境主要也是通过学校这个小环境作用于教育者（教师）和受教育者的。学校、教师和学生在思政教育活动中的地位是平等的，如果没有学校和教师的存在，也就不会有所谓的学生，反之亦然，三者之间是一种相互依存的关系。学校、教师和学生有意识地依据自身发展需要影响教育活动，使得自身得到改造，提升到新的水平。因此，包括以集团形态存在的学校在内的教育者与受教育者共同构成了思政教育活动的主体。

高校主体间性思政教育不是对马克思主客体关系的否定，而恰恰是印证了马克思主义的"人的社会"和"社会的人"的思想。思政教育并非是单纯的传授思想观念、政治观点和道德规范的知识教育过程，而是一种涵盖历史、文化特质的社会交往活动。高校思政教育活动是在教育者和受教育者之间展开的，没有相互交往，就不可能有思政教育活动。在交往活动中，学校、教师和学生都表现出能动性、自主性和创造性。思想政治素质形成的过程，既是受教育者主体内部矛盾运动的过程，也是一个受教育者主体与外界各种影响作用的过程。在这个过程中，教师、学校和学生之间形成了相互依存与相互影响的交往互动模式。

二、"学校－教师－学生"的互动模式

现实中的人都是生活在一定社会关系中的人。人们在社会关系中处于不同的地位，产生了不同的利益、思想和感情，造成了个人或集团区别于他人、他集团的特殊性质。作为高校思政教育主体的学校、教师和学生也因其在社会中所处的不同社会地位而具有不同的发展要求，这种发展要求是通过三者间的良性互动实现的。互动的过程是三方在平等原则基础上进行的交互作用并达到共赢的过程。

学校作为一个学习型组织，承担着传授知识、培养人才和创造新知识的责任，是以追求教师和学校共同进步与共同发展为宗旨的教育组织。它通过各种规章制度对教学过程进行管理，对教学环境进行塑造，以保证教学秩序的正常进行，进而在教师和学生的成长过程中起到积极的推动作用，最终实现自身的发展。马克思说："关于环境和教育起变化作用的唯物主义学说忘记了环境正是由人来改变的，而教育者本人一定是受教育的。"马克思在肯定客观环境作用的同时，也肯定了人对环境可以改造的一面。既然人的性格是由环境造成的，那就必须使环境成为合乎人性的环境。高校思政教育的环境感染着学校、教师和学生，影响着学校、教师和学生的发展，学校、教师和学生也在互动中塑造着环境。从学校的角度来看，只有做到以人为本，从教师成长、学生思政素养形成的角度出发，转变重权力、重机构的管理理念为服务理念，才能发展成为一个充满活力的生命体。因此，学校不仅应该为教师和学生提供表达意见的平台，让其参与到学校的管理过程中，更应该自觉地接受教师和学生提出的合理建议，积极主动营造有本校特色的文化氛围，在同教师和学生的互动中逐渐发展壮大。

教师是学校的主要力量，教师的全面发展是学校发展的基础和保障。教师的专业水平和人格魅力在学生思政素养形成过程中起着关键作用。而学校和教师之间的关系直接影响教师的专业发展与从教时的心理状态，这种影响又以积极和消极两种方式反作用于学校与学生，从而形成一种循环。尤其在多元文化

的背景下，高校学生仍处在世界观、人生观和价值观形成过程中的时期，教师自身的经验、认知能力和思维方式在教育活动中发挥着主导作用。这使得教师既要主动参与到学校的建设中，承担起完善学校建设的责任，又要加强与同学间的沟通和交流，依据学生的需要和特点，丰富和发展教育内容，创新和改进教学方法等，在从教活动中发展自己的专业，实现自身的成长。

学生以受教育者的身份处在思政教育活动中，一方面学生是具有独立性、自主性、能动性和创造性的个体；另一方面学生的知、情、意、行等方面同社会发展和个人发展要求存在着差距。在思政教育过程中，学校、教师和学生之间是相互影响的，不仅教育者对受教育者具有影响，受教育者也影响着教育者。通过交往互动，学校的规章、制度及文化和教师的思想道德政治素养被传递到了学生一方，学生通过判断、吸收、拒绝或反抗，又反馈到教育者一方，继而影响教学秩序、校园文化、学习氛围和教师的情绪等各个方面。在思政教育活动中，学校、教师和学生的主体性都应该进一步发展和提升。交往互动模式要求教育者反思自己的行为，并适时做出调整，但其也必须遵循受教育者身心发展的规律和特点，因材施教，这样才能既满足受教育者的需要，又满足自身发展的要求。

三、"学校 – 教师 – 学生"间良性互动的实现途径

主体性思政教育强调教学在道德教育中的重要性，但结果是过分注重教师的主体地位和单方面的主体性，而忽视了学生在自身品德发展中的主体性。教师的支配力和权威性被过分地强调，由此形成的普遍的教学模式是"填鸭式"灌输与被动式接受。与传统思政教育相比较，主体间性思政教育主张让受教育者在人与人的交往中，在现实的社会关系中，在教学、工作、研究等活动中，自主接受教育者传递的思想，并通过自身思想矛盾运动而形成正确的思想观念和道德意识。受教育者的思想品德是在交往活动中形成的，又在交往活动中表现出来并受到检验。高校思政教育主体间的有效交往活动是通过"学校 - 教师 - 学生"的良性互动实现的。

在高校思政教育中，良性互动反映的是教育者和受教育者之间的独立性与平等性，在此基础上，教育者和受教育者的平等对话成为主体间良性互动的前提。这种平等的对话以主体间的相互理解和自我反思为条件，通过思想的碰撞和真心的交流相互激励与促进，求得共同发展。学校、教师和学生作为高校思政教育互动的主体是缺一不可的，他们之间是平等、共生的关系，无论哪一方

都不存在霸权、支配和中心的地位，彼此间是民主、平等的主体间性关系。学校制度的出台不是为了追求各种排名和决策者的成绩，不是对教师和学生的管制，而是真正以教师的发展需要为目标，以学生的思想进步和知识的积累为目标，变行政权力决策为广泛征求教师和学生的意愿的民主决策。教师不会抱怨学校的独断专行，也因此反思自身的不足，将民主和平等的理念拓展到教学活动中，充分尊重学生的兴趣和见解。学生也不会抱怨学校缺少学习氛围和大学精神，抱怨与教师之间不可逾越的代沟。学校、教师和学生共同重新建构思想并达成相互间的积极影响和共同发展。

高校思政教育活动是培养社会历史发展的主体的活动，具有满足个人和社会发展需要的功能。教育者和受教育者的互动过程既是自我发展的过程，又是作为社会发展过程的一部分而存在的。随着时代发展和人的发展出现了新情况、新问题和新要求，教育者适时提炼出反映时代和人的发展要求的教育内容，创新教育方法成为主体间良性互动的关键。社会主义市场经济、信息网络化时代、知识经济时代、全球化的需要对个人的发展提出多种多样的要求，教育者需根据人的思想和精神生活全面发展的要求，对教育内容进行审视、反思和理性修正，灵活多样地采用教育方法，以适应受教育者的主体性和自我发展的意识。在现代社会中，学生的各个方面已经发生了深刻的变化，他们接触媒体频繁，接受各种信息快速，思想超前，常常以一种独立、批判的眼光审视时代和社会的变化，对教育内容和教学方法都有了新的要求。在这种状况下，传统、说教式地将书本知识原封不动地交给学生，不仅实效性差，而且会遭到受教育者的抵触。富有时代性和发展性的教学内容，辅之现代教学手段将更好地满足学生的发展要求，也能满足社会发展的要求。

思政教育活动中教育者和受教育者的主体互动是在实践中生成、表现和发展的。高校思政教育活动除了课堂教学活动（课堂的互动只是学生对道德和政治领悟的一个方面），学校的集体生活和各种校内外活动越来越成为培养学生思想道德素养和政治素养的重要方面。学校实践活动和课堂教学活动的有机结合是实现教育者与受教育者之间良性互动的有效手段。学校开展的围绕思想道德和政治展开的演讲、竞赛和辩论等校园文化活动，组织参观、调查、参与公益事业等社会活动，学生积极主动参与的学生会和各种学校社团等自主参与决策的活动成为主体间互动的重要方面，是受教育者对教育内容的反馈，也是促进受教育者自我教育的催化剂。学生的学校生活也就是他们的社会生活，在实践活动中使高校的教育环境，特别是文化环境得到优化。哪些活动有利于形成学生的价值观，什么样的环境有利于引导学生的成长和学生主体意识的培养都是在实践活动中创造、检验并最终形成的。学生在参与各种实践活动中自觉思考课堂教学中的内容，进而实现思政教育内容的转化。只有通过学生的亲身体验和践行才能形成优秀的思想道德品质，养成良好的行为习惯，进而反过来成为校园文化和大学精神的推动力量。

第四章　生态文明教育中的高校思政教育内容

在经济快速发展的背景下，生态环境急剧恶化，生态遭到破坏，思政教育领域下的大学生生态观培养被提上日程。对大学生进行生态观教育的前提是对生态观的内容进行界定，包括马克思主义的生态自然观教育、平等和和谐共生的生态价值观教育、以践行生态行为为核心的生态发展观教育。

第一节　生态自然观教育

党的十八届三中全会不但明确提出了中国梦是国家富强、民族复兴、人民幸福的梦，而且要求在尊重自然、遵循自然、保护自然的原则下大力推进生态文明建设。因此，中国梦也是以绿色发展、循环发展和低碳发展为基础的生态文明梦，生态文明建设则是实现中国梦和生态文明梦的战略选择。国内外政界和学术界从 20 世纪六七十年代以来，陆续提出了环境保护、可持续发展、循环发展、低碳发展、绿色发展、环境友好、资源节约以及人与自然和谐发展等诸多理念，以求从根本上维护人类社会可持续发展的生态之基。那么，生态文明究竟应该在什么样的自然观引领下来推进呢？是否会在传统"主客"二分的自然观习惯下重蹈"保护性"破坏的覆辙呢？探讨生态文明的自然观需要直面和接受两方面挑战：一是在理论层面接受"自然终结论""自然死亡论""伪自然论"等理论的挑战，回应中西方自然观转变中以生态自然观（或说新有机论自然观）为代表的包括"荒野"自然观、自然权利论、自然价值论、河流生命论、生命共同体论等理论观点，回应了马克思主义自然观"过时论"等；二是在实践层面破除"增长的极限"，直面可持续发展和大力推进生态文明建设的生态瓶颈。

一、生态自然观的核心理念

以生态自然观为代表的当代新自然观，因其吸纳了 20 世纪以来系统科学、生态科学等自然科学的成果并获得了形而上的生态哲学和道德哲学的支撑，受到中西方众多学者的认同。

（一）生态自然观以整体论为基本特征提供生态的新形式

生态自然观以整体论为基本特征提供了不同于机械论自然观的、重新解读人与自然关系的系统的或生态的新范式。第一，它以生态整体论解构了以分析还原论为特征的机械论，推动了自然观从部分到整体的转换。它认为自然是有机的整体，主张整体大于部分，部分之和不等于整体；从最终意义考虑，部分仅是网上的一个模式或节点，部分的性质只有通过整体的动力学才能得以理解。第二，整个自然界是个不断进化的关系网，整个关系网是内在的、动力学的。每种结构都不过是一个内在过程的表现，主张从结构到过程的转换。第三，主张客观与"认知"及"是"与"应该"的联系。提出"认知"与"实在"密切相关，认为认识论不可避免地会成为科学理论的一个整合部分。第四，否定"建构"，反对把知识比作由基本定律、基本原理、基本概念等为基础组成的建筑物的"建造"观念，主张无基础存在的"网络"观念。第五，主张从真理到似真理描述的转换。提出科学只讨论对实在的、有限的和近似的描述，不涉及在描述与被描述现象之间精确对应意义上的真理。生态自然观否定了把自然当作可以任人宰割的机器，强调自然万物的有机联系性、系统整体性和进化过程性。作为一种新范式，它改变了科学世界图景的表述方式，把万事万物联结为一个有机整体，为自然的复活奠定了一定的思想基础。

（二）生态自然观以自然价值论为核心，以现代生态思维确立了认识自然的新知识体系和价值评判体系

生态自然观认为，万事万物作为一个有机整体，不仅相互间存在因果和概率关系，还具有"意义—价值"关系，使得事实与价值的传统分界变得模糊了，"所是"与"应是"之间在推移、过渡。正是在这个意义上，罗尔斯顿认为，这个世界的实然之道蕴含着它的应然之道，在很大程度上我们的价值观与我们生存于其中的宇宙观保持一致；把自然哲学和生态哲学结合起来才能真正理解生态伦理学。因此，生态整体论的自然价值观不仅认为自然有外在价值，还有不以人的意志为转移的内在价值、生态系统价值；不仅人能创造价值，大自然也能创造价值，人不是价值的唯一创造者；承认价值关系是普遍存在的，其

实现方式是多种多样的；承认人是价值评价的主体，但又认为人作为价值评价主体也是大自然创造的产物。这种自然价值观对以人为唯一尺度的传统价值观具有颠覆性的意义，有利于确立一种对待自然、人、人和自然关系新的态度和信念。

二、生态自然观的理论局限

然而，生态自然观作为一种新自然观也存在着明显的理论缺陷：它以自然生态系统的完整、稳定和美丽作为评判是与非、好与坏、善与恶的尺度，具有生态中心主义的价值取向，在强调自然整体性的同时贬低人的主体精神及其在自然中的地位和作用，混淆整体自然和人化自然的概念，因而在理论上陷入关于整体论和价值论的片面理解。

迄今为止，作为整体而存在的宇宙自然并非都在人的认识和实践范围之内，整个自然界可区分为自在自然和人化自然。自在自然具有无限性，人化自然则是有限的，两者既辩证统一又相互转化，其转化的途径是人的认识和实践。生态中心主义的整体自然观的理论缺陷表现在以下两方面。

一是混淆了整体自然和人化自然的概念。那么，在人口持续增长、科技发展有限的情况下，整体自然确切地说是，自在自然的无限性没了，人类可持续发展的希望也没了，"悲观论""极限论""末日论"等由此而生，对人化自然有限性的认识也陷入无限放大的误区。没有自在自然与人化自然之分，两者的相互转化就不复存在，人化自然终结了自然也就死了。殊不知以科学技术为先导的现代生产力已将地球生物圈甚至部分天体转化成了人化自然，即便地球生物圈没了，宇宙自然仍将存在。

二是过分强调自然的整体性和自然价值，贬抑人的价值、地位和作用，导致人的价值和主体精神被自然遮蔽，生态环境危机的真正根源难以被科学揭示。例如，导致人与自然之间新陈代谢关系断裂的"中心城市论"理论、"增长极"理论和生态殖民论都是顺应资本逻辑的理论，高楼大厦、"扒路军"等都是人化自然被市场化、资本化建设和再建设的产物，并非遵循自在自然与人化自然转化的逻辑，而是逆自在自然与人化自然转化的方向，因为自在自然与人化自然的转化是扩展型而非集聚型的，转化的实质是外扩人化自然的边界或深化对人化自然的开发，是人与自然进行物质变换的本质力量不断增强的表现。如果不加区分地强调自然的整体性和价值性而对于人化自然的主体缺乏应有的价值关照，那么人化自然环境问题的深层根源就无从揭示，环境保护和生态文明建设就会陷入主体缺失的困境，自然、人、社会三者之间新秩序的建立只能是空想，人与自然和谐当然也无从谈起。生态整体论把人类降为自然界的普通成员，以多主体取代人类主体，这不是人类自觉的表现，而是贬低了人类的道德自觉。

第二节 生态价值观教育

当前，日益严峻的环境问题在给人们的生活带来严重危害的同时，也引发了人们不断深入的系统性反思。价值观作为文化的核心层次，因其对人所具有的根本性作用而成为人们关注的焦点。越来越多的人开始认识到，确立一种人与自然和谐相处的生态价值观，是人类走出困境的时代选择。在全球范围内，生态价值观已成为教育的中心课题，各国纷纷开展了以生态价值观为目的的教育活动。在我国，思政教育一直承担着传播和培育社会主流价值观的使命，理应成为生态价值观教育的主体。从实践来看，生态价值观既拓展了思政教育的工作空间，也为其进一步发展带来了现实性挑战。

一、生态价值观的内涵、特征及作用

生态价值观是指人们关于自然的价值的根本观点。尽管对这一概念的内涵，不同学者的观点并不一致，但他们大都倾向于认同一种人与自然和谐相处的生态价值观。这种价值观把人与自然看成高度相关的统一整体，强调人与自然相互作用的整体性，并把价值的观念赋予大自然，代表了人对自然更为深刻的理解方式。它以人与自然的协同进化为出发点和归宿，主张以适度消费观取代过度消费观，以尊重和爱护自然代替对自然的占有与征服，在肯定人类对自然的权利和利益的同时，要求人类对自然承担相应的责任和义务。

生态价值观具有鲜明的时代特征。其一，生态价值观以人与自然的协调进化为核心，以"人—社会—自然"整体系统的合理性为最高价值标准，具有突出的整体性。其二，生态价值观打破了狭隘的功利价值观，摒弃"零和"的社会规则，而把互利共生作为行为与判断的基本标准，具有鲜明的和谐性。其三，生态价值观在多种多样的生态关联之中认识和考察价值问题，兼顾人与自然多重主体、多重利益，具有多元性、包容性的特征。在一般意义上，生态价值观更多地被视为一种非人类中心主义的价值观，以自然界的内在价值为核心和重心，它不仅要求从人类整体利益和长远利益出发，自觉维护当代人和未来人的利益，而且以一种支点的反拨确立了人对自然的道德和义务。

在环境问题日益严峻的时代背景下，生态价值观是对传统的工业文明价值观的颠覆和重构。生态价值观的形成，将优化社会价值生态，修补精神圈的空洞和裂隙，矫正精神圈的偏执和扭曲，进而从根本上改善地球上的自然生态和精神生态，由此对当前泛滥的过度功利化的价值观、物质化的消费观等观念提出系统的诊疗和演替，召唤社会从精神到制度到物质生产等面向生态的一系列变革。

对于个体而言，生态价值观可以成为个体价值体系的组成部分，促进关爱自然、自我约束、节制生活等观念在精神系统的不断扩张，使其理解和认同政府倡导的执政理念和发展规划，尽可能全面地考虑和计算各种各样的生态价值及其影响，自觉地承担必要的生态责任和义务；在社会层面上，生态价值观可以成为社会文化体系新的尺度和准则，从精神观念到物质生产全方位影响社会的生态化实践，促进生态文明建设进程。在这种意义上，生态价值观已经成为我国环境保护的观念基础，成为实践科学发展观、谋求人与自然和谐相处的文化基石。但必须看到，生态价值观是对人们普遍习以为常的现实生活的批判与否定，因而才使得这种价值观比较难以内化到现实人的心灵深处，难以成为人们自觉、自愿的选择。生态价值观超越了个体甚至人类而将价值的观念赋予自然，可以说是一种最具普适性和公共性的价值追求。但这种普适性和公共性，也决定了其实践的艰巨性和尴尬境遇。在当前社会竞争日益激烈、利益分隔、个体及社会各群体之间的信任尚未普遍形成、个体的生存与发展尚且存在着诸多问题的情境中，这种价值观显然并非是自发形成的，而需要着力培育。

二、思政教育生态化创新的必然性与必要性

在一般意义上，生态化就是生态学化，是指将生态学原则渗透到人类的全部活动范围中，用人和自然协调发展的观点去思考和认识问题，并根据社会和自然的具体可能性，最优地处理人和自然的关系。思政教育的生态化创新，就是借鉴生态学理论创新和优化思政教育体系，从而更好地实现其功能和价值。这一创新的必然性和必要性源于当前生态价值观教育的应然要求与思政教育的现实无力之间的差距。

从理论上讲，生态价值观是思政教育的应有内容。人是自然性、社会性和精神性的存在。人与人、人与自身及人与自然之间是互为中介的，社会生态、精神生态和自然生态相互关联，不可分割。威廉·莱斯指出，人类控制自然观念的主要功用之一是阻碍对人际关系中新发展的控制形式的觉悟。人如何对待自然，必将对人与人之间的关系产生直接或间接的影响。忽略自然的整体性和

价值尊严，过分强调人的主体性、索取和征服自然的反生态传统价值观，必将导致人与自然之间的严重不公平，引发全球性的生态危机；而物理世界中的生态失衡、环境污染等现象也正向社会的文化领域和道德领域蔓延，带来严重的精神污染，既不利于当代人的全面发展，影响社会的和谐，也不利于后代人的生存和持续发展。近年来，全国各地居高不下的由环境问题而引发的各种冲突事件，就是很好的证明。事实上，环境问题提出了"我们该如何生活"这样的基本问题。马克思和恩格斯也早就把人与自然的关系视为道德观念应当反映的现实关系之一。在这个意义上，思政教育必须在人与自然、人与人以及人与自身之间的统一中实现其使命。忽略生态价值与生态道德规范的思政教育，既不利于日益激化的社会矛盾的有效解决，也不利于构建完整的思政教育体系。

在实践层面上，培育生态价值观是思政教育的现实责任。思政教育作为指导人们形成符合一定社会所要求的思想品德的社会实践活动，其内容具有开放性。一切符合社会发展的思想和价值体系，都应纳入思政教育的体系之中。当前，环境问题已经成为社会关注的中心问题。环境问题因其影响的全面性和广泛性而备受关注，这个时代也因此被称为环境时代。从清洁生产到循环经济，从和谐社会到环境友好型社会，从生态生产到生态消费，从新型工业化道路到生态文明，各种理论、观念的倡导都表明了中央政府对环境问题的高度关注和深切关怀，以及对生态价值观的深刻认同。生态问题已经成为包括政治在内的多方面、多层次问题，追求人与自然的和谐共进，生态价值观已成为一种基本的政治诉求，也成为思政教育的现实责任。作为社会观念的塑造器，思政教育必须对此做出积极回应。思政教育必须把握时代主题，顺应时代要求，解答时代课题，体现时代精神，不断拓宽教育领域，倡导符合时代要求的现代思想和观念，注意从时代变迁中提炼鲜活的教育资源，将生态价值观纳入自己的理论视野和实践范围。

总之，生态价值观已经成为思政教育的基本内容和时代使命。这一内容的引入，既为思政教育提供了进一步发展的社会空间，也对其带来了现实的挑战。一方面，生态价值观作为人与自然之间关系的新的观念系统，具有整体性、和谐性、多元性、复杂性等特性，它的引入必将带来人对自然的行为变化，进而引起人与人、人与社会各个层面关系的深刻调整。另一方面，当前的思政教育存在系统性的生态关怀，表现在教育内容上，缺乏如何处理人与自然，包括人与其他生命体的关系的生态教育内容；表现在教育方法上，往往对价值观做单一、片面、孤立的理解，不能用全面、整体和系统的观点把握和认识价值观的生成；从教育过程来看，缺乏应有的环境意识，不能从动态生成的角度把握价值观教育。这种生态缺失，直接导致思政教育工作对生态价值观的低效、无效甚至失语。

三、基于生态价值观的思政教育生态化创新

（一）思政教育内容的生态化

生态价值观是生态世界观在人、自然、社会诸领域的价值展现。教育内容是价值观传播的载体。培育生态价值观，就要根据时代要求与生态价值观的本质内涵，增加新的教育内容，实现教育内容的生态化。

从生成过程来看，生态价值观产生于对人与自然关系的重新认识，特别是对自然价值与权利的新认知。首先，这种认识可以从现代生态科学理论中找到依据。正如安德鲁·麦克劳夫林所讲，生态学并没有迫使我们从根本上改变对自然的认识。但是，当这种观念在参与了自我并被应用以后，确实需要一种全新的人与自然图景。如果用人与自然一体来替换人与自然分离的方式看自然，就会很清楚地知道我们是自然的一部分。这种来自自然科学研究的"共识性"成果，构成了生态价值观生成的理性基础。而生态价值观的基本内涵，也与生态学主张的多样性、整体性及相关性等观点一致。因此，对生态现象和生态规律的深刻认知，是生态价值进入主体选择视界进而实现价值认同的前提。其次，人文关怀是生态价值观生成的规范基础。生态价值观不仅是基于事实认识的结果，更是在人文理性指引和渗透下的价值选择。生态价值观教育必须从人性的全面发展出发，充分吸纳生态伦理的精华，在至美至善的文化追求中确立人对自然的道德和义务。最后，国情认知是生态价值观生成的社会基础。从根本上讲，生态价值观的确立，源于人类对环境问题的深刻反思。对我国环境问题及其危害的认识越深刻，人们越倾向于认同生态价值观，生态价值观的生成也就具有了更为宽广的社会基础。

（二）思政教育方法的生态化

生态学的基本目的是理解生态系统，其方法是整体论。这种整体的思想要求思政教育将教育者、受教育者及其环境视为一个系统，并使其在特定条件下达到平衡。虽然价值观具有相对的稳定性，但在个体成长过程中，其观念时时会受到各种扰动。个体在社会事件中所接触到的信息，无论是自觉的还是无意的，无论是预定的还是随机的，都会对个体的价值观产生影响。青年学生正处于思想剧烈变化的时期，其精神生态尤其复杂、活跃。课堂中教师的知识灌输、

校园及社会事件的冲击、生活经历的磨砺等，都将成为影响观念的有效因子。而且，学生的交往范围越大，观念来源就越广阔，影响他们思想观念形成的因素就越复杂。在这个意义上，生态价值观并不是受教育者心灵白板上从无到有的勾画，而是现有价值体系中多种观念冲突过程的生态转型和演替，是对个体精神生态的调适和污染治理。

思政教育要从生态价值观及其与社会主流观念的内在关联和一致性入手，对学生思想观念施加有益的影响，帮助学生建立新的观念结构，推动其精神生态系统的整体和各组成部分的生态化发展。要从作为"现实的人"的学生的现实状况着手，在尊重学生个性的同时，充分关注学生之间及学生与教师之间的相互依赖与彼此互动。这种互动和交流态势的形成，既构成了价值观认知的信息场域，也是思政教育发挥其观念塑造功能的基本环节。在这种教育生态中，教师虽然具有知识方面的优势，但灌输仅仅是知识的传授，学生对其知识的接受和认同，才是思政教育工作的根本目标。因此，既要承认教师和学生的对等性，也要发挥教师的能动性，对学生的价值系统进行积极主动的干预和调节。进而在面对当代环境问题、科学发展观、两型社会、生态文明、社会主义核心价值的学习和反思过程中，通过教师的价值评判和引导作用，调控学生的知识背景和精神生态，引发其价值观的动机倾向，促进其生态价值观的认知与转变。

（三）思政教育环境的生态化

生态化是有机体与环境之间的平衡相依、协调发展的状态。思政教育的内容和形式，也应在一定程度上与当时当地的生态环境相适应。实际上，思政教育不只是单一语境中的知识灌输或接受，更是贯穿于学生学习、生活与交往全部过程的载体。生态价值观在何种意义上能被学生认同，不仅取决于这种观念的理论合理性，还取决于其实践合理性。大学生生活、交往中的各种经历，都将检验思政教育的内容，影响所学观念的接受与认同状况。从知识获取到实践体验，任何一个环节的破损或断裂，都将引起学生对价值观意义的疑虑和动摇。因此，生态价值观的形成，还有赖于生态化的教育环境。其具体内容，可从以下几个方面来分析。

1. 校园环境的生态化

校园是学生生活和交往的主要场所，是他们的"感性世界"。校园中的基础设施和环境状况，不但影响着学生生活交往的内容，而且直接濡染其心灵世界。空气清新、充满生机和活力的生态化校园，是熏陶与培养学生生态价值观的重要条件。

2. 精神环境的生态化

在思政教育过程中，教师营造了学生思想交流、知识传递的精神背景。他们的生态素质，不仅直接影响学生的生态价值认知，还将潜在地影响其生态情感和态度。精神环境的生态化，必须从建立具有较强生态价值观水平和生态教育能力的教育教学队伍着手，进而通过他们的言传身教，为学生提供一个具有生态意蕴的交往场所和精神空间，潜移默化地促使其生态价值观的生成。

3. 制度环境的生态化

以节能减排、建设生态文明高校为抓手，将生态价值视为一种战略理念渗入学校科研、教学、日常管理、文化建设等方面，营造浓郁的生态文化氛围和生态化的组织运行机制，从而使学生在其中完成生态价值观从认知到体验的转变，达到知与行的统一。

总体上讲，思政教育环境的生态化，其意义并不在于屏蔽掉所有的反生态因素，而是要使生态价值观在现实实践中占据其应有的位置，发挥其应有的引导和示范作用，进而在理想与现实的差距中使生态价值实践得到越来越多的正向反馈和认同，实现价值观的确认。

第三节　生态伦理观教育

在全球性生态危机的挑战和警示下，在构建社会主义和谐社会的时代背景中，建立新型生态伦理观、加强生态道德教育的重要性和紧迫性不言而喻。

一、生态伦理观的演进

提及生态伦理观的演进，须厘清人与自然关系的历史脉络。从原始社会到封建社会，生产方式一直以农耕手织为主，在这一漫长的岁月里，对于人与自然的关系，人们的思维处于蒙昧、混沌的状态。古希腊天文学家托勒密在其天文学著作《天文学大成》中创立了地心说，加之封建神学的传播，人们自然而然地认为主宰地球的人类是宇宙万物的中心，由此产生了最早的人类中心主义。人类中心主义认为只有人类是主宰者，而一切非人类存在物都不过是为人类利益服务的。为了达到人类利益的最大化，无论怎样利用、改造、破坏自然都是理所当然的，自然界中各种生物、资源都只能是人类生存发展的牺牲品。

现今要缔造一种新的文明模式，必然需要一种新的伦理观念来支撑。如贝塔朗菲所说："由文艺复兴和启蒙运动开始的西方文明已完成了自己的使命，它的伟大创造同时已告结束。新的文明，将是一种生存的智慧，一种生态意义上的文明。"

二、和谐生态伦理观

和谐生态伦理观整合以往生态伦理观的利弊，认为人与自然是一个和谐的整体，将二者的和谐发展、共生共荣作为价值诉求。

（一）理论基础

辩证唯物主义和马克思主义生态观是和谐生态伦理观强有力的哲学基础和理论支撑。首先，物质世界及其一般规律的客观性，以及马克思提出的自然观（自然界包括自在自然和人化自然）是和谐生态伦理观的前提所在。人化自然与人类实践活动紧密相关，生态系统的任何一个组成部分，至少潜在地与其他部分相关联。如马克思所说："自然界，就它本身不是人的身体而言，是人的无机的身体。"这表明自然界具有优先性，人是自然界的产物，自然属性是人的第一属性；人类依赖自然界，人类生存发展离不开自然界提供的物质基础。马克思通过对自然概念的界定，特别是对人化自然基础性地位的肯定，生动地阐释了自然与人和谐统一的观点，因为破坏自然实际上就是破坏人类自身无机的身体。其次，恩格斯提出了和解思想，为和谐生态伦理观指导实践提供了中心思路。自然界与人类社会是一个有机、联系的整体，二者密不可分，人与自然只有在矛盾中共存才能达到像恩格斯说的那种状态；人类同自然的和解以及人类本身的和解，要解决生产力进步所带来的生态问题，先要解决生产关系的不平衡；要解决人与自然的矛盾，先要解决人类社会自身的矛盾。虽然这一观点的提出是以资本主义社会形态为背景的，但运用于社会主义时期仍具有前瞻意义。和谐生态伦理观，是一种行为准则，在指导实践时，体现出人类对自然的态度，也映射出对自身的反思。最后，马克思的可持续发展思想为和谐生态伦理观指明了最终方向。

马克思在《资本论》中指出，从一个较高级的社会经济形态的角度来看，个别人对土地的私有权，和一个人对另一个人的私有权一样，是十分荒谬的。甚至整个社会，一个民族，以至一切同时存在的社会加在一起，都不是土地的所有者。他们只是土地的占有者、土地的利用者，并且他们必须好像家长一样，把土地改良后传给后代。也就是说，人与自然是两种平等共处的存在，两者之间无凌驾和占有关系，人要发展自然要循环，和平共处是前提，可持续发展是必由之路，和谐生态伦理观的最高目标是使可持续发展观深入人心。

（二）时代召唤

我党构建社会主义和谐社会的要求为和谐生态伦理观提供了现实依据和支撑。和谐社会的要求是和谐生态伦理观的首要指南，人与自然和谐相处就是生产发展、生活富裕、生态良好。和谐生态伦理观的形成发展都要以构建社会主义和谐社会为标杆。

同时，和谐生态伦理观的传播极大地助力了社会主义的和谐。社会是一个整体，任何局部紊乱都会对整体的和谐造成威胁，如今的生态问题已关系到经济政治的稳定，没有和谐稳定的生态文明，便谈不上和谐社会的建设。

三、生态伦理观指导下的生态道德教育

传统意义上的生态道德教育领域，教育对象、目的、原则、内容、方法等方面的研究已日臻成熟，我们认为，在此学术基础上，生态道德教育要取得成效，需在以下几方面大胆创新。

（一）区分生态道德教育伦理层次，改进思政教育方法

1. 建立道德底线，实施法律约束

法律是道德的底线，将社会的道德内容统一化、规范化，它的强制力是道德教育的保障和纲领。我国 20 世纪 80 年代以来先后出台了《环境保护法》《中华人民共和国海洋环境保护法》等一系列法规，不难看出，国家对生态保护的力度越来越大，关注程度越来越深，范围也越来越精细化。法律要对生态道德教育产生作用，其本质在于法律自身的完备和健全以及可行性。当然，有了这些并不代表法律会与道德完美并行，这就要求生态道德教育者将法与德融会贯通于教育过程中，在思政教育中则体现为生态道德法规的传播和灌输，使人人懂法、尊法、守法。

2. 普及生态知识，夯实教育基础

这一层次的生态道德教育着重在用生态知识奠基。生态文明是一座金字塔，生态道德教育是工具，生态伦理观是结构图，生态知识则是不可或缺的基石。譬如行文，有心者需读书破万卷方下笔如有神；譬如成诗，门外汉尚且要熟读唐诗三百首才能不会作诗也能吟。何况要建立生态文明这一结构复杂的大厦，根基不稳则气候难成。这就要求思政教育者扩展教育内容，在教育过程中，不断穿插新颖的生态知识和科学的生态道德观念，使受教育者在接受新文化时培养生态道德观念，在体悟和认识自然时树立保护环境的意识，使他们意识到自

然世界的利益与人类自己的最重要的利益是一致的。

3. 形成生态意识，扩展道德范围

这一环节是整个生态道德教育的关键与核心，起着承前启后的作用。前两个层次是交互配合的外部作用，这一层次是作用体内化吸收的过程。刻板的法律法规和生态知识只有在经历了认知主体的理解消化，并上升到个人意识状态时才完成其使命和蜕变。生态意识形成后，人们潜意识中会自觉认同自然界的存在和价值，将其作为道德共同体的一员。在思政教育中这一过程体现为客体主体化。这就要求思政教育更加人性化、通俗化，从实际生活入手、从细节抓起，循循善诱，用润物细无声的方式使生态道德观念丝丝沁入受教者心脾。

4. 培养道德情操，铸就和谐信仰

如果生态意识的形成是破茧，那么这个环节便是成蝶。生态意识形成这一步可谓显有成效，但决不能因此将生态道德教育束之高阁。和谐生态伦理的最高境界和最终追求，是人们树立起生态保护的高尚道德情操，是心灵与大自然的水乳交融。电影《阿凡达》风靡全球，故事的结尾正是自然之神圣母的显灵才使得保护家园、保护生态平衡的战争大获全胜，虽然影片运用的是神话传奇的方式，但这无不凸显出一部分哲人志士已将生态和谐作为一种内心的信仰。只有习惯才能左右行为，只有信仰才能引导方向，只有树立生态忧患意识和担负起生态责任，才能在日常生活中付诸行动将生态保护进行到底。在思政教育领域这一环节称为主体客体化。要强化主体客体化，要求创新思政教育手段，积极组织各类社会实践活动，使知、情、意、行相辅相成。

（二）创新传统文化

传统文化中的自然伦理观和现代生态伦理观完全出于两种不同时代背景之下，相隔千年，新时代的和谐生态伦理观需结合时代的步伐生长出新的枝芽。而对于如何创新和谐生态伦理观指导下的生态道德教育，我们不妨与西方道德体系对比得出结论。众所周知，中国传统文化较之而言只是一种观念却没有成为信仰，只是一种文化却没有形成意志。教育须有信仰，没有信仰就不称其为教育。因此我们说，生态道德教育要行之有效，第一步便是使现有的文化因素上升一个层次，使之成为精神力量。和谐生态伦理观指导下的生态道德教育，首要任务应该是培养公民自我批判的智慧和能力，接之用仁、义、礼、智、信的价值观构建凸显义务、同情、辞让、正义、公德的理念，使社会从小康走向大同。实际上，生态问题已充斥于我们生活的方方面面，电视、报纸、网站等媒体天天都报道着各种生态破坏新闻。但为何人们仍然不断在掠夺大自然、侵害生态资源呢，究其根本是人类没有树立一种良好的生态责任感。

第四节　生态实践观教育

生态学理论加强对实践问题的研究，正逐渐成为生态危机背景下人们进行自我反思的一个重要理论探索。生态实践观便是在这样的理论背景下，对人类实践形态新变化进行的一种理论概括，是实践的本质、结构和功能特征的集中体现，是马克思科学实践观的当代理论形态。生态实践观的理论建构，就是对生态实践结构要素的科学把握，对生态实践基本规律的深刻揭示，以实现实践思维方式和方法论原则的超越，实现科学实践观在本体论和认识论上的回归。

一、历史唯物主义生态视阈的开启，为生态实践观的教育提供思维路径上的借鉴

历史唯物主义是关于人类社会发展一般规律的科学，是马克思主义哲学的理论基石。对历史唯物主义的科学理解，关系到对马克思主义哲学本真意义的探寻。然而，相当一部分的西方学者尤其是绿色主义者，把马克思的历史唯物主义等同于机械唯物主义，认为历史唯物主义因过分强调生产而忽视自然资源的稀缺性和有限性，是一种技术决定论和生产决定论。经典历史唯物主义理论凸显了自然界的人化问题，却没有强调人类历史的自然化方式以及自然界的自我转型问题。资本主义的运行周期以及对劳动的剥削问题被放在了一个远远高于有机体的生命周期、能源的使用周期和自然界的开发方式的位置上。这样一来，从思维方式上，把历史唯物主义同生态学根本对立了起来，而这本身就是在资本逻辑影响下对马克思唯物史观的误判。事实上，马克思从来都没有把人类社会看作独立于自然界之外的单独存在，而始终认为"人直接是自然存在物""人靠自然界生活""自然界同劳动一样也是使用价值的源泉"。没有自然界，没有外部的感性世界，劳动者就什么也不能创造。所以生态马克思主义认为，马克思明确意识到了建构一种能够阐明交换价值和使用价值矛盾关系理论的必要性与重要性，在他们的理论视阈中，关于社会的观点中包含着人类不再异化于自然界，人类对自然界的利用不再建立在资本积累逻辑的基础上，而是一方面以个人和社会的需要，另一方面以我们今天所谓的生态学的理性生产

为直接基础的思想。即社会系统和自然系统既互为前提，又互相包含；人类史和自然史毫无疑问地处在一种相互作用的辩证关系之中；自然系统不仅内在于生产力，而且也内在于生产关系。

在此基础上，生态马克思主义系统分析了资本"原始积累"是如何既构建起对劳工和生态环境具有反面作用的生产方式，又最终引导出以抵制对劳动力剥削为内容的阶级斗争和以抵制对自然毁损为内容的生态运动的客观后果，揭示出资本主义及其生产方式的矛盾性和暂时性。由此我们可以看到，生态马克思主义提出"马克思的生态学"概念，重建马克思的唯物主义自然观和历史观，恢复马克思生态唯物主义的原貌的理论尝试，为我们进一步深化马克思主义基本原理的研究提供了重要的借鉴意义，尤其是他们在研究方法中采取的向外借鉴和向内挖掘的思维路径，更为生态实践观的理论构建提供了一个重要的方法论依据。

二、立足现实实践的鲜明指向性，为生态实践观的提出提供理论特质上的借鉴

任何一种理论，只有始终保持面向现实实践的理论特质，才能永葆生机和活力，才能成为时代精神的精华。而现实实践无限丰富的多样性和发展性使得理论必须始终保持一种创新的、发展的姿态。对于北美生态学马克思主义来说，如何使马克思主义在北美生根发芽，为普通民众和各种社会力量，无论是工人阶级，还是新社会运动力量都广为接受，进而通过发挥马克思主义的政治功能，超越资本主义，实现共产主义和人的解放，是摆在面前的迫切而又重大的理论与实践问题。考虑到北美独特的社会现实，人们反对沉溺于对马克思主义做纯理论研究，而是专注于面向现实的研究，主张把后马克思主义时代的马克思主义，从一种高楼深院的学术理论，回归到其本身的理论特质，即一种与现实斗争密切相连的实践理论。在当代马克思主义哲学发展中，文化哲学和辩证法的原创性研究毫无疑问地归于西欧马克思主义哲学，唯有生态学的马克思主义哲学发源于北美，是北美马克思主义哲学家贡献于世界的新的马克思主义哲学形态。这种始终保持着对现实问题关切的理论特质，是我们推动马克思主义哲学当代形态发展过程中所必须遵循的一个基本理论。

因此，主体间性思政教育的未来发展与深化，需要在马克思主义交往实践观的引领下，扬弃以意识、观念等为基础建立起来的西方主体间性理论，开拓

出符合中国社会现实的主体间性思政教育道路。这条道路的效力在于，教育者和受教育者在现实的交往实践过程中，使教育活动成为一种教师与学生之间的主体交往实践过程，实现教师与学生之间、个体与人类文化之间生命精神能量的转化和创造性生成，从而改善学生在教育活动中的生命存在状态和生活质量，最终实现思政教育的价值和目的。

第五章　生态文明教育中的高校思政教育方法

高校思政教育是我国教育事业的重要组成部分，承担着为社会培育高素质、应用型人才的重要任务，在思政教育中，要主动融入生态文明教育的内容，以国家路线、方针和政策为出发点，为学生的全面发展做出贡献。

第一节　理论教育法

理论教育法以马克思主义理论为依据，是我国思政教育的基本形式。在当今世界经济全球化、文化多元化、价值观互相冲击和碰撞的时代背景下，理论教育将马克思列宁主义、毛泽东思想、邓小平理论和"三个代表"重要思想、科学发展观习近平新时代中国特色社会主义思想传到受教育者的思想意识中，使其形成正确的世界观、人生观和价值观。

一、理论教育法的基本内涵

理论教育法是思政教育最常用、最基本的方法。理论界这样对其进行界定：理论教育法也叫理论灌输法或理论学习法，是有目的、有计划地向受教育者进行马克思主义理论教育，引导受教育者逐步树立科学的世界观、人生观、价值观的方法。简单地说就是通过基本原理、思想观念的传授、学习、宣传进行教育的方法。这种方法具有组织性、规范性、持久性、显向性，它通过灌输马克思主义理论，不仅引起受教育者思想内部的矛盾运动，使其思想发生变化发展，而且能够督促受教育者积极地学习。

二、理论教育法的基本方式

（一）讲授讲解法

讲授讲解法是教育者通过口头语言向受教育者传授理论知识，解释政治和伦理概念，论证哲学和科学社会主义原理与道德原则，阐述思想变化发展规律的教育方法。最主要的表现形式就是目前我国高校普遍以思政课的形式，向广大学生进行理论灌输教育。

讲授讲解法的应用要注意几个原则。注意讲授理论的透彻性和明确性。理论要彻底，才能抓住人的思想；注意语言文字的使用艺术。一句话能使人笑起来，也可能使人跳起来，这就是语言文字的艺术；防止"填鸭式"或"注入式"教学。不要将社会思想政治品德要求和理论变成死记硬背的教条，在课堂上念完了事，"填鸭式"或"注入式"是理论教育法的大忌。

（二）理论学习法

理论学习法是人们通过有组织、有计划的集体学习或个人自觉学习来掌握马克思主义理论和党的路线、方针、政策的方法，是一种自我灌输的方法。理论学习法的应用很广泛，在现今高校，更多的是利用在学生中设立"马克思主义读书研究会"来进行学生理论学习。在企业中，更多的是采用培训班、召开座谈会、问卷调查等方式进行理论学习。在社区中，则适用创办阅览室、开培训班、开展知识竞赛等方式。理论学习法的应用原则是，内容上要与实际挂钩。理论学习要与受教育者的思想实际和工作实际相结合，形式上要继承过去有效的传统方法，同时要结合实际开创新的方式，使理论学习能够运用最新的载体，结合最新的情况，解决新的问题。

（三）宣传教育法

宣传教育法是运用大众传播媒介向人们灌输正确理论和先进思想的方法，是一种普遍灌输的方法，也是一种形象灌输的方法。宣传教育法主要运用于一定时期内党的中心工作、中心任务、基本路线的宣传教育和受教育者群体的思想认识问题，以及国际国内重大事件分析、宣传和教育等。宣传教育法应用的原则：宣传教育所使用的理论要能与当时党的实际、受教育者的实际紧密结合，做到有理有据；宣传教育所使用的形式不仅是多种媒介的组合，而且是最佳的媒介组合；宣传教育内容必须是事实，不能凭空讲理论、讲概念。

（四）理论培训法

理论培训法是通过办培训班、讲习班来学习理论的一种方法。思政教育方面的理论培训，就是围绕某一专题，确定理论学习内容，联系实际，以自学为主，进行必要的辅导、组织讨论和交流，来达到提高和统一思想认识的目的。因此，这种方法是一种综合灌输的方法。使用理论培训应遵循两个基本原则：一是要有明确的培训目的，召开理论培训班之前应当进行充分的调查研究，要制订目标和制度，保证培训成果；二是坚决杜绝形形色色的空培训，乱培训，如"挂羊头卖狗肉"，打着开培训班的招牌，到风景名胜、现代都市甚至国外去搞变相旅游的培训。

（五）理论研讨法

理论研讨法是采用研究、探讨的方式进行理论学习、理论教育的方法。由受教育者分别独立围绕某特定的专题或问题进行学习，通过参考资料、开展研究得出结论或形式研究成果，然后集中起来召开研讨会，发表各自见解，进行成果交流。理论研讨法通常是作为科学发展的推动力和社会重大思想热点、难点问题的决策咨询而起作用，在某种程度上类似管理学上的"专家咨询法"，其遵循的是理论研究的科学规律。

第二节　实践教育法

所谓实践教育法，就是组织、引导人们积极参加各种社会实践活动，从而不断提高思想觉悟和认识能力，在改造主客观世界的过程中同时改造自己的主观世界的方法。实践教育法也叫实践锻炼法，它是思政教育的基本方法之一。

一、生态观视阈下思政教育实践教育法的重要意义

（一）实践教育法是人们树立正确世界观和人生观的必要途径

思政教育要解决的是人们的思想、观点和政治立场的问题，一方面要对人们进行理论教育，另一方面还必须积极地组织、引导人们参加各种形式的社会实践活动，使他们在这些实践活动中受到锻炼和教育，只有这样，才能把理论和实践结合起来，才能知行合一，才能使所学到的理论知识逐步转化为自己观察和处理问题的立场、观点和方法，并使自己的思想觉悟水平在这些实践活动中得到检验。"纸上得来终觉浅，绝知此事要躬行"，宋代诗人陆游的这一诗

句，是长期治学的切身经验之谈，对我们今天牢固地树立正确的世界观和人生观，也是可以借鉴的。思政教育既要善于运用各种方法晓之以理、动之以情，也要注重各种导之以心的实践教育法。

（二）实践教育法是提高受教育者思想觉悟和认识能力，促进其个体社会化的重要途径

实践锻炼的过程，是受教育者把理论与实践结合起来的过程，能使受教育者增强认识世界和改造世界的能力，明确是非、善恶、美丑的标准，进而提高思想觉悟，形成良好的行为习惯。教育对象的情感、意志和信念只有在实践过程中才能得到强化，其行为习惯更需要长期反复的实践才能形成。另外，实践教育法能把教育对象的理性认识，逐步转化为处理问题的立场、观点和方法，促进个体的社会化，增强教育对象的适应能力。

（三）实践教育法对青少年思政教育的特别重要的意义

青年是祖国的未来，是民族的希望。青少年特别需要加强思政教育，从而引导和帮助他们正确认识成长中的特殊问题，克服思想品德上的不足。但是青少年知识储备和社会经验相对较少，仅靠思政教育者一般的讲道理，是不容易信服的，然而事实胜于雄辩，生活之树长青。积极组织和引导青少年参加各种社会实践活动，不仅可以使他们接触、了解社会，增长才智，而且可以使他们通过社会实践改造主观世界，将所学的知识内化，坚定政治立场，树立科学的马克思主义世界观和人生观。

二、生态观视阈下思政教育实践教育法的方式

实践教育法的具体方式是多种多样的，在新的历史条件下，随着全面建成小康社会和建设社会主义和谐社会事业的蓬勃发展，人们实践的内容更丰富了，范围更宽了，方式更多样了，实践教育法的方式也有了新的发展，其中最具代表性的有以下几种。

（一）劳动教育

劳动教育就是在生产过程中，帮助受教育者树立正确的劳动观点，培养热爱劳动、热爱人民的思想感情，养成良好的劳动习惯的教育。劳动教育的形式包括生产劳动、科学实验、公益劳动、实习劳动等。因此，思政教育同生产劳动相结合是引导人们树立正确的思想道德，实现人的全面发展的重要途径。劳动教育的主要内容是，使受教育者认识劳动的价值和意义，树立正确的劳动观

点；培养热爱劳动和劳动人民的思想感情；教育人们以热爱劳动为荣，以好逸恶劳为耻，树立积极的劳动态度，抵制贪图享乐的腐朽残余思想；形成珍惜劳动成果的好风气，树立艰苦奋斗的精神。

（二）社会服务活动

社会服务活动，就是运用智力、知识、技能、体力等方式，为人们提供帮助、解决困难的活动，是服务者自愿参加的有组织、有目的的实践活动，是实践教育的重要方式。服务者通过服务过程，能够加深对社会道德的理解和体验；通过服务的实际效果，能够丰富思想感受和情感体验；通过社会认可和称道，能够强化集体主义意识和奉献精神。社会服务的内容和方式是多种多样的，按服务的内容划分有生活服务、生产服务、科技服务、信息服务等；按服务的方式划分有劳务服务、智力服务和咨询服务等。随着社会实践的深入，社会服务活动的内容和方式也越来越多样化。

（三）社会考察活动

社会考察是通过认识社会和研究社会，提高受教育者思想认识和分析社会问题能力的方法。把社会考察方法运用于思政教育，是我们党的优良传统。毛泽东在《实践论》中指出："你要有知识，你就得参加变革现实的实践；你想知道梨子的滋味，你就得变革梨子，亲口吃一吃。"社会考察，是考察者自己动脑、动口、动手的方法。通过调查获得丰富的一手材料，然后经过整理、分析和头脑的加工工作，去粗取精、去伪存真，由此及彼、由表及里，从感性认识上升到理性认识，得出正确的结论。所以社会考察不但可以使考察者的思想和能力得到提高，而且考察的结论对其他人也有启发的教育作用。

第三节　自我教育法

当前，随着改革开放和社会主义市场经济的深入发展以及国际国内形势的深刻变化，大学生思政教育面临着前所未有的机遇与挑战。自我教育作为高校思政教育工作的一种重要方法越来越受到重视。

一、自我教育法与大学生思政教育结合的重要性

所谓自我教育法，是指受教育者按照思政教育的目标和要求，主动提高自身思想认识和道德水平以及自觉改正自己错误思想及言行的方法。也就是人们

自己做自己的思想政治工作的一种教育方法。自我教育就是受教育者将社会要求和规范内化为自己稳定的心理结构的过程，只有这样，才能最终达到思政教育的目的。我国著名教育家叶圣陶指出："教育的目的是不教育！"

　　缺乏自我教育的教育是被动无力的教育，抓好自我教育有利于思政教育目的的实现。目前，随着我国高等教育体制改革的深入，当代大学生思想政治状况是积极、健康、向上的。但是，在社会变革和一些不良现象的影响下，又存在许多影响大学生健康成长的问题。换言之，高校学生的思想政治工作在日新月异的时代背景下，遇到了新挑战和新机遇。这就要求我们必须清楚地认识到，当前的大学生思政教育在面临有利条件的同时，也需要接受严峻的挑战。也就是说，大学生思政教育工作需要随着经济和社会的发展，进一步加强和改进。高校思政教育，是高校中的党团组织、辅导员、政治理论课教师等人员引导大学生树立中国特色社会主义理想信念、掌握马克思主义科学理论和科学方法，形成科学的世界观、人生观、价值观的教育，目的是培养大学生自觉践行符合我国社会主义意识形态要求的政治思想品德的社会活动。高校思政教育的任务，就是要在新形势下，运用马克思主义的基本原理，结合我国的实际，教育大学生自觉地同形形色色的非无产阶级思想做斗争，坚定他们的社会主义信念，激发他们建设社会主义的积极性。高校思政教育的主要内容，包括对大学生世界观、人生观、政治观、道德观和法制观的教育，推动大学生素质教育的发展。依据内因是变化的根据、外因是变化的条件的观点，在思政教育过程中，教育者的教育活动只是一种外因，受教育者的认识、内化活动和实践、外化活动是内因，尽管教育者的教育活动是不可缺少的，但主要因素还是受教育者自我教育能力的提高。只有受教育者真正理解并内化教育内容，才能达到思政教育的预期效果。

　　一个人思想的进步和认识的提高，除了依靠正确理论的灌输和先进分子的带头影响，最关键的还是得依靠受教育者自身。将自我教育法与大学生教育相结合，就是为了充分发挥学生在思政教育过程中的主体作用，使学生自觉地对自己的思想政治道德进行自我认识、自我控制和自我矫正，从而不断地提高自己的思想政治道德水平。简而言之，就是让大学生在自己教育自己的过程中不断提高自己。大学生作为高校思政教育工作中的主体，正处于自我意识迅速增强的阶段。随着自我意识的增强，大学生更多地把眼光投向自身，积极地认识和评价自己。他们不再愿意接受教育者单方面的枯燥说教，而是希望拥有独立思考的自由，依据教育者所传递的各项信息进行自我选择，并在实践中切实地承担责任，这为培养自我教育能力提供了积极的因素。总之，自我教育法在高校思政教育工作中发挥着重要作用。

二、自我教育法在大学生思政教育中的具体体现

理论源于实践，理论的价值在于指导实践。自我教育法作为一种理论，科学地指导思政教育对象进行各项自我教育实践。把自我教育真正落到实处，以利于增强思政教育的效果。大学生应当在日常的生活和学习中，不断提高自我教育的能力。

（一）提高自我认识的水平

大学生正处在世界观、人生观、价值观的形成时期，自立意识逐步增强。面对纷繁复杂、充满诱惑的社会，青年学生时常感到困惑。"迷茫"一词，也逐渐成为大学生的口头禅。由于目前正处在社会转型期，受多种社会因素的影响，大学生在进行自我认识时往往不够全面，容易以偏概全，出现好高骛远、心态浮躁、心理失衡等问题。所以，系统地掌握一定的理论知识和道德概念，将其作为分析和判断行为表现的依据，是大学生进行自我教育的理论基础。

大学生要提高自身自我教育的能力，必须通过世界观、人生观、价值观教育和爱国主义教育、国情教育、集体主义教育等方式，使自己能从奋发成才、报效祖国的高度去认识自我教育的重要性，从而激发内心自我教育的欲望，积极主动地进行自我教育。例如，大学生可以自行开展读书活动，选读马克思列宁著作以及哲学、史学、心理学等书籍，从而在科学的层次上，提高自身认识社会、调节和控制自己情感与行为的能力。知识的增多和理论水平的提高，有助于大学生科学世界观的形成，而且使大学生逐步形成判断是非善恶的标准和依据。在开展读书活动的过程中，要求学生应积极提出问题，开展讨论，请专家来进行有针对性的辅导和释疑，提高读书的成效，这样有利于学生提高思想境界，增强辨别力，积极主动去加强自我陶冶的能力，激发自我教育的欲望和决心。

（二）培养自我反省能力

所谓自我反省，就是对自己的思想和行为经常进行自我检查，以便找出弱点，及时改正，不断提高。自我反省能力强的教育对象能够把握自我认识和自我评价的时效性，能及时地认知和评价自我。因为自我反省不仅是一个比较的过程，更是进一步判断、剖析的过程，所以大学生可以通过自我鉴定和自我总结，为自身的发展提供较为明晰的方向。现实中可以通过日记和谈话的方法，

来培养自我反省的能力。日记是教育对象进行自我交流的最好方式之一，因为日记记录了自己心灵深处的想法，在日记中，人能无所顾忌地表达自己的情感体验，同时也能剖析自己的得失。对很多需要保留自己空间的大学生而言，日记反省法尤为重要。例如，大学生可以通过写日记，回顾自己的自我教育活动，对自己在自我教育过程中的态度、能力和自己的性格特点进行反思和自我评价，从而深刻地剖析自我。通过反思，对自我不足之处进行补救，主动调整自我教育的方式、方法，增强自我教育的效果。

（三）增强榜样激励的能力

找到生活中的榜样，更有利于自我教育的开展。在现实生活中，我们总是生活在一定的社会环境中，通过和别人的沟通、交往来认识其他人自身所拥有的意义和价值。社会榜样承载着社会所提倡的理想形式和个体的自我追求，它具有现时代性、超时代性、抽象性和具体性，从不同的角度为教育对象提供模仿的样板。社会榜样充分体现了社会所推崇的思想道德观念、精神境界和品格行为，这将影响教育对象知、情、意、行各个方面，进而影响自我的发展。可见，思政教育中的自我教育要充分利用社会榜样，用榜样教育来促进教育对象的发展。把抽象的说理变成榜样进行教育，从而引起思想情感的共鸣，让大学生去学习、对照和模仿，以便取得更好的效果。我国自古以来就十分重视榜样教育的作用，特别是中华人民共和国成立后，树立了大批各行各业的先进模范人物，感染和激励一代又一代人投身祖国的建设事业。正处在青年期的大学生，情感丰富，抽象思维有了更高的发展，并有了一定的辩证思维能力，看问题比较辩证和全面，透过对典型代表人物的观察，能对照榜样检查、审视自己，并使自己上升到一个新的境界。

第四节 形象教育法

一、形象教育法的含义

形象教育法是指结合教育内容，运用寓教于乐的手段，通过直观、生动形象、活泼有趣的形式，对教育对象进行教育的方法。这是美育中常用的一种方法，俄国哲学家、文学批评家车尔尼雪夫斯基曾指出："形象在美的领域占统治地位。"如果没有形象性，就没有美，也就没有美育。形象性是美育的显著特点。美育所使用的工具、手段、方式不是抽象的理论、道德的说教、概念的演绎，而是具体、生动、鲜明的形象。在教育过程中，把理论、道德、概念等都有机地融合在美的形象之中，化为美的感性形象。形象教育不是用抽象的概念去引导教育对象做抽象的思考、推断，而是用美的感性形象的展现来引导教育对象感受美、欣赏美、理解美、创造美，在教育对象产生审美愉快的同时，提高审美鉴赏力和创造力，因此，它是美育的一种重要方法。

二、形象教育法在思政教育中的作用

（一）有助于增强思政教育的形象性

电影、电视等融图形、文字、动画、声音、形象为一体的思政教育画面具有强烈的艺术感染力，容易吸引和感染学生，使学生犹如身临其境，让学生在现场氛围中受到熏陶，以往的思政教育效果显然无法与之比拟。在运用形象教育法的过程中，可以对有影响力的新闻、典型事迹、先进模范等，通过录音访谈、现场实景拍摄，经加工传输至网络，为教育对象设立参照系，建立行为坐标杆。特别是先进典型的示范可以有效教育、引导、激励学生。利用网络声色俱全、图文并茂、声情交汇的特点，模拟现实思政教育的参观、访问、调查等实践活动，为教育对象提供大量的"道德体验"机会，使其在接受教育的同时，一方面获得审美享受和艺术享受，另一方面也提高自己的能力。

（二）有助于增强思政教育的接受性

思政教育接受性是指发生在思政教育领域内、反映思政教育接受主体与思政教育接受客体之间的相互关系，是接受主体出于自身需要，在环境的作用影响下通过某些中介对接受客体进行反映、选择、整合、内化、外化、行为多环节构成的、连续的活动过程。加强思政教育的接受性有助于提高思政教育的实效性，思政教育和思政接受有着密切的联系：从思政教育接受过程来看，思政教育本身就是接受过程的一个组成部分，而从思政教育过程来看，思政教育接受也是此过程的一个组成部分。思政教育接受有其特殊的生理和心理机制，但同时也遵照着人的普遍的认识规律。人们认识事物是按照由感性到理性、由具体到抽象、由简单到复杂、由片面到全面、由已知到未知的规律进行的。形象教育法正是符合这一规律的教育方法，由于其具有较强的直观性和感染力，为人们所喜闻乐见，因此有利于人们实现具体感知和抽象思维的统一，帮助人们克服掌握抽象理论的困难，在使人直观感受到审美对象，自觉进行审美观照，产生审美愉悦的同时，也接受了知识与道德的洗礼，提高了认识能力，提升了思想境界。因此，在思政教育中运用形象教育法，符合思政教育接受的生理和心理机制，符合人类认识事物的普遍规律，能使受教育者产生感受刺激并通过神经传导和大脑活动产生肌体反应，进一步进行认识接受和情感体验，最终实现其内化，并通过行为外化其接受事物，从而实现思政教育的目的。

（三）有助于挖掘思政教育中的美

美是人们在社会实践中发挥主观能动性，改造客观世界和主观世界所创造的物质财富和精神财富的社会价值或社会属性。而思政教育则是用科学的理论、高尚的思想、真挚的感情武装人、启迪人、打动人，发挥着政治导向、精神激励、道德张扬、审美塑造、人际协调等功能，它是真的、善的，更具有塑造人的心灵的美育价值，无疑是一种与自然美和艺术美不同的社会美。成功的思政教育美的体现，更是真善美的统一。根据美学原理，只有当思政教育工作者掌握了思政教育之真，即思政教育的规律，并把它运用于思政教育实践中去，达到思政教育的目的，即促进社会发展、弘扬优良道德、化解内部矛盾、解决实际困难，并且表现为生动的感性的具体形式，才能真正实现思政教育的美，才能表现出思政教育的审美感染力和吸引力。思政教育能否达到教育目的，使人的心灵得到净化、情操得到陶冶、精神得到升华、才智得到开发，与思政教育方式不无关系。

第五节　典型教育法

典型教育法是思政教育的重要组成部分，且是有效的教育方法。它是以典型人物的先进思想、优秀事迹为榜样来影响广大青年学生的，以提高他们的思想认识和思想觉悟。在新的形势下，充分重视与积极运用典型教育法，对加强与改进思政教育，提高思政教育的实效性，有着十分重要的作用。

一、典型教育法在生态观视阈下思政教育中的作用

在新的形势下，加强与改进思政教育，需要进一步认识与运用典型教育法。在思政教育中运用典型教育法，不仅增强了思政教育的实效性，而且能够提高思政教育的科学性，并强化思政教育的功能性。

（一）典型教育法有利于增强思政教育的实效性

典型教育法是以先进的典型人物为楷模，宣传他们的先进思想、行为和优秀品质，引导受教育者学习或模仿他们的模范行为和先进事迹，从中受到启迪

和鼓舞。从思政教育的实践来看，其教育的内容一般具有抽象化、理论化的特点，仅靠单一的灌输、空洞的说教，是难以产生预期效果的，必须尽可能将抽象的内容形象化，才能使其更好地作用于教育对象特别是青少年，也才能产生理想的效果。而典型教育法就是把抽象的说理具体化，形象而生动，真实而亲切，这样才能使受教育者对学习目标看得见，摸得着，更容易引起情感上的共鸣。这种共鸣就会潜移默化地影响着他们的思想，帮助他们提高思想认识与政治觉悟。从教育学的理论来看，模仿是人们学习的主要方式，榜样的行为特征、行为动机、行为效果和价值，直接影响人们的学习行为、人格的性质和具体内容，而典型教育法则是引导学生进行模仿学习的具体化。总之，典型教育法具有"春风化雨，润物无声"的特点，而这恰恰对受教育者的行为起到了暗示作用。可见，运用典型教育法进行思政教育，能够使受教育者在潜移默化的熏陶和感染中接受教育，并受到启迪，从而达到内化的作用，有利于增强思政教育工作的实效性。

（二）典型教育法有助于提高思政教育的科学性

提高思政教育的科学性，就必须遵循其基本原则与内在规律。典型教育法以树立学习榜样与楷模，感染与影响青年学生，并使其模仿与践行，这无疑有助于提高思政教育的科学性。首先，典型教育法符合思政教育的正面教育原则。我国是社会主义国家，光明面总是占主导地位，宣传正面典型，推广正面典型，是我国社会生活的实际需要，也是思政教育的重要任务。尤其对思政教育的对象青少年来说，他们正处于人生观和世界观的形成期，还不具备较强的判断是非、辨别真伪的能力，过多地接触社会上的丑恶现象和人性的阴暗面不利于他们的健康成长。为此，经常开展典型教育，有利于他们形成正确的世界观、人生观、价值观。其次，典型教育法符合思政教育内化机理。人的思想品德是主体内在思想矛盾运动转化的结果，思政教育过程就是教育者采用一定的教育手段或方法促使受教育者产生内在思想矛盾运动以形成一定社会所期望的思想品德的过程。而典型教育过程就是促使受教育者对榜样的精神由认知到认同最后主动践行的过程，这符合人的思想品德的内化机理，也符合受教育者主体性强的特征，有利于受教育者接受思政教育。

（三）典型教育法有益于强化思政教育的功能性

思政教育独特的功能性是实现其教育目标的内在机理与保障，也就是说，思政教育的实效性总是通过其内在功能的发挥而产生效用的。典型教育法正是以其特有的功能彰显和强化了思政教育的内在功力与作用。一是激励和鼓舞作用。在思政教育工作中，榜样的激励作用能唤起受教育者的利他行为，能激起受教育者的个人斗志，由不愿意模仿到自觉模仿，由不求上进到自觉要求积极上进，从遇到困难、逆境悲观失望到化解困难、昂扬斗志，促使受教育者向积极的方向发展。二是引导和自律作用。典型教育人物的激励，可以引导并推动受教育者从不愿做好事到主动去找好事做，同时榜样人物做标准，可以使受教育者积极主动地制止自己不符合道德要求的念头和行动，使他们自觉运用榜样的力量监督和督促自我，促使自己向正确的、先进的、反映时代主流的道德准则和行为学习。三是调整和矫正作用。人生是不断自我完善的过程，一个榜样就是一面镜子。典型教育法可以有效提升个体的觉察能力，促人反省自身行为，适时调整个体状态，起到矫正个体角色偏差的作用。典型教育法能促使受教育者经常用先进人物的事迹对照自己的言行举止，检查自己的不足之处，引起自愧和内疚，从而自觉抵制外界的不良诱因，克服缺点以矫正自身的不良行为来完善自我。

二、典型教育法在思政教育中存在的问题

不可否认，在思政教育的实践中，由于各种原因，总会在运用典型教育法的过程中出现这样或那样的问题，突出的有以下几点。

（一）选择典型时出现的偏差

典型教育法的首要问题，在于选择什么样的典型。在教育实践中往往在这一方面出现偏差。其一，典型缺乏时代性。在经济全球化、社会信息化、教育国际化的新的历史条件下，改革创新的时代精神成为社会的主流思想。但是，教育者若还是选择以前的一些典型人物对受教育者进行教育，不仅不能体现当代人的新的价值观，还会使受教育者对以前的典型不再顶礼膜拜反而非常反感。所以说选择典型必须与时俱进，否则会因缺乏时代感而出现感染力不强的情况。其二，典型缺乏可信性。教育者在选择典型时存在"高、大、全"的弊病，给受教育者树立的学习典型多数是些历史英雄、古今中外的科学家或政治伟人，这些典型让受教育者可望而不可即，有的人会认为典型太完美而敬而远之，有的人会认为典型距离现实生活太遥远而置之不理，有的人会认为典型难以认同而不屑一顾，也有的人会努力模仿却发现困难重重，使受教育者对典型产生怀疑，这会严重影响他们对典型的认知和态度。三是典型缺乏民主性。在选择典型时，教育者常常不自觉地以受教育者的领导者身份自居，以他们自己的意见为准，不考虑受教育者的意见，典型往往采取自上而下的选择方式，唯上而从。

这种做法很不民主，容易使受教育者产生反感情绪，不利于增强典型教育的实效性。

（二）宣传典型时存在的缺陷

在宣传典型方面存在的缺陷，主要有以下几方面。一是宣传渠道单一。目前，思政教育常用的方法是通过典型对受教育者认真细致地进行教育，语重心长地讲道理，但往往摆脱不了教条式说教的框框，典型教育形式还是以单向"灌输式"为主，宣传典型往往通过报纸、宣传栏进行事迹介绍，或者是通过思修课堂讲授、事迹报告会宣讲来号召广大青年学习，后续跟进教育方式比较少，忽视了教育者在接受典型教育过程中的心理过程，不够关注他们对典型的反馈，难以达到提高受教育者的思想认识并将其转化为良好行为的目的，使思政教育收效甚微。二是宣传脱离实际。在进行典型宣传时，教育者往往将其变为道德知识向受教育者进行单向式灌输，而忽视将典型与受教育者的生活实际相联系，枯燥的教育内容很难被受教育者接受，无法激发他们学习典型的热情。三是宣传流于形式。有些典型教育是为了应付上级的检查或获得评比先进单位等头衔，于是在教育的时候，只是读一下典型的先进事迹，导致教育对象只是表面应付，表一下决心，做几件好事，学习典型完全就是走过场，受教育者对典型没什么深刻的印象，一段时间后典型的形象就会彻底从他们的心目中消失。这样典型的精神实质没学到，反而使教育对象更加反感向典型学习。

（三）运用典型教育时形成的误区

在运用典型教育法的过程中，时常会出现三个方面的误区。一是忽视了实践长期性原则。典型教育法是为受教育者提供一种成长过程中的行为示范，最终要落实到实际行动上。但是，当前典型教育工作中，受教育者对典型只是简单的模仿，并未对典型的认识与理解转化为具体的日常的学习、生活行为，所以并没有完全领会典型精神的实质，也就没有形成实践链，其长期性随之也受到了限制。二是忽视了受教育者的主体性。教育实践证明，典型教育如果对每个受教育者个体发生作用，那么受教育者要接受、认同典型及其行为，在对其进行理解的基础上才能效仿、学习和践行。然而，受教育者在运用典型教育时，没有遵循自身的思想和行为的发展规律，没有让他们能主动参与典型的学习，没有突显他们的主体地位，这样势必影响教育的成效。三是教育者的言行不一致。我们知道，对受教育者进行思政教育时，教育者应言行一致地带头实践自己提倡的高尚道德和正确的价值观念，不仅要善于言教，更要重视身教，身教重于言教。但是，在思政教育中，很多教育者往往是说一套做一套，似乎进行教育只是说给受教育者听的，与自己无关，把自己置身事外。岂不知，这样的误区正是思政教育时效性不强的根本原因，教育者言行不一，必然会造成受教育者只是口头答应要学习典型，而不会真正地做到践行典型学习与模仿。

三、典型教育法在思政教育中的运用

运用典型教育法，重在把握实质，采取科学有效的方式，以新的思路来加强和改进典型教育法，探寻和提出增强典型教育法的有效路径与科学对策，充分发挥典型教育的效能，提高思政教育的实效性。

（一）选择典型时，需注重典型的时代性、真实性与层次性

典型是社会发展的产物，典型崇拜作为一种社会现象必然反映时代特征，只有带着时代特征烙印的典型才能引起大家的情感共鸣，才能掀起大家效仿和学习的热潮。因此，开展典型教育，首先要选择具有时代特性的典型。时代在发展，社会在进步。每一历史时期都造就了大批具备该时代主题和时代特征的典型、模范人物、先进集体等。选择典型不能脱离典型所处的历史时代，典型越具有时代性，典型教育就越具有时代价值。其次要注意选择的典型应该是客观存在的。教育者不能为了某一目的，凭空捏造、任意拔高典型人物及其事迹。只有真实的典型，才能激起教育对象学习、模仿的欲望。典型教育的吸引力和有效性就在于其树立的典型是真实可信的。最后要注意选择典型的层次性。受教育者个体接受典型影响的大小程度，往往受自身年龄特征、生活境遇、认知水平、知识结构、社会层次等的影响，为此选择典型群体要具有层次性。例如，受教育者在从儿童到成人的发展过程中，对典型会有不同的心理需求和价值认同；在同一阶段中的不同个体，由于身心及生活环境的差异等，对典型会产生不同的心理默认和行为体现，也需要典型的层次性。

（二）宣传典型时，应注意方法的多样性、渐进性与实效性

对典型进行宣传，一要注意宣传方式的多样性。在宣传方式上要不断推陈出新，要多样式、多品种相结合，一次宣传不能只用一种方式，更不能一种方式包打天下。除了运用传统的方式如黑板报、宣传栏、报告会、广播、报纸等宣传典型外，还应运用现代传媒技术如网络对典型进行宣传，以全方位的宣传态势，更好地作用于教育对象。例如，组织大学生参加报告会、参观学习先进事迹展览、与先进模范人物面对面交谈心得体会等活动形式，构建多层次、全方位的立体宣传网，逐步感化学生、教育学生。二要注意宣传过程的渐进性。

在思政教育过程中，开展典型教育不能一蹴而就，要遵循循序渐进的原则，逐步推进，一步步引向深入。我们知道典型教育不是靠"捧"和"压"，而是要突出"疏"与"导"，思想工作本身是"润物细无声"的，而非疾风骤雨式的，否则就会流于形式。教育者切记不能搞"年年春天学雷锋，三月来了四月走"的形式主义，使典型教育失去意义。三要注意宣传的实效性。一般来讲，人们更加关注与自己关系近的人，也更容易对与自己相似性强的人产生共鸣。受教育者身边的同学是其最熟悉的，他们的事迹和形象也是最真切的，虽然没有惊天动地的事迹，却实实在在地贴近受教育者，是可以随时进行交流、提供帮助和指导的，更有利于受教育者成长成才。为此，要提高宣传典型的实效性，就必须注意宣传受教育者身边的先进的人与事。

（三）运用典型时，需注意自身言行的影响力、垂范性与感召力

运用典型时，教育者应注意自身言行的典型示范作用。一方面，典型对受教育者产生影响，总是通过教育者而产生的，只有教育者真心钦佩、信服与崇尚所树立的典型，受教育者才可能钦佩、信服与崇尚。否则，连教育者自己都不敬、不信、不学的典型，受教育者何以敬之、信之、学之。另一方面，教育者率先垂范实现以身化德，是实现典型教育的关键所在。"桃李不言，下自成蹊"。正人先正己，教育者的一言一行、一举一动对教育对象都是一种典型。因此，教育者实施典型教育法，就必须严于律己，处处身体力行，率先垂范，做教育对象的表率，因为他们的言行，正面效应和负面影响都很大。如果作为组织者和领导者，只是号召别人学，自己却言行不一，不仅会降低受教育者学习典型的热情，也会破坏典型教育有效性的发挥。正如苏联加里宁在《论共产主义教育和教学》一书中所说："教育者的世界观，他的品行，他的生活，他对每一现象的态度，都这样或那样影响着全体学生。"因此，教育者应注意通过自身言行，体现与发挥典型教育的独特作用，以增强对受教育者的感召力。

第六节　隐性教育法

加强和创新生态观视阈下思政教育必须深入研究思政教育方法，揭示方法确立的客观依据是方法研究的重要方面。方法的客观依据是由方法的客观性所决定的。方法的客观性告诉我们，方法并不是人的主观臆想和心灵的自由创造物，方法的确立必须以客观现实条件以及客观对象的状况和活动规律为依据。隐性教育法究竟包含什么内容，研究者们有各自不同的说法。但有一点是肯定

的，即它是与显性教育法相对而言的实施方法，是在思政教育实施过程中，采用"非正规"的形式（"非正规"的形式是相对显性教育法符合一般公认标准的"正规形式"而言的，它不是人们已经司空见惯的思政教育的形式，而是充分利用人们的社会生活、日常生活本身存在的形式），让教育对象自觉自愿地在潜移默化中接受教育的方法。隐性教育法与显性教育法相比，形式更生动，途径更多样，它将教育内容和要求渗透到教育对象的社会生活与日常生活的广阔空间，能够有效避免逆反心理，激发参与意识，从而提高了思政教育的覆盖面和影响力。在教育实践中，隐性教育法已被广泛运用，但时至今日，关于隐性教育法的研究却是一个薄弱环节。随着实践的进步以及思政教育科学化的发展，迫切需要我们通过研究揭示隐性教育法的学理内容。

一、哲学依据：辩证唯物主义联系观点的具体体现

哲学是对客观世界规律的理论概括，其基本内容就是世界观和方法论。因此，任何方法的确立都要自觉不自觉地受到已有的世界观和方法论的指导。隐性教育法确立的哲学方法论依据是辩证唯物主义关于事物普遍联系的观点。所谓普遍联系，是指事物、现象、过程及其内部诸要素之间都有着相互影响、相互作用和相互制约的关系。思政教育活动作为社会活动系统中的一个要素，必然要与其他社会要素，如社会政治、经济、文化活动等要素，相互依存、相互渗透、相互作用。隐性教育法就是依据社会系统中存在的这种相互联系的规律而提出来的，是对辩证唯物主义联系观点的具体化和可操作化，是联系观点在思政教育工作中的具体运用。这就有效地克服了将思政教育工作与人们经常性的实践活动分离开来、对立起来的简单化、片面化的思维和做法。根据联系的观点和要求，将思政教育工作与教育活动之外的相关要素进行融合和渗透，使思政教育工作进入人们的社会生活和日常生活，扩大了思政教育工作的覆盖面，因而能有效避免思政教育工作单打独斗的局面。由此可见，隐性教育法是符合辩证唯物主义联系观点的科学要求的。

二、对象依据：人的思想意识的形成发展受人的社会实践活动的整体影响

思政教育工作的对象是人，人是有思想意识的。人的思想意识作为一种社会现象，它同任何事物一样也有其形成发展的规律。马克思主义的实践论和认识论以及心理科学的研究成果充分证实，人的思想意识的形成发展受人的社会

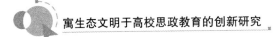
实践活动的整体影响。而人的社会实践活动内容又是丰富多样的，有宽阔的领域的。社会生活有多少种形式，实践活动也就有多少领域，包括经济活动、政治活动以及文化学习与娱乐等社会实践活动。马克思主义认为，人的思想意识形成的源泉是社会实践活动，并随着社会实践活动的变化发展而发展。同时，所有的社会实践活动都是相互依存、相互推动、相互制约和相互影响的，必然从整体上影响人的思想意识。

三、环境条件依据：21 世纪社会环境变化发展的必然要求

隐性教育法集中体现了 21 世纪社会环境的变化发展对思政教育方法的必然要求。隐性教育法符合国际国内环境变化的要求。21 世纪，世界政治多极化和经济全球化的发展趋势日益突出，并出现加速发展的态势，信息全球化的发展趋势也日益明显。各国在生产、贸易、金融、科技、文化以及劳动力的交往上日益紧密。以通信和计算机为代表的信息革命已将世界连为一体。全球化浪潮的出现已经和正在对我国21世纪的思政教育工作方法提出发展创新的要求。随着社会的发展，人们获取信息的渠道和信息量骤增，社会参与机会增多，人们思想观念发生巨大变化，思想认识问题涉及范围更加广泛。其主要表现在这几个方面：人们的自我意识增强，服从塑造的意识减弱；自我判断、自我评价意识增强，逆向思维增多；个体意识增强；更加关注与自身发展相关的信息，由"政治人"变为"经济人"，强调自我实现。这些变化表现在教育方法上，要求方法富有吸引力、感染力，人们不再习惯于被动接受教育，厌恶和排斥单一观念的灌输，不满足于简单接受某种现成的观点和结论，要求能主动地探索自己关心的人生和社会问题，独立自主地做出判断和取舍。而隐性教育法隐蔽教育目的、无意识接受的浸润功能正好符合人们思想变化的这些要求，因而能以其独特的优势赢得广大群众的普遍接受和认同，发挥显性教育法不能替代的作用。

第六章　生态文明教育中的高校思政教育评价

生态位理论是生态学中关于物种关系的普遍原理。由此延伸，它对指导大学生思政教育评价体系中各因子在构建实践中寻找最适合自己的生态定位，具有指导性意义。

现代教育是一个由多种要素构成的具有整体综合效应的生态系统，而教育生态从本体上看，是教育系统内部要素之间的交互作用及其与外部环境之间的物质、能量和信息的交换关系。大学生思政教育是现代教育的一个子系统，同时又是相对独立、自成体系的一个生态系统，主要包括思政理论教育、思政实践教育、思政宣传教育、思政心理教育等诸多方面的生态结构，它受诸多内外部环境因素的影响。一方面，社会经济发展形势、民主政治发展、社会文化的传播与渗透等外部环境诸多因素会对大学生思政教育产生外围影响；另一方面，高等教育体制、理念、制度等内部环境因素会对大学生思政教育产生直接的影响。因此，现代大学生思政教育面临着复杂的形势，要使大学生思政教育顺利有效地开展，必须深入贯彻科学发展观，坚持"全面协调可持续""统筹兼顾"的生态系统观念。

第一节　主体评价

一、主体需要是评价的出发点和动因

思政教育的价值实现过程实际上是一个主体需要不断获得满足并产生新的需要的过程，也是客体属性不断向着主体需要的方向运动并与主体需要的层次、结构和内容相对接的过程。在这一运动过程中，主体需要处于核心的位置并决定着运动的性质和方向。为验证主体需要实现和满足的程度，最终产生思政教

育评价。社会上有着各种各样的群体和个体，因社会生活环境、受教育程度及身心发展阶段不同，他们的发展需要也不同。思政教育需根据主体合理的需要创设教育内容、方法、环境等。当教育内容与主体的接受图式成功对接，对受教育者产生积极的肯定的意义，思政教育的价值获得实现，评价才有了前提和基础。同时主体需要的满足程度也决定着价值的大小。因此，从主体需要出发才能更好地理解价值内容，顺利实施评价。人的思想政治品德是社会环境和内在精神世界共同作用的结果。把教育的先进性和广泛性结合起来是思政教育本质规律的重要体现。一定社会总是引导受教育者不断适应和超越一定的思想政治品德要求。如何确认受教育者达到了既定要求并确定更高层次的要求，必须借助思政教育评价。

二、主体需要是思政教育评价的标准之一

一定社会总需要一定数量的有着良好素质和鲜明个性的社会个体。思政教育是人类阶级社会重要的实践活动，肩负着培养人、塑造人的光荣任务，其出发点和归宿是使受教育者的思想、心理、道德、人格等方面得到全面发展。思政教育以人为实践活动对象，它只能以人的思想政治品德的发展作为衡量自身的基本尺度。思政教育要实现教育目的和目标必须以受教育者的主体性发挥为基础，激发受教育者参与和接受思政教育的积极性、主动性和创造性，能动地发挥自己的思想政治品德。思政教育包含着丰富的主体性内容，也必然接受着以主体需要为尺度的验证和评价，主体需要内在地充当着思政教育评价的标准。

第二节　客体评价

一、思政教育客体属性的内涵及其特征

客体属性是构成价值关系的要素之一，是价值关系中的物质性内容。思政教育客体属性是组织者、实施者根据社会的性质和要求赋予思政教育客体的导向、凝聚、激励、开发、管理等功能。它以促进受教育者的全面发展为核心目的，表现为各种教育因子蕴含和体现在教育内容、方法和艺术中，并借助载体的传导抵达受教育者的主观世界；受教育者在接受动力系统的驱动下通过思维操作把教育信息因子纳入接受图式系统，最后转化为一定的思想政治品德素质和能力。思政教育的客体属性能否对主体发生意义，关键在于这种属性是否与主体

的发展需要相一致、相接近、相符合，并通过客体主体化运动促进主体思想政治品德素质与能力的提升。思政教育客体属性主要具有以下三种特征。

一是政治性、意识形态性特征。思政教育总是从属于一定的阶级利益和政治目的的，其目的是用一定的思想观念、政治观点、道德规范武装人、塑造人，培养出符合社会需要的个体。这种特性与教育规律性相结合，共同致力于人的思想政治品德的开发和建设。二者辩证统一。片面强调政治性、意识形态性就会犯"左倾"错误，反之则会淡化、削弱、消解思政教育的特性。二是主体性特征。思政教育客体属性是一种主体性事实，它本身不能呈现价值内容，只能通过主体的统摄、选择、吸纳并促进主体发展来形成价值事实。这种功能属性是一定社会思想政治品德要求的转化和具体化，是思政教育本质的外在显露。三是多维度性特征。思政教育设计任何内容和方法的时候都要关注主体需要的多向性和层次性特点，力求蕴含丰富的教育内容，从多层次满足主体的发展需要。

二、客体属性与思政教育评价的关系

（一）客体属性是思政教育评价的落脚点和归宿

虽然客体属性是形成思政教育价值的客观前提，但评价总是在它与主体需要的具体的历史的统一中去考察它本身的意义。主体发展需要在多大程度上获得了实现，最终要在客体属性这里得到验证。思政教育客体的功能属性是否充分发挥出来，传播这种功能的方式方法是否合理，直接影响着价值实现和评价。思政教育的客体属性虽然具有促进人和社会发展进步的功能，但当它还没有实现这种功能时，它对人和社会只有潜在价值。只有思政教育所蕴含的思想、认识、政治、道德等内容，内化为教育对象某种深刻而稳定的心理结构，并外化为现实的心理能量及个体意识和行为习惯，思政教育的价值才能获得实现，评价才获得了前提性基础。不管客体需要多么丰富和美好，如果客体属性不提供充足的思想养分，评价就成为无源之水、无本之木。客体属性是思政教育评价的必要条件，是评价的落脚点和归宿。

（二）客体属性是思政教育评价的对象性内容

思政教育价值由潜到显的实现过程，也是为评价提供前提、基础和内容的过程。评价主体直接指向的是一定的价值事实。评价主体在考察主体需要和客体属性的统一时，也包括对二者的相对独立的考察。因此，评价主体通常也要间接地考察客体属性对评价的意义。客体属性的哪些功能在哪些方面通过何种途径与主体需要的哪些层次哪些方面实现了融合对接，需要评价主体去逐一探求。这种探求又必须以充分把握主体需要和客体属性的具体状况为基础。因而二者又成为评价要间接考察的对象性内容。

第三节　价值评价

一、开发思政教育生态价值，顺应时代发展要求

马克思主义生态观的核心是人与自然的关系，正如恩格斯所言："人本身是自然界的产物，是在自己所处的环境中并且和这个环境一起发展起来的。"然而，在现实生活中，人类为了以更少的劳动时间和更低的劳动强度获取丰裕的物质财富、舒适的生活，对自然界进行掠夺式的开发和利用，造成了当前全球性的生态危机。这场声势浩大的生态危机，从表面上看，已经危害到人类的身心健康，导致生态失衡；从长远看，它将阻碍生产力的发展，不可避免引起生产方式的变革乃至人类文明的走向。人类在反思中发现，人们所追求的享乐主义、唯我主义、急功近利的错误价值观是造成生态危机的罪魁祸首。思政教育是帮助人们形成生态文明观的重要途径，在人们将生态文明观内化的同时，引导人们形成合理的生活模式和消费模式。开发思政教育的生态价值，是目前改善生态危机的必要手段，顺应了时代发展要求。

二、开发思政教育生态价值，有利于学科自身可持续发展

当前的生态危机正以前所未有的破坏速度，影响着我们生活的各方面，其中最首要的还是人的精神方面。现代社会中生态危机和人类的精神危机是一体两面，互为因果的，追求消费至上、物质享乐的生活既导致生态危机加剧又日益导致人们精神世界的失落。马克思、恩格斯在其著作中虽然没有明确使用"生态危机"一词，但已经从人与自然的哲学高度为我们提供了解读生态危机的方法。在生态危机视阈下，思政教育只有积极应对当前的生态问题，不断丰富内容，拓展新的领域，才能充分实现其生态价值，发挥其在调整人与自然关系中的重大作用，这是学科自身可持续发展的必然要求。

三、生态危机视阈下思政教育生态价值的实现路径

（一）大力加强社会生态文化建设

生态文化是以人与自然和谐为核心价值观的文化，是一种基于生态意识和生态思维的文化体系，是解决人与自然关系问题的思想观点和心理的总和。思政教育广泛存在于家庭和社会生活的"生态系统"中，不能仅局限于学校，而应面向社会全方位拓展，发挥协同进化功能，达到整体育人的效果。要大力加强社会生态文化建设，以社区为依托，整合学校、家庭和社会各方的教育力量，将思政教育从学校引向社会。要以建设资源节约型和环境友好型社会为主题，在全社会广泛举办生态科普讲座和开展环境资源国情教育，组织生态文化专题研讨，倡导有利于节约资源、环境保护的绿色生产模式及可持续消费方式。思政教育要充分发挥社会生态文化对人们思想的引导作用，培养全民的生态人格和生态良知，树立全民的可持续发展观，自觉规范各自的生态行为，成为社会生态文化建设的强大保障。

（二）树立思政教育生态教育理念

生态危机视阈下，面临资源日趋紧张、环境污染严重、生态系统退化的严峻形势，思政教育必须坚持可持续发展观，树立尊重自然、顺应自然、保护自然的思政教育生态教育理念。随着科技的发展，人们生活水平的不断提高所带来的高消费和人们对奢华生活方式的追求，引来了全人类的生存危机。思政教育要根据时代发展的潮流、党的执政兴国理念，把生态文明建设融入经济建设、政治建设、文化建设、社会建设的各方面和全过程。千百年来，人类一直以自我为中心，在处理人和自然的关系中占据着主导地位，生态危机视阈下思政教育生态教育理念就是要纠正这种根深蒂固的错误乃至极其危险的思想观念，帮助人们形成正确的生态意识和生态行为方式。

（三）完善思政教育生态教育内容

为了有效地实现思政教育生态价值，必须完善思政教育生态教育的内容，主要包括生态法制教育、生态道德教育和生态行为规范教育等。生态法制教育的主要内容包括生态权利、义务及责任教育。自然界中的生命个体应同人类一样具有生存的权利，我们应该尊重一切生命个体，履行保护一切生命个体的义务。生命伦理学家史怀泽指出，人类在自然共同体中所享有的举足轻重的特殊地位所赋予人们的不是掠夺的权利，而是保护的责任。生态道德教育是一种新

型的德育内容，从人与自然相互依存的生态价值观出发，培养生态伦理观，树立生态意识，引导人们自觉养成爱护自然的生存保护意识、思想觉悟和相应的道德行为习惯。生态道德教育是对待自然的保护意识、态度教育，是提高生态道德素质的品格教育，培育人们对生生不息的大自然的情感，激发人类保护大自然的热情。生态行为规范教育就是引导人们从点滴做起，自觉遵守生态道德规范，遵循保护自然的行为准则，倡导全民节约、环保、科学的生活方式，形成合理消费的社会风尚，使生态教育理论在生活中逐步成为人们的自觉行为。

（四）创新思政教育生态教育的方法

思政教育生态教育要从生态学观点出发，认识、分析和解决思政教育系统内部要素的优化问题，同时能够全面、辩证地把握思政教育与生态危机之间的复杂关系。目前，思政教育在我国大多不是以我们感知世界的方式来组织的，而是为了组织上的便利，以抽象的、鸽子笼似的学科方式来安排的。自然界的事物都有其具体的表现形式，思政教育生态教育应强调对生态知识的直接体验和感知，让学生直接感知生态危机下的社会环境，自觉选择生态文明行为方式。思政教育生态教育的指导思想是民主、平等、以人为本，这是由其哲学基础决定的，在教育过程中要求将教育者与受教育者置于平等的地位，关注受教育者内心需求、个性特征和成长背景，有针对性地开展教育和指导活动，激发其内在的主动性，顺其自然形成正确的生态观。教育者应采取"对话""交流""探讨"等方式，重视受教育个体的需求，逐步引导其个人发展与社会生态文明建设相融合，在平等和谐的关系中达到思政教育"润物细无声"的生态教育效果。

（五）构建思政教育生态教育长效机制

思政教育生态教育是一个复杂的系统工程，要使生态教育发挥实效，需要构建可持续发展的长效机制。生态教育长效机制主要围绕"三个结合"展开，即将家庭教育、学校教育、社会教育相结合；系统的理论教育与生动的实践教育相结合；教育手段与行政、法律手段相结合。首先，实现家庭、学校、社会的动态统一，形成互补共进的生态教育合力，家庭、学校、社会应经常保持联络，实现教育资源的整合与共享。其次，将理论教育和实践教育结合起来，理论是实践的先导，实践教育可将理论内容生活化、形象化、寓教于情、寓教于乐，从而达到潜移默化的教育效果。最后，将教育手段与行政、法律手段相结合。思政教育生态教育除了纯粹的教育手段外，还应辅之以行政、法律手段，实现思政教育的生态教育价值。

（六）健全思政教育生态教育评价体系

思政教育生态教育是一项十分重要的工作，思政教育生态价值的实现过程是一个不断反思、不断提高、不断完善的过程，在实现思政教育生态价值的过程中，需要健全思政教育生态教育评价体系。我们应从实际出发，通过定性、定量的研究方法，对思政教育生态价值的实现程度进行分析统计、参与观察、深度访谈。根据实际考察的实现程度，从生态教育活动、评价指标体系、质量标准等方面健全生态价值评价体系，建立以教育者、受教育者和教育环境为一级指标的评价体系。健全生态教育评价体系要注意思政教育的特殊性，注意结合我国社会主义建设事业发展的特色和思政教育工作的实际情况，用发展的、动态的眼光进行评价。

第七章　生态文明教育中的高校思政教育信息化运用

　　网络思政教育，即网络环境下的思政教育活动，在思政教育实践中是一种新的发展形态。网络即互联网，网络环境即以网络作为基础条件的环境，包括三层含义：宏观层面上为网络社会，中观层面上为赛博空间，微观层面上为虚拟活动领域。

　　由于育人环境在网络社会下产生了一系列的变化，针对这种变化的网络思政教育应运而生。对于思政教育来说，网络起初仅为信息传递工具和手段，后来人们逐渐认识到网络是一个虚拟交往社会，现在认识到网络是一种新的社会形态并开始对其进行研究。同时，处在网络信息化时代背景下的思政教育环境也得到了发展。网络技术带来新的学习生活方式，创造了新的话语体系，造就出新的权威力量，开发出新的人的发展性资源。思政教育环境第一次作为一种技术环境被人们认识。技术的创新促进了社会交往的变革，各种人际互动模式在网络社会环境中获得前所未有的发展，不同形态的社会交往场域取得了平等的地位。主要的典型场域包括公社型交往场域、科层型交往场域和广场型交往场域。交往活动及其技术架构产生了新的文化与价值，技术性与人文性、知识性与价值性、开放性与凝聚性、主导性与互动性、自由性与控制性、传统性与创新性、社会性与个人性等关系成为思政教育环境中较为突出的内在矛盾关系，这些矛盾关系进一步拓展和丰富了思政教育的理念、内容和方式。

第一节　网络虚拟社会的概念

　　网络思政教育的实践探索经历了十余年的发展，网络社会观的理论视角逐渐形成。但是，什么是网络社会？网络社会、赛博空间、虚拟社会等诸多概念的区别是什么？网络社会与现实社会的关系是什么？这些关于网络社会的基本概念本身需要得到全面的分析和科学的界定，以便于思政教育工作者能够在深入地理解和把握网络社会的理论内涵的基础上进行实践探索和理论创新。

一、网络社会的认知

我国学者对网络社会的探讨在 20 世纪 90 年代中期就开始出现，初期主要集中在信息科学、伦理学、技术哲学等领域，研究者多是以网络社会作为背景进行相关主题的探讨。

（一）网络空间与网络社会

曾国屏等认为，所谓的赛博空间是一个虚拟空间、精神生活空间和文化空间。赛博空间的技术基础是计算机技术、通信网络技术以及虚拟现实技术，在此基础上通过人们的社会交往和交流形成了赛博空间和赛博文化。这是一种人工世界、人工文化世界——计算机化、网络化、虚拟化、适人化的多维信息空间和文化。网络社会是互联网所带来的一种崭新的社会生活形式。这个社会建立在互联网之上，与现实社会之间既有区别又有联系。

冯鹏志则把网络社会看作一种新型的、数字化的社会文化生活空间，是经由网络信息技术和人们的网络社会行动所建构出来的，是一个与人类既存的现实社会完全不同的社会系统。他同时认为，作为一种以计算机技术、通信网络技术和虚拟现实技术等为基础而建立起来的计算机化、数字化和虚拟化的多维信息空间，这个又被称作赛博空间的地方并不构成一个超越人类生活世界之外的独立自为的世界，而仅是一种随着网络发展而导致的人类生活世界的分化现象；赛博空间为人类所提供的只是一个新型的行动空间和行动方式，但它不成为人类生活世界的全体。与冯鹏志观点相近的戚攻提出网络社会是一种虚拟的社会。他认为网络社会是由计算机与通信技术结成的网络孕育出的新型社会，网络社会以信息的生产、分配和使用为条件。网络社会与现实社会的重要区别是虚拟。它依存于现实社会，又不是现实社会的翻版，对现实社会起着重塑与再造的作用。

与冯鹏志、戚攻等的观点不同，童星等更加强调网络社会的现实性。他认为网络社会是一种新的社会存在方式，是现实的而非虚拟的。网络社会与日常社会在人与人的关系上没有本质的对立，因而它是现实而非虚拟的社会。同样强调网络社会的现实性，康健提出必须从社会的概念出发来认识网络社会的存在性质。社会是人们相互交往的结果，是人们之间普遍联系的表现。无论社会表现为何种形式，它的这种本质不会改变。网络社会并没有存在于现实社会之外，而是一个在一般的社会生活领域基础上成长起来的特殊的电子空间或者赛博空间。这个广袤的赛博空间，是网络社会的生存空间。与现实社会相对照，网络社会是一种虚拟现实。虚拟现实作为特殊形式的现实性，是"真实社会的电子克隆"。

以上所述说明，我国学者关于网络社会的研究和论述不断深入，尤其是围绕网络社会的虚拟性和现实性论题逐渐形成各家争鸣的局面。但从总体情况看，对网络社会概念本身的界定主要指的是基于互联网架构形成的网络空间。无论是"新的社会生活形式""新型的社会交往空间"，还是"精神生活空间""文化空间"；无论是"数字化的社会关系结构"，还是"真实社会的电子克隆"，其所指都是网络空间。多数学者都是从虚拟社会和现实社会的两分法出发把网络社会界定为前者。

（二）作为社会形态的网络社会

社会科学文献出版社推出曼纽尔·卡斯特的《信息时代三部曲：经济、社会与文化》，引起我国学术界的极大关注和讨论。在这套著作中，卡斯特提出了一种作为整体社会结构形态的网络社会："作为一种历史趋势，信息时代支配性功能与过程日益以网络组织起来。网络建构了我们社会的新社会形态，而网络化逻辑的扩散实质地改变了生产、经验、权力与文化过程中的操作和结果。虽然社会组织的网络形式已经存在于其他时空中，新信息技术范式却为其渗透扩张遍及整个社会结构提供了物质基础……网络化逻辑会导致较高层级的社会决定作用甚至经由网络表现出来的特殊社会利益流动的权力优于权力的流动。在网络中现身或缺席，以及每个网络相对于其他网络的动态关系，都是我们社会中支配与变迁的关键根源。"具体来看，卡斯特所言的网络社会具有以下三个方面的主要特征。

1.社会形态构造的基本结构：网络

按照卡斯特的观点，网络社会的网络并非专指互联网，而是指一组相互连接的节点（Nodes），而什么是具体的节点，需根据我们所谈的具体网络种类而定。卡斯特引用凯文·凯利（Kevin Kelly）对网络逻辑的阐述"原子是过去式了。下个世纪的科学象征是动态的网络……原子代表了干净的简单特质，网络则引导了复杂性的散乱力量……网络是唯一能够没有偏见而发展，不经引导而学习的组织。其他的形态均限制了可能性……网络是开放的。事实上，网络是能够称得上是具有结构的组织里最不具有结构性的组织……"

网络的形态似乎能够良好适应日趋复杂的互动，以及源自这种互动的创造性力量的不可预料的发展。卡斯特认为这种形态学上的构造就是网络，而且网络化逻辑或组织形式会导致较高层级的社会决定作用。网络所代表的特殊社会利益，即流动的权力比权力的流动更为重要。在网络中现身或缺席，以及每个网络相对于其他网络的动态关系，都是我们社会中支配与变迁的根源。

2. 网络社会的物质基础：信息技术范式

卡斯特援引弗里曼（J. R. Freeman）的论述写道："技术—经济范式乃是一群彼此相关的技术、组织与管理的创新……在每个新范式里，都有一个或一组特定投入，能够称为该范式的'关键因素'，而此因素的特征为相对成本的下降，以及普遍的可及性。"卡斯特利用经济学中的技术范式概念提出了信息技术范式，新的信息技术环绕着由公司、组织与机构组成的网络，形成了新的社会—技术范式。这里的信息技术包括微电子、计算机（硬件和软件）、电信、广播及光电等汇合而成的整套技术，遗传工程及其发展也被纳入其中。

卡斯特认为新的信息技术范式的核心特性构成了网络社会的物质基础，主要包括五个方面。第一个特性表现为信息本身就是其原料。这些是处理信息的技术，而不仅是处理技术的信息。第二个特性表现为新技术的效果无所不在。由于信息活动是人类活动的一部分，因此，我们个人与集体存在的所有过程都直接受新技术媒介的"塑造"。第三个特性是指任何使用这些新技术的系统或关系的网络化逻辑。第四个特性是信息技术范式以弹性为基础。这里的弹性是指社会的诸多方面经过重新排列组合，不仅进程可以逆转，而且组织与制度也可以修正，甚至可以彻底改变，所以新技术范式具有重新构造的能力。第五个特性表现为特定的技术逐渐聚合为高度整合的系统，在这一系统中，新技术与旧技术纵横交错，彼此之间已经无法区分。在阐述了信息技术范式的特性之后，卡斯特总结说，信息技术范式是一个开放的多变网络，并没有演变为一个封闭系统。它不仅具有强势的物质特性，而且在历史发展方面具有适应性和开放性。这种信息技术范式产生了一种被称为信息主义的新发展模式，而且社会组织的特殊形式的属性是，在这种组织里，信息的生产、处理与传递成为生产力与权利的基本来源。卡斯特认为，技术确实是一种力量，尤其是在当前的技术范式里，技术贯穿生活与心灵核心的程度，可能更甚以往。

3. 网络社会的发展方式：信息主义

卡斯特提出信息主义是网络社会的发展方式。他认为社会可以用两个坐标轴来描述其特征，在一个坐标轴上区分前工业主义、工业主义和信息主义，在另一个坐标轴上区分资本主义和国家主义。其中，资本主义和国家主义属于生产方式，工业主义和信息主义属于发展方式。在此，信息主义代替了工业主义。作为新的发展方式，信息主义的构成起源于以信息技术为基础的新技术范式。

卡斯特提出，在工业方式中，生产力的主要来源在于引进新能源，以及将能源的使用传散于整个生产和流通过程中的能力。在信息发展方式中，生产力的来源在于知识产生、信息处理与象征沟通的技术。知识和信息是一切发展方式的关键因素，而信息发展方式的特殊之处在于针对知识本身的知识行动就是生产力的主要来源。信息处理集中于提高信息处理的技术，以之作为生产力的来源，达到技术的知识根源，以及应用技术来促进知识生产和信息处理这两方面彼此互动的良性循环。

卡斯特认为，信息主义的产生源自社会的支配性领域（如生产过程、军事—工业复合体），但是会扩散到整个社会关系和社会结构之中，以致穿透与修改了权力和经验。由此，发展方式塑造了社会行为的整个领域，当然包括象征沟通。由于信息主义奠基于知识与信息的技术，在信息发展方式中，文化与生产力之间，精神与物质之间，有一种特别密切的关系。我们应该期待会有历史上全新的社会互动、社会控制与社会变迁的形式浮现。卡斯特还进一步论述到，如果技术创新没有在社会中扩散，将会造成技术的停滞不前，因为创新的机构和创新者本身都缺乏必要的社会文化反馈。

由此看来，卡斯特所述的网络社会是指整个社会形态本身，与信息社会、后工业社会、信息化社会等名称是在同一个层面上而言的。正是由于网络化逻辑作为社会基本结构是整个社会形态的关键特色，因而他使用了网络社会这个概念。

二、网络社会的概念分析

按照从微观到宏观、从局部到整体的脉络，网络社会的内涵可以分为三个不同的层面，即微观层面、中观层面和宏观层面。明确地区分和界定这三个层面上的社会形态类型，网络社会的概念就自然得以清晰。

（一）微观层面：虚拟社区

在微观层面上，虚拟社区（Virtual Community）作为现实社区的相对物，是在网络空间中最早出现的人与人交往而形成的社会形式，是人们关于网络社会最早的认识来源，许多关于网络社会的论述都是在虚拟社区这一意义上而言的。

按照马克思主义的社会理论，社会的本质是人们交互作用的产物，"社会——不管其形式如何，是人们交互活动的产物。"马克思认为，任何一种社会关系总是要通过个人彼此之间的交往获得现实的存在形式。通过人与人的交往，社会关系在人们的社会交往活动中得到了现实体现，人类社会就是直接从生产和交往中发展起来的。社会不是由个人构成的，而是表示这些个人彼此发生的那些联系和关系的总和。因此，无论社会发展变化表现出何种形式，社会的本质不会改变，我们依然可以从人们的交互作用的基本原理出发从社会的本质属性上来认识和界定网络社会。20 世纪 90 年代所出现的虚拟社区就是由人们的交往活动和交互作用而产生的网络空间中最早的社会形式。

20 世纪 90 年代，全世界建立了几万个虚拟社群，大部分的基地在美国，逐渐遍布世界各地。一批社团活动家和学者开始研究真实社团与网络中的虚拟社团之间的关系，研究对象包括位于美国加利福尼亚（California）的圣塔莫尼卡（Santa Monica）的公共电子网络（PEN）、弗吉尼亚（Virginia）布莱克斯伯格（Blacksburg）的布莱克斯伯格电子村落（BEV）、华盛顿西雅图（Seattle）地区的西雅图社区网络（SCN）等。这些关于虚拟社区的实证调查和研究使得人们对网络空间中的交往社群有了更深入的认识，卡斯特在综合了许多学者关于虚拟社区的论述后写道："虚拟社群终究算是真实的社群吗？答案既是肯定的，又是否定的。"虚拟社群确实是社群，但不是实质的社群，不会遵循实质社群的那种沟通和互动模式。但虚拟社群是人际的社会网络，大部分以弱纽带为基础，极度多样化且专业化，但也能够由于持续互动的动态而产生互惠和支持。如威尔曼所述，虚拟社群并非其他生活形式的模仿，而是拥有自身的动态——互联网就是互联网。互联网超越了距离，成本低廉，通常不具有同时性，结合了大众媒介的快速传播，以及个人沟通的广泛特性，并且容许在局部性的社群中拥有多重成员身份。此外，虚拟社群并未与其他社会交往形式分离。虚拟社群巩固了朝向"社会交往的私有化"趋势，亦即以个人为中心来重建社会网络，发展个人社群，实质的和线上的社区都包括在内。计算机联结为那些原本社会生活狭隘的人提供了社会联系的机会，因为这些联结在空间上日益分散。

崔鬼对 BBS 的研究是我国研究者较早关于虚拟社区的实证分析。他从社会学的研究角度归纳了虚拟社区的四个特性。一是虚拟社区通过以计算机为媒介的沟通得以存在。虚拟社区中的人的沟通以计算机为媒介，从而把身体面对面的沟通排除在外。该特性使现实社区被排除在外。二是虚拟社区的互动具有群聚性。虚拟社区中的成员具备与不确定的多数人进行沟通的能力。该特性将只提供两两互动的网络服务排除在外。三是社区成员身份固定。即必须存在这样一群成员，他们以同一身份多次登录进入虚拟社区，并因此使同一虚拟身份的前后不同活动连接起来，进而综合构成虚拟身份的可识别个性，也使得虚拟身份的交往具有稳定性，只有稳定、长期的交往才能形成社区。这一特性是社区与饭店大堂或者火车站的区别，也是一个虚拟社区与一个由不固定的人群组成的网络公共聊天室的区别。四是社区成员进入虚拟社群后，必须能够感受到其他成员的存在。

虚拟社区是人类在互联网空间所开拓的崭新生存和发展领域，它的出现及其广泛影响是网络社会崛起的标志性产物之一。对虚拟社区的具体研究正是网络社会研究的基础，诸如关于虚拟社区的社会特性、运行机制和发展规律的分析，以及虚拟社区与现实的关系等，这些研究的展开和深入，对发现和揭示网络社会的本质规律具有十分重要的作用。因此，虚拟社区成为网络社会概念架构中的关键环节，为网络研究的学者所关注和重视，这是自然而然的。当然，我们也必须认识到，虚拟社区只是整个网络社会中的重要组成部分，不能作为网络社会的概念本身。

（二）中观层面：赛博空间

作为中观层面的网络社会，赛博空间这一概念涵盖了互联网架构上出现的所有存在形式，其指以网络技术群为基础承载人类活动所形成的网上社会空间。与之相近的提法还有互联网空间、电子社会、虚拟空间、比特空间、网络空间、线上社会等。以网络社会的概念来指称这一空间，彰显出互联网空间是人类劳动实践的创造物，其本质属性是社会性。

当前我国多数学者关于网络社会的论述，都是在赛博空间这一中观层面上进行阐发的。曾国屏等关于赛博空间的研究是代表性的理论阐述。根据曾国屏等的研究，赛博空间这个词是加拿大科幻小说家威廉·吉布森（William Gibson）于 20 世纪 80 年代中期首先使用的。他在一本科幻小说中描写了计算机网络把全球的人、机器、信息源都联结起来的新时代，昭示了一种社会和交往的新型空间。从词源上看，"Cyber"这个前缀是从希腊词引进的，表达的是航行掌舵的意思。控制论这门学科的内涵包括两方面，一是进行航行掌舵式控制，二是进行信息交流。从关于信息控制和通信的赛博论，到人们将计算机的数字化信息储存和处理能力通过现代通信网络技术联结起来，形成了一个崭新的社会空间，这是一种虚拟空间、精神生活空间和文化空间。人们航行在信息的海洋中，航行在赛博空间中，可以控制自己的航向，通过超文本链接方式从一个节点跳到另一个节点，从一个信息源跳到另一个信息源，实现了一种新型的社会通信和交流。而随着虚拟现实技术发展对键盘—屏幕式的人机界面的进一步突破，人们可以更加沉浸式地参与虚拟空间中，在人机共生中参与和体验赛博文化生活方式。概而言之，从赛博论到赛博空间，并诞生出赛博文化现象，其共性是既有航行掌舵也有交流通信。赛博空间的技术基础是计算机技术、通信网络技术以及虚拟现实技术。在这些技术的基础上，通过人们的社会交往和交流而形成了赛博空间和赛博文化。赛博空间的产生不但极大地改变了我们获取客观世界信息的方式，而且改变着我们重构客观世界模式的方式，并使人类认知方式具有新的特点。

人类社会的发展过程也是人类生活世界不断延拓和塑造的过程。在这个过程中，科学技术作为一种主体把握生活世界运动规律和状态的认知与行动，能够不断增强人们控制和改造自然的有效性，而且可以不断突破以往生活世界的边界，创造出新的生活空间和新的生存状态。正是借助科学技术的力量，人们的社会生活才不再仅仅驻足于日常生活空间，局限于现实的生活空间，而是常常超越日常生活空间，常常走进文化和交往的生活空间。正是通过信息和知识的交往，人们得以"嵌入"各种在场情境，将地方性和全球性连为一体。因而，人类社会生活的延拓不仅表现为传统时空拓展意义上的外延，而且表现为现代时空拓展意义上的外延，且现代时空拓展在外延的同时出现了"内生"，即随着社会交往不断深入而在空间上的深度挖掘和历史发展过程中的时空交错与融合，主体通过对意义和价值的把握拓展其生活空间。毋庸置疑，"内生"的前提是人们可以通过认知活动、物质实践和社会交往实践发现新的可能性，塑造新的生活空间，赋予发生于时空中的物理和心理过程以意义，并通过对这些意义的信息的处理来把握和应付其不确定性。

计算机技术、现代通信技术和互联网技术的出现，使得人类实践形式和社会空间的演化出现了三个显著特点：信息方式、虚拟实践和赛博空间。信息成为这种新型空间中首要的活元素，它既能表征物质和能量的状态与过程，也能用量化的方式表达自身，信息由此成为一种使世界得以展现的新方式——信息方式。通过对信息的本体论、知识论和价值论的考察，可以进一步揭示信息的本质对事物的非现实性表征和再现。这里的非现实性指的是对现实和实在基于认知框架与文化语境的虚拟。作为主体实践的新形式，信息方式和虚拟既基于现实性，又是对现实性的超越。而虚拟概念一经提出，就超越了纯粹技术的界限，具有深刻的哲学意蕴。一方面为我们提供了界定人类认识和实践活动本质的全新视角，另一方面也揭示出一种新型的实践活动形式——虚拟实践。虚拟实践带来人类认识论的发展，当使用者（主体）沉浸在虚拟现实之中时，凸现了主体在世界中的存在；主体在虚拟现实中存在，在虚拟现实中实现虚拟实践的发生和变化。它们是相互赋予内涵、必然关联的两个方面。一方面，主体在其意向和想象的作用下，不断地在赛博空间中寻找各种信息，并对信息做出回应；另一方面，这种基于意向和想象的信息寻找，又决定了赛博空间的存在，规定了赛博空间的"空间关系"。换言之，赛博空间是虚拟生活实践的场所，虚拟生活实践即意味着赛博空间的构建和拓展。曾国屏等进一步指出，虚拟现实是人类符号中介系统的一种革命。虚拟实践是将可能性转换为现实性的创造性实践，从而是对现实的超越和扬弃。但无论是信息方式的非现实性表征和再现，还是虚拟对现实性的超越及其中介层面的革命性，都基于赛博空间这样的基础性平台。赛博空间使得物理空间与信息空间、物质实体与信息表征、现实存在与虚拟建构之间的交互联系更加紧密，界面渐趋模糊。因此，赛博空间包括两个方面的内涵：一是数字化信息流动的空间；二是文化交往的空间。

综上所述，赛博空间中的虚拟交往实践、虚拟现实活动引发了哲学层面的本体论、认识论的再思考，这种虚拟空间的社会结构、社会行为以及社会问题也已经成为社会学学者关注和研究的新领域，一些学者称这种虚拟空间为虚拟社会，认为这是有待人类探索的自然空间、社会空间之外的另类空间。可以说，虚拟社会的出现为网络社会学的确立提供了不可置疑的根据，由此，它也成为网络社会研究最为重要的内容。但是虚拟社会作为人类劳动创造的产物，其本质是现实社会的延伸。虚拟社会空间与现实空间是密切联系与相互渗透的，人们对网络社会的研究越深入，就会越清晰地发现虚拟生活与现实生活是紧密地交织在一起的，虚实世界的互动与融合是网络社会最为鲜明的特征。因此，仅仅把网络社会的概念定位在虚拟空间，已经无法适应网络社会的发展实践，网络进入人类社会的广度和深度已经达到前所未有的程度，虚拟社会已作为重要的组成部分，与现实社会一同建构出人类社会的崭新形态——网络社会。

（三）宏观层面：网络社会

宏观层面的网络社会包括了虚拟社会和现实社会，即网上与网下两个社会空间在内的整个社会形态。这是完整意义上的网络社会，也正是本书关于网络社会的概念界定。我们认为，网络社会的全景可以用两个坐标轴来刻画，一个是按照社会网络的发展脉络，另一个是按照从现实到虚拟的发展脉络。

在第一个坐标轴上，网络是其关键词，卡斯特所言的网络社会就是在这一意义上进行阐述的。正如卡斯特所言，"作为一种历史趋势，信息时代支配性功能与过程日益以网络组织起来。网络建构了我们社会的新社会形态，而网络化逻辑的扩散实质地改变了生产、经验、权力与文化过程中的操作和结果。

虽然社会组织的网络形式已经存在于其他时空中，新信息技术范式却为其渗透扩张遍及整个社会结构提供了物质基础……"在卡斯特看来，社会组织的网络形式已经存在于新信息技术范式出现之前的其他时空中，但在信息时代社会里扮演了核心的角色。由于社会学领域中关于社会网络的研究由来已久，因此一些学者认为卡斯特的网络社会的网络源于传统的网络研究视角，卡斯特是把网络作为一种分析当今信息时代社会发展和整体结构的有力工具与视角。正如他在谈论网络社会的社会学时所言，"新型社会是由各种网络构成的，由网络对社会实践进行组织改变了当今社会的社会结构。当今的社会结构表现为一个多向度的动态网络发展系统，对它的分析可以有助于解释信息时代的社会发展。同时，社会学的概念和方法也有助于对作为组织和关系的特殊形式的网络进行研究。因此 21 世纪的社会学必须重视以网络为基础的观念来分析社会整体结构。"

　　因此，网络作为人类社会的社会组织形式在漫长的历史变迁中不断发展变化，家庭、社群、民族、国家等作为社会网络早已存在，人类社会正是由这些种类繁多的具体社会网络所组成。随着 20 世纪 90 年代信息技术革命的兴起，产生了不同于以往任何网络的崭新网络——基于计算机技术、通信网络技术以及虚拟现实技术的互联网。由此，人们应用互联网把已有的各种社会网络延伸到互联网空间，同时也在互联网上通过虚拟实践创造出新型的虚拟社群网络，并实现现实网络与虚拟网络的相互渗透和融合。这样网络化的逻辑最终将扩散成整个社会的基本结构形态，形成网络社会。在社会网络的发展脉络这一坐标轴上，网络社会是一种建立在普遍交往实践之上的社会结构，是人类社会已有的关系网络与信息技术网络相互作用的产物。可以说网络社会是在人类社会关系和结构的发展变迁过程中，由人类交往实践活动产生的各种社会关系网络所组成的连续体。

　　第二个坐标轴所刻画的是由现实到虚拟的发展，作为对现实的延伸，虚拟是人类超越自身和现实社会的创造物。

　　张明仓认为："从根本上说，虚拟是标志人的超越性和自由度的哲学范畴。在狭义上，当代语境中的虚拟特指当代的数字化的表达方式、构成方式和超越方式，是数字化的存在方式、发展方式和创造方式。而在广义上，虚拟指的是人借助符号化或数字化中介系统超越现实、观念的或实践地建构'非现实的真实世界'的能力、活动、过程和结构。虚拟是人的活动的一种普遍特性，是人的创造性、超越性的重要源泉和动力。"通过由现实向虚拟的迈进，人的本质力量得到了进一步的体现，虚拟世界正是人类征服自然空间和现实社会之后，朝向新型的生存空间进军的产物。

虚拟作为现实的延伸和超越体现在三个方面，即对现实的复制和模仿、对现实的可能性的模拟和对现实的不可能性的虚构。陈志良认为："虚拟作为一种数字化的存在，它对现实性的背离不是完全否定的。一般说来，有着三种不同形式的虚拟：第一种是对实存事物的虚拟，即对象性的虚拟或现实性的虚拟；第二种是对现实超越性的虚拟，即对可能性或可能性空间的虚拟；第三种是对现实背离的虚拟，一种对现实而言是悖论的或荒诞的虚拟，即对现实的不可能的虚拟。无论是现实的、可能的、不可能的虚拟，还是悖论的、荒诞的、梦幻的虚拟，都表明虚拟对现实性的超越是有等级和层次的，有着各种各样的意义和层次上的虚拟。一个虚拟时代，作为它的内核和虚拟，是多样化多维空间的。"叶险明则对虚拟对象的类型做出了更为具体的划分："一是作为现实体和现实关系功能的延续、补充、替代的那部分数字化虚拟，如虚拟企业、虚拟金融系统、虚拟社会组织等。二是作为附着实体并和现实体一起共同构成了新的功能的那部分数字化虚拟，如各种数字化电器和数字化军事装备等。三是对纳入人们非直接体验的各种现实形态等的数字化虚拟，如虚拟人们难以或无法直接体验的各种现实形态等。四是对各种未来可能出现的现实形态或现实活动和现实关系的数字化虚拟，如虚拟宇宙探测、虚拟未来的军事活动、虚拟未来的某些关系等。五是对各种想象或幻想的数字化虚拟（包括毫无科学根据的幻想）。"

在这一坐标轴上，现实社会延伸出了虚拟的网络社会空间，虚拟社会和现实社会一起构成了整个网络社会的全部形态。在这条轴线上认识网络社会，现实与虚拟之间的矛盾构成了网络社会的一对重要的矛盾。这一矛盾关系可以分为四个方面。一是虚拟与现实的差异性，虚拟社会与现实社会之间存有不同的地方；二是虚拟与现实的同一性，虚拟社会与现实社会之间存在相同或者相似的方面；三是虚拟与现实的对立性，虚拟社会与现实社会之间存在着一定条件下的相互对立和相互斗争；四是虚拟与现实的统一性，虚拟社会与现实社会之间存在着一定条件下的相互依存和相互转化。因此，在这一坐标轴上，网络社会是人们在现实实践和虚拟实践基础上所创造的社会结构形态，是现实社会和虚拟社会互动作用下的产物。可以说，网络社会是人在自身本质力量的增长过程中，由对现实的改造到对虚拟的创造所产生出的社会连续体。

第二节 虚拟世界的碰撞

一、网络世界的虚拟性与现实性

唯物辩证法认为，矛盾是普遍存在的，矛盾无时不有，无处不在，这就是矛盾普遍性原理。矛盾普遍性原理既适用于现实世界，也适用于网络世界。严耕在论及网络道德建设时认为网络世界存在八对矛盾，即电子空间与物理空间之间的矛盾、网络道德与既有道德之间的矛盾、信息内容的地域性与信息传播方式的超地域性之间的矛盾、通信自由与社会责任之间的矛盾、个人隐私与社会监督之间的矛盾、信息共享与信息独有之间的矛盾、网络开放性与网络安全之间的矛盾、网络资源的正当使用与不正当使用之间的矛盾等。在已有研究成果的基础上，我们认为，在网络世界中主要存在着以下十个方面的矛盾。从存在性质来看，网络世界存在现实性与虚拟性的矛盾；从基本属性来看，网络世界存在技术性与社会性的矛盾；从社会本质来看，网络世界存在自由性与控制性的矛盾；从社会效应来看，网络世界存在积极性与消极性的矛盾；从主体的构成来看，网络世界存在主观性与客观性的矛盾；从信息的利用方式来看，网络世界存在共享性与垄断性的矛盾；从主体的地位来看，网络世界存在平等性与等级性的矛盾；从对人的影响机制来看，网络世界存在同化性与异化性的矛盾；从治理形式来看，网络世界存在权力性与权利性的矛盾；从集权程度来看，网络世界存在民主性与集中性的矛盾。

在后九对矛盾中都渗透和蕴含着现实性与虚拟性之间的矛盾。这九对矛盾的产生、发展和解决，都离不开现实性与虚拟性之间的矛盾。因此，我们可以说现实性与虚拟性之间的矛盾是网络世界的主要矛盾。网络世界的这个主要矛盾由两方面构成：一是网络世界的虚拟性；二是网络世界的现实性。这同时也是网络世界的双重属性。这两个方面缺一不可，它们之间是对立统一的关系。一方面，网络世界的虚拟性与现实性之间存在着相互差异性和相互否定性；另一方面，网络世界的虚拟性与现实性之间存在着相互依存和相互转化的可能性。同时我们必须看到，无论是网络世界的现实性还是虚拟性，其根源都不是网络世界本身——网络世界只是它们的一个载体，它们的根源都在现实世界之中。我们不能把网络世界看成一个与现实世界完全不同的世界，从而认为网络世界只具有虚拟性而不具有现实性；我们也不能将网络世界看成一个与现实世界完全相同的世界，从而认为网络世界只具有现实性而不具有虚拟性。网络世界与现实世界既有联系也有区别，这种关系表现在属性上就是网络世界具有现实性和虚拟性这种双重属性。无论是从网络世界的主体方面、客体方面，还是从网络世界本身的多重维度方面，我们都可以看出网络世界的虚实二重性。

二、从网络世界的主体看网络世界的虚实二重性

网络世界的主体与网络主体这两个概念不尽一致。网络主体包括网络世界的主体，也包括处于网络世界之外但是与网络世界的运作有关的主体。网络主体指的是在从事网络活动的过程中享有一定权利并承担一定义务的各种人。网络主体具有两种基本形态，一是从事网络活动的个人；二是从事网络活动的法人（或者组织）。网络主体是各种网络活动的推动者，是网络世界之所以成为网络世界的主体依据。如果没有网络主体，那么网络世界只是一个死寂的世界。网络世界正是由于有了网络主体而成为一个真正的世界，严耕将各种网络主体分为四类：一是使用者，就是通过网络接收、传送和发布信息的个人及组织，如入网人、设立站点的网页的个人、组织、公司等；二是服务者，就是给网络使用者提供接入服务的机构，也就是网络服务商；三是管理者，就是对网络进行管理的各种组织，包括国际组织、各国政府及其专门的网络管理机构，如互联网协会、各国的信息化领导机构和有关执法机构等；四是建造者，就是进行网络硬件的建造、铺设和软件的生产开发机构，如各国政府、电信部门、计算机公司和科研院所等。常晋芳认为："所谓网络主体，就是所有网络的创建者、维护者、经营者、管理者和使用者，包括个人和组织。我们可以通称为'网络人'。"他把网络主体分为五类：一是网络创建和维护者——在技术层面创建和维护网络运行的人员；二是网络监管者——在社会政治和法律层面监督管理网络的人员；三是网络经营者——在社会经济层面从事网络企业和商务经营、创造经济利益的人员；四是网络研教者——在文化思想层面从事网络理论研究、教学和宣传的人员；五是网络使用者——最大多数地使用各种网络服务的普通人。

以上两种分法其实没有本质区别。我们可以在这两种分法的基础上从宏观层面将网络主体分为两类：一类是网络使用者；另一类是网络服务者。网络使用者其实是我们经常所说的网民，指的是使用网络的人。这里的使用网络包括收发电子邮件、网络聊天、查询信息、进行网络游戏、撰写博客、网络交际等，各种网络活动使用者就是我们要说的网络世界的主体。而网络服务者就是为网络使用者服务的人，包括以上所说的网络创建者、维护者、经营者、管理者（管

理者其实也是服务者）等。值得说明的是，网络使用者与网络服务者的划分是相对的，他们在一定的条件下可以相互转化：当网络使用者从事网络服务时，他就又成了网络服务者；而当网络服务者使用网络时，他就又成了网络使用者。有的人也可能一身二任，既是网络使用者也是网络服务者。

　　一般而言，网络服务者总是处于网络世界之外，而网络使用者总是处于网络世界之中。处于网络世界之外的网络服务者都是现实的人，也都来自现实的社会，他们无疑都具有而且也只具有现实性，一般而言，他们没有虚拟性，因为他们没有进入网络世界。而处于网络世界之中的网络使用者即网络世界的主体都必然同时具有虚拟性和现实性这双重属性。当网络使用者出现在网络世界中时，他们都是作为虚拟人存在的，他们或者表现为一个 ID，或者表现为一个昵称，或者表现为一个电子邮箱地址，或者表现为一串数字，或者表现为一个密码，或者表现为一个 IP，从根本上说就是表现为"1"和"0"的不同排列组合……这是他们虚拟性的表现。同时，网络使用者即使处于网络世界之中的时候也具有现实性，因为他们来自现实世界，在网络世界中也是为了满足自己的各种现实的需要，他们在网络世界中的言行要受到现实世界的种种制约，在网络世界中活动的方式、方法、时间、地点、内容等因素都与现实世界有着千丝万缕的联系。实际上，能够接触到网络世界的前提条件就是要有特定的非网络的物质资源，而且要有机会获得计算机和运行计算机所必需的电力。有学者指出，互联网是需要一定的物质条件的。首先需要有一台计算机，而且这台计算机在配置上还需要达到一定的水平。其次就是需要有网线（对应网卡）或者电话线（对应调制解调器）的连接。仅这两个方面的物质条件，对许多人而言就构成了一种限制。如果没有足够的钱买计算机，如果没有落在一个装了网线和计算机的单位，而自己又没有装电话，还不舍得花钱或者根本没钱去网吧上网，自己也就当然被排斥在了互联网之外。所以可以说互联网中的人员或者说互联网的用户实际上是已经筛选了的。至于那些在网站上浏览、阅读、聊天、留言、粘贴文章的人，则更是需要有识字、用键盘打字的能力。制作网页、编程、设置小功能等又需要更高的技术水平。

　　以上所述表明，即使是处于网络世界中的虚拟人，也要受到现实的限制。其中最重要的是以下两种现实的限制：一是进入网络世界的客观条件，如上网所用的基本设备或者金钱等；二是进入网络世界的主体条件，如基本的网络技能和上网时间、上网精力等。这两个条件缺一不可。可见，身处网络世界的网络使用者，即网络世界的主体，不仅具有虚拟性，也具有现实性。

三、从网络世界的客体看网络世界的虚实二重性

网络客体与网络世界的客体这两个概念不尽一致。网络客体包括网络世界中的客体，也包括处于网络世界之外但与网络世界的运作有关的非主体因素。所谓网络客体，就是网络世界得以运行的各种条件和在网络活动中网络主体指向的对象。一是网络内部结构系统。计算机网络系统结构包括四个要素：实体、系统、层和协议。实体指能完成某一特定功能的程序；系统指包含一个或多个实体，具有信息处理和通信功能的物理整体；层指在系统中能提供某一类服务功能的逻辑构造；协议指在系统中两实体间完成通信或服务所必须遵循的规则和约定。二是网络硬件，包括服务器系统、通信传输介质、网络设备等。三是网络协议，主要是 TCP/IP 协议。四是网络软件。五是网络信息。六是在网络活动中的受动方等。其中，第五项和第六项属于网络世界中的客体。除了网络信息和网络活动受动方之外，各种网络客体都具有也只具有现实性，他们一般不具有虚拟性。

而网络信息同时具有虚拟性与现实性。网络信息的虚拟性比较好理解，因为网络信息本身就是以数字化虚拟为形式的。信息以比特的形式在网络世界中流动，它本身是无形无影的，这就是信息虚拟性的一面。但是，信息还有现实性的一面。信息的现实性可以从以下几个方面看出：首先，网络信息的生产主体和消费主体都是现实世界中的现实的人；其次，网络信息基本上都来源于现实世界；再次，网络信息在网络世界中流动之后，又往往都流向现实世界；最后，网络信息基本上都是为现实世界服务的。因此，我们说网络信息具有现实性。

网络活动中的受动方也同时具有虚拟性与现实性。与网络活动中的主动方即网络世界的主体一样，网络活动中的受动方也是现实世界中的现实的人在网络世界中的符号表现。因此它与网络世界的主体一样都同时具有虚拟性与现实性的双重属性。

综上所述，网络世界的主体既有虚拟性也有现实性，网络世界的客体既有虚拟性也有现实性，作为技术世界、社会世界和文化世界的网络世界也都既有虚拟性也有现实性。一言以蔽之，网络世界不仅具有虚拟性，也具有现实性。网络世界的虚拟性和现实性同时存在，相互作用，它们之间既有对立性也有统一性，而且统一性占据主导地位。虚拟性与现实性是网络世界的双重属性，虚拟性与现实性之间的矛盾构成网络世界的基本矛盾。这一基本矛盾决定和推

动着网络世界的发展变化，也决定和推动着网络环境下虚拟与现实关系的发展变化。

网络虚实二重性对思政教育的理论研究和实践发展具有重要意义。在这个网络化生存和发展的时代，正确把握虚拟社会的虚实二重性有助于我们深入认识和研究网络社会条件下人的思想品德发展规律。自觉能动性是人的思想形成发展的基础，网络世界的虚拟性进一步促进了人在思想发展过程中自觉能动性的作用。由于数字化生存范式和虚拟交往空间的出现，人的以自主性、能动性、创造性为主要内容的主体意识得以充分发展。诸如在自我意识的增强、民主意识的深化、成长意识的发展等方面尤其在青年一代身上得到了显著体现。

在网络社会条件下，虚拟实践和虚拟认识的发展促进了人们思维方式的发展与更新，开放性思维、创新性思维、共享性思维等成为思维方式的新特征；而国家意识和民族观念的淡化、道德意识和行为的失范、人际交往障碍、多重人格、感情冷漠、网络沉溺等现象的出现，说明虚拟网络同样给人的思想发展带来了不可忽视的负面影响。因此，虚拟实践使得人的思想具有更为丰富和复杂的发展内容与方式，需要思政教育者充分认识网络世界的虚实二重性，把握人的思想品德发展过程的规律，切实发挥思政教育对人的发展的指导作用。

存在决定意识的理论揭示了人的思想发展的一般规律。虚拟世界的现实性使得思政教育者认识到，虚拟社会空间中问题的最终解决离不开现实社会的实践活动。因为网络世界不仅具有虚拟性，也具有隐匿在虚拟性之后的深深的现实性，所以我们在开展思政教育的过程中不能仅就网络而研究网络，而应该深入发掘各种网络问题的现实背景和现实根源。存在决定意识的规律性要求，网络思政教育必须有"实"的一面，我们不但要主动营造健康向上的虚拟生活，更要调节和优化现实社会的生存环境，只有这样，才能真正促进人的思想道德品质的良好发展。

第三节　高校学生网络运用现状

互联网技术的蓬勃兴起与迅猛发展推动社会进入了互联网时代。互联网对大学生的思想观点、价值观念、思维方式、行为习惯乃至生活状态都产生了较大的影响。大学生的网络运用状况以及网络对大学生的影响状况等，已成为大学生思政教育需加强关注的重要内容。本节通过对大学生的上网时长及上网目的、微博微信的使用、对待网络热点问题的态度等有关方面状况展开调研总结，以期较为全面细致地把握当前大学生的网络运用状况，从而为进一步开展大学

生思政教育提供现实依据和科学研判。

一、上网时长

上网时长能够直观体现大学生对网络的依赖程度和使用情况，同时也能从一定层面反映网络对大学生的影响状况。调研资料发现，随着网络运用便捷性和自由性的不断完善，近年来大学生上网时长呈显著增加趋势，值得我们高度关注。

（一）总体情况

总体来看，大多数大学生能够合理控制上网时长。调查数据显示，大部分大学生（占55.5%）每天上网时长在4 h以下。具体来看，每天上网时长不超过2 h的人数比例较低，为12.6%；上网时长在2～4 h的人数比例最高，为42.9%；上网时长4～6 h的人数比例次之，为27.1%；另有17.4%的大学生上网时长在6 h以上。

（二）不同群体大学生上网时长状况

为进一步比较分析不同群体大学生的上网时长状况，我们将每天上网时长分为"2 h以下""2～4 h""4~6 h""6～8 h""8 h以上"，然后进行分析。经分析发现，不同群体的大学生在每天上网时长方面存在显著差异。

1.基于自然因素的分析

不同性别、民族的大学生在每天上网时长方面不存在显著差异，但不同年龄段的大学生在每天上网时长方面存在显著差异，具体情况如下。

从年龄来看，年龄相对较大的大学生，其每天上网时间也相对较长。低、中、高年龄段的大学生每天上网时长主要集中于2～6 h，人数比例依次为72.4%、70.2%、61.9%；每天上网时长在6 h以上的比例依次为12.5%、18.1%、27.9%。综合来看，伴随年龄的增长，网络在大学生日常生活中占据的时间越来越多，大学生对网络的使用越来越频繁。

2.基于成长背景的分析

生源地类别及生源地所在区域、家庭类型、父母亲职业类型、父母亲文化程度、独生子女状况以及家庭经济状况等成长背景不同的大学生，在每天上网时间长短方面不存在显著差异。由此有理由相信，与自然因素相比，成长背景对大学生每天上网时长的影响较小。

（三）上网时长对大学生有关思想政治状况的影响

调查发现，近年来大学生每天上网时间呈显著增加趋势，大学生对网络的使用越加频繁和普遍。为进一步研究分析每天上网时长对大学生有关思想政治状况的影响，我们通过相关分析等分析方法展开研究。分析发现，较长的上网时间或对大学生有关思想政治状况具有消极影响。每天上网时间越长的大学生，他们对有关正确思想观点和价值观念的认同度越低，有关方面的表现越差。这里需要特别予以说明的是，虽然每天上网时长与大学生有关思想政治状况呈显著负相关关系，但当前大学生在价值观、政治观、道德观、文化观等方面的综合表现较好，因此这里仅揭示每天上网时长与大学生有关思想政治状况的相关性（负相关），而不能得出每天上网时间越长的大学生其思想政治状况越差的结论。但与此同时，值得引起我们高度重视的是，在大学生每天上网时长日益增加的事实前提下，面对网络空间鱼龙混杂的各类信息以及网络对大学生思想观点和价值观念潜在的消极影响，加强大学生网络思政教育，对大学生网络运用展开合理有效的规范引导，已然成为大学生思政教育亟待解决的重要课题。

二、上网目的

上网目的是反映大学生上网需求、价值取向和网络行为选择的重要指标。了解和掌握大学生主要的上网目的，对规范和引导大学生网络行为，提升大学生思政教育的有效性具有重要的现实意义。

（一）总体情况

调查数据显示，大学生上网目的呈现出明显的娱乐化倾向，利用网络进行学习也是主要上网目的之一。调查表明，大学生选择"娱乐消遣"上网目的的比例最高，为71.9%；选择"学习"的比例次之，为61.5%；选择"交流沟通"的比例位列第三，为59.1%；选择"获取新闻信息"的比例位列第四，为57.8%；少部分大学生选择"商务交易"（占5.2%）和"其他"（占2.4%）。

（二）不同群体大学生上网目的状况

从性别来看，女生在上网目的方面选择"娱乐消遣"和"交流沟通"的比例分别为74.2%、66.3%，明显高于男生相应的选择比例70.0%、53.1%，女生上网的娱乐化倾向更加明显；男生选择"获取新闻信息"的比例为60.2%，明显高于女生的相应比例54.9%；在利用网络学习方面，男生和女生相差不大，他们选择"学习"的比例分别为61.0%、62.0%，女生比例略高于男生。

从学生干部经历来看，有学生干部经历的大学生选择"娱乐消遣"（占72.4%）、"学习"（占62.3%）、"交流沟通"（占60.3%）、"获取新闻信息"（占58.9%）等主要上网目的的比例，均明显高于没有学生干部经历的大学生的相应比例69.2%、56.4%、52.0%、50.5%。

从学科类别来看，不同学科类别的大学生在上网目的方面存在明显差异。社会科学类大学生上网倾向于"娱乐消遣"（占73.5%）、"交流沟通"（占63.1%）和"获取新闻信息"（占60.6%）的人数比例，均高于人文科学类和理工类大学生的相应比例；上网倾向于"学习"（占57.4%）的人数比例，则低于人文科学类（占62.2%）和理工类（占63.3%）大学生的相应比例。

从政治面貌来看，与非党员大学生相比，党员大学生网络使用的合理程度相对较高。调查数据显示，党员大学生选择"娱乐消遣"和"交流沟通"的比例依次为65.4%、56.5%，分别明显低于非党员大学生的相应比例75.2%、60.4%；选择"学习"和"获取新闻信息"的比例依次为64.9%、63.7%，分别明显高于非党员大学生的相应比例59.7%、54.9%。

从学历层次和年级来看，伴随学历层次和年级的提高，大学生上网目的的合理程度明显提升。从学历层次来看，本科生、硕士生、博士生选择"娱乐消遣"的比例依次为76.1%（平均）、65.5%、53.5%，选择"交流沟通"的比例依次为62.1%（平均）、55.7%、43.9%，均呈明显下降趋势；选择"学习"的比例依次为58.3%（平均）、65.9%、76.6%，选择"获取新闻信息"的比例依次为56.5%、60.1%、62.7%，均呈明显上升趋势。由此可见，伴随学历层次的提高，大学生上网的娱乐化倾向明显降低，转而更加重视利用网络进行学习和获取新闻信息，大学生网络运用的合理程度伴随学历层次的提高而明显提升。从年级来看，大学生对上网目的的选择也展现出了大学生网络使用合理程度逐步提升的良好态势。

三、微博微信的使用

以微博微信为代表的自媒体平台为大学生日常交流、获取信息、发表观点等提供了便利，在大学生群体中越来越占有市场，同时微博微信的使用也对大学生的思想观点、价值观念和生活方式产生了重要影响。当前，大学生对微博微信的使用状况必然成为大学生思政教育的重要关注方面，如何借助微博微信等新媒体平台开展思政教育也成为大学生思政教育面临的新课题。

（一）总体情况

大学生使用微博微信的人数比例高达 96.5%，微博微信在大学生群体中基本实现了全覆盖。具体来看，2019 年，微博和微信"两者都使用"的比例为 66.1%，仅 3.5% 的大学生表示"两者都不使用"。对于微博和微信两类自媒体平台来讲，大学生使用微信的比例（占 93.6%）明显高于使用微博的比例（占 69.0%）。

基于微博和微信在大学生中高普及率的现实基础，进一步开发和利用微博微信等自媒体平台以创新思政教育方式、提升思政教育艺术和水平，应成为大学生思政教育长期持续着力的一项重要工作。微博和微信已成为大学生了解信息的重要途径。而当前网络空间鱼龙混杂的各类信息充斥于微博微信当中，这势必对大学生的价值观念和行为选择产生潜移默化的影响。因此，大学生思政教育应积极引导大学生形成正确评判微博微信中各类信息的思维方式和价值准则，努力降低网络不良信息对大学生产生的消极影响。

（二）不同群体大学生微博微信的使用状况

为进一步了解和掌握不同群体大学生的微博微信使用状况，我们进行了交互分析。基于自然因素和成长背景的分析，大学生在微博微信的普及率以及使用目的方面存在着显著差异。

1. 基于自然因素的分析

交互分析发现，在基于自然因素的分析中，民族不同的大学生在微博微信的使用方面不存在显著差异，而性别和年龄不同的大学生在微博微信的使用方面具有显著差异。

从性别来看，与男生相比，女生使用微博微信的比例更高。调查数据显示，女生使用微博或微信的比例为 97.5%，明显高于男生的使用比例 94.8%。调查还发现，女生同时使用微博和微信的比例为 77.5%，同样明显高于男生的相应比例 56.5%，但男生"只使用微信"的比例（占 35.0%）明显高于女生（占 18.6%）。

从年龄来看，伴随年龄的增长，大学生使用微博微信的比例越来越高。调查数据显示，低年龄段、中间年龄段和高年龄段的大学生使用微博微信的比例依次为 96.0%、96.4%、97.3%。

2. 基于成长背景的分析

交互分析发现，在基于成长背景的分析中，生源地类别、父母职业类型、父母文化程度、家庭经济状况和独生子女状况不同的大学生，在微博微信的使用方面存在着显著差异。

从生源地类别来看，与来自乡镇及以下地方的大学生相比，来自县城及以上地方的大学生使用微博微信的比例更高；生源地类别不同的大学生在微博微信的主要使用目的方面不存在显著差异。调查数据显示，来自县城及以上地方的大学生使用微博微信的比例为96.9%，高于来自乡镇及以下地方的大学生的比例。

从学校所在区域来看，学校所在区域不同的大学生在微博微信的使用率方面存在显著差异，而在使用目的方面不存在显著差异。调查数据显示，华中地区高校的大学生使用微博微信的比例最高，为98.2%；东北地区高校大学生使用微博微信的比例相对较低，为95.8%。

四、对待网络热点问题的态度

网络传播的快捷性等特点使得某个社会问题可以在网络空间内瞬间得到发酵和传播，对社会舆情和舆论走向产生重要影响，同时也深刻影响甚至左右着人们对该社会问题的看法和评判。当某个社会问题在网上引发激烈探讨时，大学生如何看待网络评论、自己又是否能够做出客观公正的价值评判，都直观体现和反映着大学生的网络素养与有关思想政治素质。

（一）总体情况

调查表明，绝大部分大学生面对网络热点问题时能够进行理性思考和理性判断，展现了较高的网络素养和较强的网络主体意识。

进一步比较分析2016—2019年的数据发现，大学生面对网络热点问题时绝大部分能够进行理性判断，展现了较强的网络主体意识。调查还发现，一方面，近年来大学生面对网络热点问题时对权威人士、公众平台的信任度较2016年明显提升。这从一定层面上表明官方渠道在引导网络热点问题讨论方面的公信力有显著提升。另一方面，近年来大学生对网络热点问题的评判受外界因素影响的程度明显降低。综合来看，大学生面对网络热点问题讨论时表现出较高的网络素质。

（二）不同群体大学生对待网络热点问题的态度

1. 基于自然因素的分析

交互分析发现，性别和民族不同的大学生对待网络热点问题的态度不存在显著差异，年龄段不同的大学生之间存在着显著差异。

调查表明，伴随年龄段的升高，大学生在对待网络热点问题时更倾向于相信权威人士和新闻报道，而与此同时表示"理性思考，自己做权衡"的比例逐步降低。调查数据显示，低年龄段、中间年龄段和高年龄段的大学生表示相信权威人士和新闻报道的比例分别为20.9%、24.5%、31.5%，呈显著上升趋势；表示"理性思考，自己做权衡"的比例分别为66.5%、62.1%、59.6%，呈显著下降趋势。

2. 基于成长背景的分析

交互分析发现，生源地类别及所在区域、家庭类型、父母职业类型及文化程度、独生子女状况不同的大学生在对待网络热点问题的态度方面不存在显著差异，而家庭经济状况不同的大学生之间存在显著差异。调查表明，家庭经济状况越优越的大学生，他们对网络热点问题的关注度越高；对于网络热点问题，不同家庭经济状况的大学生态度不一。

3. 基于教育因素的分析

交互分析发现，学校类别、学科类别不同的大学生在对待网络热点问题的态度方面不存在显著差异，而学历层次、政治面貌和学生干部经历不同的大学生之间存在显著差异。从学历层次来看，学历层次越高的大学生，他们看待网络热点问题的态度受外界因素影响的程度越小。

从学生干部经历来看，有学生干部经历的大学生对网络热点问题的关注度更高，更倾向于自己理性的思考，网络主体意识强烈；没有学生干部经历的大学生对网络热点问题更倾向于相信权威人士和新闻报道，同时也更容易受外界因素的影响。

（三）关于网络热点问题的态度对大学生有关思想政治状况的影响

在现实生活当中，网络热点问题往往都是人们较为关注的社会问题甚至是社会矛盾，其持续发酵往往吸引大量网民的关注，引发人们对有关社会问题及相关国家制度政策等内容的热烈探讨。由于网民在文化水平、价值观念、思维方式以及对网络热点问题的了解程度方面千差万别，针对网络热点问题的讨论、解读和评判往往充斥着各种各样的声音，其中更是不乏对社会问题背后所牵涉的有关制度政策、政府应急处理能力等的评判甚至抨击，此类现象势必对人们的思想观念，特别是对人们对于党和国家制度政策的认同情况产生影响。而权威人士和官方新闻报道在引导网络舆论、降低有关政治性网络热点问题对大学生政治认同可能存在的不良影响方面发挥着"以正视听"的积极作用。与此同时，在引导大学生正确看待网络热点问题的过程中，要充分尊重大学生的网络主体意识。

第四节　高校思政教育网络生态系统的良性调整体系

在高校思政教育网络生态系统中，促使系统中各要素之间进行能量交换的介质应当是可以有效联络有机主体和无机客体且帮助系统良性运转的。在高校思政教育的网络生态系统环境中，教师和学生在线上与线下相互作用、相互交流、相互学习，形成了师生互学互长的共生机制。教师在教学活动中起着主导作用，是教学活动的组织者和实施者，高校开展网络素养培育的关键是建立一支高素质的网络素养师资队伍。师生关系是教育过程中最基本、最主要的人际关系，它构成了学校教育丰富的内容。要追求教育的成功，就要协调好教育主体和各客体之间的关系。能否处理好师生关系，关系到教育的成败，极大地影响着教育全过程。只有在民主、平等、和谐的环境中，学生才能愉快地学习，从而在和谐的兴趣乐园中陶冶情操、发展个性，在和谐的人际关系中接受教育、健康成长，成为与自然、与社会、与自身发展相和谐的人才。教师利用网络生态系统教育环境中的技术和平台，提高了教育传播的效率、拓宽了教育培育的渠道、提升了自身的微权威，同时，促进了学生对所学知识点从深度、广度的理解，并将观点、意见进行网络系统的反馈，教师根据反馈内容进行教育方向、重点及形式的调整，另外，学生在与教师进行网络系统交流的过程中，通过感悟教师的道德修为，提高了辨别信息真伪的能力，从而形成了师生共生机制。

一、高校网络生态系统良性调整体系的关键要素提炼

（一）高校网络生态系统良性调整体系主体特征

第一，民主、平等的师生关系。在师生共同成长阶段，教师在学生面前的绝对权威已不复存在，教师不再是知识的垄断者，其地位由权威者向平等者、由传授者向求知的参与者转变；学生学习也不再是简单的知识积累，而是一种创新，是思考能力的磨炼与飞跃。在这种教育思想中，从某种意义上说，教师和学生之间已没有严格的界限，这时候就需要一种相互平等的关系，相互促进，相互学习。教师成了与学生平等的对话者，只有在真正平等的基础上，教师才能去真实地体会学生作为独特个体的需要、情感、态度和发展的意向，并且信

任学生、关心学生，而不是把学生看作年幼无知的人而强迫学生接受自己的意见。也只有在真正平等的基础上，学生才能去理解、信任和关心教师，而不是把教师视为异己的统治力量，即只有服从或者反抗，而没有从教师那里获得内化成果。教师不会专横和武断地把自己的观点、意见或思想强加给学生，也不会失去自己的独立性，不会对学生放任自流，而是引导学生从自己的生活中发现自己的生活道路，反思自己的生活，展示自己的未来。民主、平等的师生关系，意味着对个性的尊重，对个体权利的尊重。要创造良好的教育环境和教育氛围，使他们能自由地享有生存与发展的权利、选择与判断的权利、理解与表达的权利、创造的权利，在教育中获得快乐与幸福的权利。真正的教育是以师生双方作为平等的人格价值尊严主体得以进行的，教育中的交往乃是人与人之间的交往，师生之间不是简单的控制—被控制、支配—被支配、领导—被领导、授—受、主动—被动的关系，而是同等价值的不同意识的主体间的对话性关系。师生之间互相尊重，互相包容，互相接纳，真诚对话，教育的过程成为师生之间人格相互激励、感染、沟通、升华的过程，是师生人格相互创造、相互生成的过程。无论是"主体—客体"型师生关系模式还是"主导—主体引导"型师生关系模式，师生人格都存在一定程度的不平等性，身份意识就像一条鸿沟一样一直存在于二者之间，大大弱化了教育过程中师生的人格、精神互染。而真正实现师生人格互染，就必须超越传统的"主体—客体"二元预设，淡化师生彼此的身份意识，在现实的教育过程中，师生双方均以真实的、活生生的人的身份投入教育活动中，将自身的思想、情感、态度完全地参与到对问题的讨论、对话中来。但强调师生人格平等并不意味着不尊师重教，相反，由于教师在教育过程中人格魅力的充分展示与融入，而更将受到学生的理解与尊重。

第二，教学相长既是知识的获得，也是智慧的生成。教师为了帮助学生获得充分的发展，不再把学生视为一系列的属性或需要的单纯集合，而把学生看作完整的人来肯定、接纳和帮助，使他们实现精神和谐完整的发展。为了给学生真实地揭示人类历史的生活经验和生活方式，帮助学生在现实中实现有价值的生活。教师教的还不只是知识，还包括知识在内的以自己真实的、完整的人格面对学生，真诚地与学生交往，指导学生理解世界、理解生活，也理解学生的情感、态度和意向等方面。在这种关系中，学生也把教师视为一个整体的精神人格加以肯定和接纳，并且理解教师的情感、态度和意向。真正的教育乃是心灵的教育，心灵的美善、和谐是教育的旨归；真正的教育是个体人格的养成，是人格的独立性、丰富性和整体人格精神的确立；真正的教育乃是人类文化精神的薪火相传，是文化精神对个体心灵的涵化；真正的教育是对个体人生的意

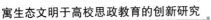

义引导，是全面生活经验的获得与人生价值的孕育；真正的教育是基于对个体人性充分信任之上的对个体人生的激励、阐扬、引导，是人性丰富性的全面化教育与养成。

第三，教学相长的方式主要是对话互动。教师与学生的教育交往最根本的是二者作为完整的人之间的理解与沟通，在此基础上，"教"与"学"才能构成对人的发展有意义的关系，它们的关系才能通达和融洽，教学才真正是属于人与人之间的活动。没有对话，教师和学生之间便没有交互性，没有相互性，便没有相互承认，也就没有相互理解，更谈不上交往关系，相互性在于相互承认，这是整个人类交往的基础。人类之所以以社会方式存在，取决于相互承认，教育之所以能够进行，就在于师生二者的相互作用、相互承认和对话。师生之间的这种交互性对话，说明二者是一种互主体性关系，师生之间相对于对方，谁也不是主体，谁也不是对象，谁也不操作谁控制谁，或者强行把意志意见加给对方。互主体性关系说明双方共同享有某种和谐、某种一致，双方共同达到理解和沟通，双方之间不是"主体—客体"关系，也不是"人—物"关系，而是人与人之间的相互承认与理解的社会性关系。在对话的交互关系中，教师不把自己作为知识的占有者和给予者，而是通过对话启导学生的精神，学生在对话中发现知识和获得智慧。孔子和苏格拉底进行的就是这样的对话教育。苏格拉底式的对话是一种在灵魂深处的激动、不安和压抑的对话。苏格拉底主张的教育不是知者随便带动无知者，而是使师生共同寻求真理。这样师生可以互相帮助，互相促进。师生在似是而非的理解中寻找难题，在错综复杂的困惑中被迫去自我思考，教师指出寻求答案的方法，提出一连串的问题，而且不回避答疑。因此，对话不仅形成了师生间的交互性关系，而且也使知识转变成学生个人的认识，使学生的精神受到对话的启迪和引导。在对话的交互关系中，双方在教育中的地位是平等的，双方都具有完整的个性。教师不以自我为中心，而是理解、鼓励、宽容学生，平等真诚地与学生交往。无论是教学还是开展思想教育都要采用"心理返回"和"心理换置"的办法，也就是在了解学生年龄特征的基础上，使自己返回到学生时代，用学生的思想方法去观察思考，用学生的情感去理解体验，把自己换到学生的位置上，去感受认识处理教育教学中出现的问题，从而采取恰当的教育方法。不然，教师就只是被抽象为一个传授知识的属性，而学生也被抽象为知识的学习者。作为人的因素如情感态度、直觉等都被排除掉了，教师和学生都不是作为完整的人，而只是作为一种属性存在。而教育过程首先是一个精神生长的过程，然后才成为科学认知过程的一部分。

第四，教学相长是师生共生共同。教学尤其是课堂教学应被看作师生人生中一段重要的生命经历，是他们生命的有意义的构成部分。对于学生而言，课堂教学是学生学校生活的最基本的部分，它的质量直接影响当前及今后学生的多方面发展和成长；对于教师而言，课堂教学是其职业生活的最基本的构成部分，它的质量直接影响教师对职业的感受、态度和专业水平的发展以及生命价值的体现。总之，课堂教学对于参与者都具有个体生命价值。然而，这一重要价值以前被人们普遍忽视，包括被一些强调教育与生活关系的教育家忽视。如提出"教育即生活"的美国教育家杜威，他反对把教育仅仅看作为未来的生活做准备，主张从学生的生活出发来改造以教材作为出发点的传统教育，但是，他并未提及教育、教学活动对教师的生命意义。另外一位著名的教育家是苏联的赞科夫，他在《和教师的谈话》这本著作中专门谈到了课堂上的生活。他认为课堂教学不仅要反映生活，更要注意儿童在课堂上的生活，应当从儿童精神生活的意义上来理解生活。但他同样把视线只停留在学生的身上。我们必须看到教学质量对教师生命质量的意义。作为一个教师，他或她生命中的大部分时间和精力都是在课堂中付出的，课堂教学不只是学生的成长，同时也是教师生命价值和自身发展的体现。教师不再是"蜡烛"、是"阶梯"，而是一个不断成长的个体。因此，教学相长不只是纯粹的教与学，也不只是学生单方面的成长，而是师生在全身心投入的过程中，共同感受生命的涌动与成长，共同体验智慧的闪现和精神的丰盈。

（二）高校网络生态系统良性调整体系的关键要素选取

1. 生活化教育"体贴入微"

通过梳理网络生态系统教育中的网络媒体运用情况，构建信息畅通的微平台网络，探索有主次、有交错、覆盖广的信息来往渠道。在提高教育者的教育传播效率的同时，实现接受者的即时效果反馈，从而使生活化教育"体贴入微"。

学生在教师的引导下学习知识和技能、提高能力、形成思想品德的过程中，每一天都在成长和进步，每天都站在一个新的增长点上。然而随着社会的进步发展，知识发展速度迅猛，对人才的需求发生了"质"与"量"的变化。在各种变化中，学生在完成教师规定的相应任务的前提下，还需寻找新的知识切入点、技能训练点、能力培养点和品德形成点，一旦找到生长点，学生便可以在原有的基础上迅速提高其综合素质。只有师生共生才能使其教育教学充满生机，始终处于一种蓬勃向上的发展态势，才能萌生出更多优秀的教师和学生。而这种教师与学生的成长变化均需在除教学课堂主体外的各个方面充分、合理地

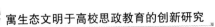

进行配合、融合，即渗透到学生的日常生活点滴中，才可能深入地激发学生的学习兴趣、提高学习能力，从而达到向学生传递正向、积极人生观、价值观的要求。

2. 碎片化教育"细致入微"

通过掌握网络生态系统教育中的网络行为产生情况，构建多元化的网络课程体系，探索出有特色、有受众、有效果的行为转化路径。在拓宽教育者的教育培育渠道的同时，丰富了接受者的认知结构体系，从而使碎片化教育"细致入微"。

教学是"教"与"学"的交往、互动，教师与学生互相交流、沟通、启发、补充，在这个相互过程中教师与学生分享彼此的经验和知识，交流彼此的情感、体验与观念，丰富教学内容，求得新的发现，从而达成共识、共享、共进，彼此形成合作关系，实现教学相长和共同发展。师生关系发生了"质"的变化，学生不再只是听众、被动接受者，他们是有思想、富有个性的新生一代。教师想要达到多方面了解学生需求的目的，不再只是面对面的谈心谈话、你问我答，而是可以和他们有相同话语体系、能蹲下来倾听他们的心声。师生关系的融洽不仅在课堂，还要延伸到更广阔的范围。教育是生活内容之一，教育的本质在于爱，没有爱就没有真正的教育。早在春秋时期，管仲就在《管子·兵法》一文中对"和谐"做了精辟的论述："畜之以道则民和，养之以德则民合。和合故而能谐，谐故能辑。谐辑以悉，莫之能伤。"意思是说，用道和德来育民，全民才能和睦相处，家才能强盛不衰。因此，构建新型师生之间的双边互动关系能够促进师生之间关系朝着良好的方向发展，而良好的师生关系反过来可以提高教育教学效果，二者相互促进、相互提高、相互作用，这样不仅有助于开展教学活动，同时也起到提高教学质量的作用。

3. 正能量生态系统的自净化功能

通过观测网络生态系统教育中的网络评论表现效果，了解动态的网络语言变化情况，探索贴近学生心理转变、符合学生发展趋势的交流方式。在促进教育者提升自身微权威的同时，提高接受者的是非辨别能力，从而保持正能量生态系统的自净化功能。

师生共同成长，实现职业价值和生命价值的和谐统一，让生命与使命同行，应是我们人生幸福感的源泉。孔子的教学相长原则向我们诠释了师生关系的深刻内涵。"学然后知不足"使学生经过反思、内省懂得了知识的浩瀚，明确了人生是一个不断将社会经验、人类文化遗产内化的过程，个体是由不成熟到成熟、知之少到知之多、由浅入深、循序渐进的成长。"教然后知困"使教师明白了"给学生一杯水,自己要有一桶长流水"的道理,教师会暗下决心汲取更广泛的知识养分,不断地充实和完善自己,做到教学的举一反三、旁征博引。师生在网络的氛围中互长互进,通过交流、质疑、探究、沟通、对话,在探求的旅程中共同成长。教育的最高艺术是教师与学生的心灵的相通,教育技巧的顶峰是师生之间心灵交往的和谐的境界。

(三)高校网络生态系统良性调整体系的关键要素确定

1.环境互动系统

高校网络生态系统作为一个系统,具备系统构建的相应特征:开放性、动态性、涨落性。即系统内外部的物质、信息进行交换,且内外部要素质量都是在不断变化着的,变化即产生了不稳定,但是系统最终会在内外部物质、信息的调整下趋于新的稳定状态。高校网络生态系统处于更大的系统环境中,受到本体系统之外的因素影响,内部与外部系统要素之间进行物质、信息、能量的相互交换,且随着内外部交互的相互作用,最终趋于平衡,新的要素引入,产生变化,又会达到新的平衡,趋于新的稳定状态。首先,从教育理念上讲,师生关系是主体与主体之间平等的生命共同存在,是一种"共在"状态。从教师角度来讲,教师在教学中首先要意识到自己的生命主体的存在,意识到自己的生命需求和情感体验,把自己的情感和价值追求融入教学过程中。其次教师也要把学生视为与自己平等的生命主体存在,是有思想的、能动的、创造性的人。要尊重学生的独立人格和权利,关心学生的生命需求和情感体验。从学生角度,学生在学习中也要意识到自己生命主体的存在,意识到自己的生命需求和情感体验;同时也要将教师和其他同学视为与自己平等的生命主体存在,尊重教师,关心爱护其他同学,把学习的过程视为与教师和其他同学共同分享情感体验的过程。其次从教学方式来看,师生关系要求课堂教学的方式应该是教师和学生在教学过程中通过平等的、主体与主体之间的对话交流来达到相互理解、共同创造,即"共创"。再次从教师角度看,教师要少而精地讲,设计好教学内容和话题,启发、鼓励学生共同商讨问题、沟通心灵,达到理解和共识;从学生角度讲,学生在听课的同时,也要主动思考、多提问题,促使教师在教学的深度和广度上不断拓展。最后从教育目标来看,师生关系要求教育的最终目标是关注教师和学生,即主体与主体的共同心灵成长和共同生命情感体验,即教师与学生的"共同"和"共享"。传统教育的目标是培养学生。

2. 角色互动系统

中共中央、国务院《关于进一步加强和改进大学生思想政治教育的意见》明确指出，大学生思政教育工作队伍主体是学校党政干部和共青团干部，思政和哲学社会科学课教师、辅导员和班主任，广大教职员工都负有对大学生进行思政教育的重要任务。由此可以看出，当前大学生思政教育者主要由学校党政干部和共青团干部，思政课和哲学社会科学课教师、辅导员和班主任，以及专任教师、工勤人员等广大教职员工组成。《普通高等学校辅导员队伍管理规定》（教育部令第 24 号）进一步指出，辅导员是高等学校教师队伍和管理队伍的重要组成部分，辅导员在职业角色上具有教师和管理者的双重属性。辅导员和班主任是大学生思政教育的骨干力量，主要负责在课下对学生进行思想引导、学习指导、生活辅导、心理疏导、就业指导等；学校党政干部和共青团干部属于管理队伍，主要具有领导、组织、协调、实施学校思政教育的功能；思政课教师主要承担着主渠道育人的职能，通过课上直接的马克思主义理论知识传授，帮助学生树立正确的世界观、人生观、价值观；哲学社会科学课教师主要承担着提高学生思想道德修养和精神境界的职能，主要通过哲学社会科学课程中蕴含的意识形态内容，帮助学生坚定正确的政治方向；而专任教师、工勤人员等广大教职员工同样也都承担着思政教育的职能，但更多是通过个人的人格魅力和榜样示范作用，潜移默化地对学生进行间接的、渗透式的教育和引导。所以，辅导员和学生互动的载体系统也必须同时具备思政教育载体的四种功能，即思政教育信息的承载、传导功能，促进主客体相互作用的中介功能，渗透教育内容的蕴含功能，导向与养成的功能。传统载体是指在辅导员与学生互动过程中早就产生并继续发挥作用的载体形式，主要包括谈话、开会、理论教育等；现代载体则是指随着现代社会发展而产生的具有特定时代特征的"辅导员—学生"的互动载体，如文化载体（校园文化、社区文化、村镇文化、军营文化等）、活动载体（文化活动、社会服务活动、社会调查活动、参观访问活动等）、传媒载体（广播载体、电视载体、网络载体等）、管理载体等。探索辅导员队伍与思政课教学队伍的融合机制，发挥两支思政教育队伍的合力。思政课教学要加强社会主义核心价值观教育，增强大学生的中国特色社会主义政治制度认同。思政课教学要引导大学生关注思政理论信息，增强教学内容的吸引力、解释力。

3. 对象互动系统

高校网络生态系统从认同的过程入手，需要设置主体内容、传播载体及传承手段，即内容系统、载体系统和组织系统。内容系统指高校与学生的互动应该着眼于学生的全面发展，兼顾专业教育和思政教育的核心内容。载体系统指主客体之间的相互作用在本质上就是高校和学生之间的主体互动，而"一种活动形式和物质实体"则指在互动中所体现的载体系统。所以，高校和学生互动的载体系统，也必须同时具备教育载体的四种功能。组织系统在实践过程中，往往是一种高校教育者与学生之间"一对一"互动的组织形式，一般可以划分为两类：一是集体组织，是指多个学生参与，并具备多个学生特质及需要的组织形式，如学院、年级、班级、党支部、寝室等；二是个体组织，是指只有一个或少数几个学生参与，且准确反映一个或少数几个学生特质及需要的组织形式，如家庭、单个学生所属的社交圈、学生个体等。由于学生组织从属关系的不确定性和多维性，各组织系统不是孤立的，而是彼此交叉且互为补充的。高校辅导员与学生互动的组织系统是指在辅导员和学生互动过程中，双方所处其中的组织形式。具体来说，高校辅导员与学生互动的组织系统是思政教育的微观环境，它控制着与思政教育活动直接相关的局部环境因素。

二、高校网络生态系统良性调整体系的机制运行

（一）高校网络生态系统良性调整体系的现状分析

1. 高校网络生态系统环境中师生共同面临的问题

（1）高校网络生态系统教育的舆论负效应

在高校网络生态系统教育环境中，每时每刻都在涌入纷杂的资讯，内容亦真亦假，评论观点各异，这是由高校网络生态系统教育环境的开放性和高校网络生态系统教育信息的复杂性导致的，接收这些资讯信息的网络使用者由于知识水平、个性特点、道德修养、目的意图等的差异，对信息点的理解、引申和修饰千差万别，他们又进一步在网络上将资讯内容和相关评论进行了不同程度的解读。其中不乏别有用心的人为了舆论造势，通过雇佣网络水军对某一观点进行铺天盖地的渲染，于是不明真相的广大网络使用者信以为真，甚至盲目跟风，形成了破坏大学生正向价值观形成的舆论负效应，使得学生认为自己在网络上获得的信息和观点是真实的，从而加大了教师进行理想信念引导的阻力和难度。

（2）师生共同的离散性冲击

当师生共同处于高校网络生态系统环境中时，要保持师生共同关系的稳定

性则需要克服高校网络生态系统教育主体的隐匿性和高校网络生态系统教育平台的多样化问题。大学生利用网络上的许多平台获取信息，各个平台由于开发和运行的目的不同而各具特色，不同特色的平台吸引了不同的受众关注，教师很难在各个平台上都跟踪观测，也很难掌握不具名学生在平台上发布的观点评论。因此，高校网络生态系统平台的多样化在冲击着师生共同关系的稳定性，同时，高校网络生态系统教育的主要接受者身份的隐匿性使得教师与学生的关系更加离散。

由此可见，将师生共同关系重新解构、整合，研究师生共同机制运行模式，是在高校网络生态系统环境中进行正向价值引导的关键步骤和重要环节。

2. 高校网络生态系统环境中师生共同面对的机遇

在高校网络生态系统环境中，师生共同机制的运行是师生在共存、共享、共创、共乐，互相促进共生基础上形成的共同、共赢。运用主体间性教育理论来理解师生共同体，将更容易解释师生共同机制。主体间性教育是指在共存、共荣的前提下，在两个或两个以上的教育主体之间的交往、对话与理解中，生成具有主体间性品格的人的过程。这个界定揭示出主体间性教育是一种和谐教育，是多个教育主体所共有的教育，主体间性教育的世界是教育主体共有的意义世界，而不是一方对另一方的占有，主体间性教育是一个双向互动的过程，它是师生本真的生存方式。师生共同是相互作用、相互影响、相互促进的螺旋式上升过程，它作为一个整体在高校网络生态系统教育环境中生存、发展，实现提升大学生网络素养的目标，完成教师正向引导思政教育工作的任务。

青年教师作为与大学生年龄相仿的群体，是大学生学习效仿的对象，无论在知识容量上，还是在人格魅力上，一旦得到学生的认可，将会形成教师与学生之间良好的互动关系，学生将会更快更好地成长，同时也促进青年教师师德师风的进一步提升。鉴于《国家中长期教育改革和发展规划纲要（2010—2020年）》对师生关系定位有明确要求，即"教师要关爱学生，严谨笃学，淡泊名利，自尊自律，以人格魅力和学识魅力感染学生，做学生健康成长的指导者和引路人"。因此，若想要更好地对学生进行思想政治、道德素养、专业学识和综合能力方面的教育培养，就要对青年教师进行系统化、全面化、细致化的培训。根据《关于加强和改进高校青年教师思想政治工作的若干意见》文件中所指出的"各地各高校党组织要通过政治上主动引导、专业上着力培养、生活上热情关心，促进广大青年教师坚定理想信念、练就过硬本领、勇于创新创造、矢志艰苦奋斗、锤炼高尚品格，全面提高思想政治素质和业务能力"这一项具体的要求，高校要通过对青年教师提升思想教育引导、强化师德师风建设、解决实际基本问题等方面的培训帮助青年教师成长为有理想信念、有道德情操、有扎实学识、有仁爱之心的"四有好教师"，从而培养出有理想、有道德、有文化、有纪律的"四有好学生"。

（二）高校网络生态系统良性调整体系的机理分析

1.青年教师与大学生共同成长的契合点

（1）内涵上的共同要求

《关于加强和改进高校青年教师思想政治工作的若干意见》中对青年教师的要求以及《关于进一步加强和改进大学生思想政治教育的意见》中对大学生的要求具有内在一致性，且"四有好教师"和"四有好学生"的结构体系中体现出师生成长具有内在的相关性。这些内在一致性和相关性为青年教师与大学生的互促共同提供了基础理论架构。

（2）思想上的节奏同频

青年教师和大学生的年龄差距较小，都处于人生的成长期，尤其对刚刚参加工作的青年教师来说，本身正在经历从大学生到教师身份的转换，他们在思想上都存在着积极向上的主流特点，同时由于社会经历相对较少，会出现情绪冲动、易受干扰等状况，价值观尚在初步形成和趋于稳定的阶段，偶尔会出现意志薄弱的问题，这些思想上的共性问题为青年教师和大学生的互促共同提供了内在发展需求。

（3）知识编码的方式相同

青年教师与大学生基本处于相同的时代，接受的教育模式基本相同，因此具有相似的思维体系和思考习惯，这对他们接受和理解知识具有共性特点，因此对新知识的解构方式相似。基于这一契合点，青年教师更易于将知识传播给大学生，也更易于从大学生中获取新的思路，以及接受大学生的新想法，这为他们和学生的互促共同提供了外部牵引驱动。

（4）话语体系的结构相似

青年教师与大学生年龄相仿，出生和成长的时代背景相似，成长环境和个人经历有相似性，因此出现了思维模式和话语体系相仿的情况。这些相似性使得青年教师与学生更易于沟通和理解，在交流中隔阂更少。二者在话语体系上的契合提高了教育的效率、提升了教育的效果，为青年教师和学生的互促共同提供了外部成长条件。

2. 青年教师与大学生共同成长的耦合机制

在高校教育体系结构中，青年教师与大学生的结构内涵、思想认识以及二者天然具有的知识编码方式和话语交流体系具有契合性，基于这些契合点，应致力于建立青年教师与大学生互促共同的耦合机制，通过分析青年教师与大学生之间的供需关系链条，从青年教师能够提供的知识能量与大学生所需要的知识架构、青年教师教学过程中体现的教学素养与大学生所汲取的从业导向、青年教师处事过程中散发的人格魅力与大学生所向往的成长方向等供需关系中找到青年教师与大学生共同机制运行的着力点。

（1）青年教师能够提供的知识能量与大学生所需要的知识架构相耦合

青年教师一般具备深厚的专业前沿知识背景，他们将内化于心和脑海中的知识通过课堂传授、课下答疑、实践操作等环节传达给学生，将自身的知识能量输送出来，帮助大学生建立专业理论的知识架构，解决大学生通过自学难以解决或者突破的问题。青年教师的教学经验较少，且对大学生的整体情况了解不够深入，就会产生知识能量难以完全输送给大学生的问题，即大学生获取知识的效率和效果会受到影响，进而影响大学生的学习兴趣、打击大学生的学习信心、阻碍大学生的专业发展。因此，青年教师在将最基本的知识传输给大学生的过程中，要提高教学水平、了解学生群体、创新教学模式、探索教学方法，从而帮助大学生在进行基础知识的理解和消化时更为顺畅、全面。

（2）青年教师教学过程中体现的教学素养与大学生所汲取的从业导向相耦合

《关于加强和改进高校青年教师思想政治工作的若干意见》中指出，青年教师是高校教师队伍的重要组成部分，是推动高等教育事业科学发展、办好人民满意高等教育的重要力量；青年教师与学生年龄接近，与学生接触较多，对学生的思想行为影响更直接，他们的思想政治素质和道德情操对学生的健康成长具有重要的示范引导作用。青年教师通过课堂授课、课下答疑将知识传播给学生，在进行知识的显性扩散的同时，将隐性的教学素养也传导给学生，展现给大学生良好的师德师风，便于青年教师与大学生之间建立和谐的交往关系，以便大学生倾向于更深入地与青年教师进行交流，进一步提升自己的专业知识、提高自己的专业技能，从而为今后的求职逐渐探索出明确的方向。

（3）青年教师处事过程中散发的人格魅力与大学生所向往的成长方向相耦合

青年教师与大学生的接触不仅限于课堂或者课间有限的几小时之中，在其他环境诸如竞赛指导、创新实践、运动娱乐、生活交往中也会存在互动，而且这种互动形式较之于课堂更为频繁和长久。在频繁和长久的互动过程中，青年教师与大学生更多的时候以师生兼朋友的关系交往，青年教师的处事方式和处事过程体现出其一定的人格魅力，这个过程显示出青年教师在课堂教学机械化模式之外的为人常态，因此更生动化、更真实化，散发出来的人格魅力对大学生的影响更为深刻和持久。大学生对人格魅力强的青年教师产生了崇拜感，进而追随、效仿，这帮助了大学生明确人生发展方向和深入探寻自我发展的道路。

首先，立足于网络教育环境的开放性，挖掘网络微教育的知识切入点，实现对多样化平台的整合分享。大学生网络微教育环境作为一个系统本身具有开放性，它既受到诸如教育环境中教育理念等因素的引导，同时也受到类似网络环境的大量热点信息和评论的冲击，如何在纷繁复杂的微平台中找到合适的阵地开展思政教育活动，是教育工作者进行社会主义核心价值观引导工作的关键点。在理论知识的传播中，利用微教育的内容短、时间少等特点，教育者应当挖掘出传统知识点之中的精髓内容或者主要知识点之间的相关点，将这些知识进行重新整合、编排，以符合微教育的形式向受教育者进行推送；另外，还要了解学生在平时学习、生活中经常利用到的网络微平台，以及微平台的利用程度和效用，以便将多种微平台进行整合，通过较为一致的"微路径"进行输出。例如，教师利用微课将短小的知识点向学生群体进行推广，以学生喜爱的形式充实他们的课余时间；利用微信利用率广、交流方便的特点，将其他微平台的热点内容进行整合，在微信的相关应用中统一进行点击、阅读、分享、评论、交流，以维持师生共同的系统稳定性。

其次，立足于网络微教育平台的交互性，探索网络微教育的技能训练点，实现对师生网络素养的共促共同。大学生网络微教育环境中，网络使用者在线下可能是教师、学生、家长、各行各业的从业者，他们在线上进行各种互动，思想上也进行着各种碰撞，如何在复杂的信息交流过程中提炼出"微实践"项目，帮助学生在实践中将传统理论知识进行转化、将理想信念理论教育成果进行升华，是教育工作者进行社会主义核心价值观养成的着力点。教师需要在了解大学生的心理特点和调研大学生的兴趣特征的基础上，设计出能够强化学生理论认识的"微项目"，"微项目"可以是实践活动、公益活动、调研活动，或者是观点分享的互动。通过这些"微项目"进行大学生对理论学习的效果反馈，形成线上的认识升华，助力线下的行为转化。例如，教师借助某个重要历史日期进行"微情怀"的收集，提醒学生铭记历史、感恩前行；通过对某热点事件进行"微评论"的调研，了解学生思考的全面性、系统性、公正性，以便帮助他们修正思考方向、完善思考架构，同时也促进教师自身思维向广度和深度延伸。

再次，立足于网络微教育生态系统的主体性，找寻网络微教育的能力培养点，实现对舆论负效应的理性批判。在网络微教育环境中，时刻涌入纷杂的资讯，内容亦真亦假，评论观点各异，这是由网络微教育环境的开放性和网络微教育信息的复杂性导致的，接收这些资讯的网络使用者由于知识水平、个性特点、道德修养、目的意图等的差异，对信息点的理解、引申和修饰千差万别，形成了网络微教育的负效应。大学生网络微教育环境中存在着各种参与主体，环境的完全开放性决定了参与主体的门槛准入低、参与成本低，因此知识结构、个性特征、网络素养都有较大的区别，这种主体的异质性为大学生提供了强大的信息源，也为网络微教育提供了大量的素材，如何帮助大学生客观认识、理性分析这些不可逃避的信息，是教育工作者实现社会主义核心价值观教育的提升点。教师在面对大量信息和评论充斥微教育环境与舆论负效应冲击时，要临危不乱。首先要调试自己的心理状态、坚守自己的道德信念，其次要对这些信息进行筛选和分析，最终利用这些信息开展入脑、入心的教学活动。例如，教师搜集"微案例"进行归类、比对、编排，帮助学生梳理、分析、认识这些案例的背景来源和主旨意图，从而促进学生提高主动思考、客观分析和理性辨别的能力。

最后，立足于网络微教育生态系统介体成长的渐进性，掌握网络微教育的品德形成点，实现对核心价值观的正向强化。无论是教师还是学生，成长都不是一蹴而就的，在网络微教育这个视域下，教育工作者要对学生进行持续的理想信念教育，不仅要优化理论教学环节、搭建实践教学项目、进行网络教学效果评估，也应当注重网络文化氛围的营造，从而在充斥了大学生目前学习、生活方方面面的网络领域中，时刻感染大学生进行道德修养的自省和道德行为的修正，这是教育工作者引领社会主义核心价值观践行的持续点。教师要挖掘学生当中涌现出的优秀典型和身边榜样，以学生认可的方式将之转化为"微典型""微榜样"进行宣传，以学生喜爱的方式、推崇的风格将身边的典型榜样成长的"微故事"进行介绍，一方面以贴近学生内心的方式为学生指引努力的方向，另一方面有助于学生践行社会主义核心价值观良好氛围的营造。另外，还可以将学生个体或者团体的成长经历录制成"微电影"、编纂成"微小说"，由学生自编、自导、自演，在提升学生策划、组织能力的同时，让学生更乐于将正能量的价值导向进行传播。

三、高校网络生态系统良性调整体系的功能评价

师生共同在行为体现上类似教学相长，教学相长源于《礼记·学记》中的一段论述："虽有佳肴，弗食不知其旨也，虽有至道，弗学不知其善也。是故学然后知不足，教然后知困。知不足，然后能自反也；知困，然后能自强也。故曰：教学相长也。"这段话说明作为教授知识者首先要通过学习了解知识，其次在教授的过程中发现困惑，在学习的过程中发现不足，从而在"教"与"学"的过程中不断解答困惑和弥补不足，实现"教"与"学"的循环。教学相长的主体看似是教师，但是在高校网络生态系统教育环境中，面对大量的新技术、新信息、新知识，传统意义上被认为的学生在掌握前沿技术和获取信息的能力上更胜于教师，因此他们也变为了教学相长的主体。教师与学生这两个主体互相教、互相学，共同促进、共同提高、共同成长，形成了师生共同的局面。面对当前网络在大学生群体中极高的利用率这一现实情况，对于教育入手点的研究逐渐转化到如何利用网络对大学生进行正能量的思想引领，从而促进其社会主义核心价值观的养成。《关于进一步加强和改进大学生思想政治教育的意见》中要求"努力拓展新形势下大学生思想政治教育的有效途径……主动占领网络思想政治教育新阵地……"；教育部《普通高等学校辅导员队伍建设规定》中要求辅导员"注重运用各种新的工作载体，特别是网络等现代科学技术和手段，努力拓展工作途径，贴近实际、贴近生活、贴近学生，提高工作的针对性和实效性，增强工作的吸引力和感染力"；《关于进一步加强和改进新形势下高校宣传思想工作的意见》中要求"要根据教育环境和教育对象的变化情况，充分运用网络新手段拓展思想政治教育的视野，积极培育和践行社会主义核心价值观"。一系列的重要文件都在提醒教育者要深入了解占据大学生大量学习、生活空间的网络环境，通过研究网络教育特点、探索网络教育方法、创新网络教育手段，占领引领了大学生思潮变化的网络教育阵地。而网络环境的新颖度、网络信息的更新度和网络平台的多样化决定了教师在这个环境中也是初学者，因此只有与学生形成师生共同的关系才能跟上网络变化的节奏，并且保持教育输出和效果反馈正向流动，使"教"与"学"的过程充满活力。

（一）更新教育理念，构建师生"共在"的情感体验

主体间视域下的师生关系是主体与主体之间平等的生命共同存在，是一种"共在"状态。作为教育者，教师在加强专业知识和专业技能学习的同时，还要更新自己的教育理念，树立正确的教师观和学生观。在教学中，教师要意识

到自己的生命主体存在，把自己的情感体验和价值追求融入教育教学中，热爱自己所教的学科，保持较高的学科教学效能感，用自己对学科教学的积极的情感体验感染学生，引发学生的学习热情。同时，教师也要把学生视为与自己平等的生命主体存在，把学生看作发展中的个体，秉持以人为本的育人理念，尊重、热爱每一名学生，平等地看待每一位学生，热情地为每一名需要帮助的学生提供帮助。同时，学生也要学会自我教育，在学习中要意识到自己的生命需求和情感体验，尊重教师，保持高度的学习热情，把学习的过程看作与教师共同分享情感体验的过程。在教学中，通过师生"共在"的情感体验的构建，教师和学生共同成长，共同进步，共同体验生命的意蕴。

（二）转变教育目的，构建师生"共同"的教育情境

人是教育教学的出发点和归宿，一切教育教学活动都必须以人为中心，以促进学生的个性全面和谐发展为根本目的。主体间视阈下的师生关系要求教育的最终目标是关注教师和学生，即主体与主体的共同心灵成长和共同生命情感体验，即教师与学生的"共同"。在教育教学中，教师要转变"为考试而教"的教育目的，坚持以生为本，着眼于学生的身心发展，努力构建师生共生的教育情境。在这种共生的教育情境中，知识是动态发展的，学习是多渠道发生的，故教师不再是知识的唯一拥有者，学生也不只是被动接受知识的容器，师生之间不是为了应试而存在的知识授受关系，而是为了共同发展以对话形式展开的双向互动关系。在这种互动关系中，教师和学生相互影响，共同实现心灵的成长。

（三）改进教学方式，构建师生共创的对话环境

主体间视阈下的师生关系要求课堂教学的方式应该是教师和学生在教学过程中通过平等的主体之间的对话交流，来达到相互理解、共同创造，即共创。德国教育家雅斯贝尔斯说过："所谓教育，不过是人对人的主体间灵肉的交流活动（尤其是老一代对年青一代），包括知识内容的传授、生命内涵的领悟、意志行为的规范，并通过文化传递功能，将文化遗产交给年青一代，使他们自由地生成，并启迪其自由天性。"的确，真正的教育是人与人的主体间的灵肉交流活动，而不单是观念、知识的堆砌。如果把教育当作训练，那么人就成为单纯的客体。教学过程是教育者和学习者双方互动的过程。作为教育者，教师要转变自己的教育理念，改进教学方式，"教学有法，但无定法"，教师在教学中应根据学生的身心特点和学习能力采取特定的教学方式，激发学生的学习兴趣，启发学生的思考。同时，在教学进程中教师也要努力发现自己的不足，

不断充实和完善自己。作为学习者，学生也要主动参与到教师的教学中来，积极发表自己的观点和看法，主动思考，多提问题，在提出问题、解决问题的过程中掌握更多的知识和技能。通过师生共创的对话环境的构建以及对话式师生关系的建立，教师和学生会更易进入彼此的心灵深处，达到深度理解，实现共同成长和发展。

（四）丰富教学内容，构建师生共享的精神世界

教育是人的灵魂的教育，而非理智知识的堆积。教育使具有天资的人自己决定成为什么样的人以及把握安身立命之根。谁要是把自己单纯地局限于学习和认知之上，即便他的学习能力非常强，那他的灵魂也是匮乏而不健全的。基于此，主体间师生关系要求课堂教学要改变只重视教材而忽视人，只重视认知训练而忽视情感培养的局面，师生之间在情感的交流和共享中感受生命的涌动与成长。因此，在教学活动中，教师不仅要教学生基本知识和基本技能，更重要的是要关注学生情感的发展和健康人格的养成，引导学生树立正确的世界观、人生观、价值观。在教学日程中，除了日常教育内容的讲授，教师还要经常组织一些师生共同参加的文体活动、竞赛活动，在活动中促进师生双方思想情感的交流，增强师生之间的亲近感，在互动中达到教学成果的共享，最终构建师生共享的精神世界。

师生共同成长并没有消除教师在教育中的独特地位，更没有消除教师传授知识的作用，只是把教育置于师生平等理解的相互交往的基础上，使教师在与学生的真诚交往中，对学生进行整体教育，使学生感到教师与现实生活是紧密相连的，与自己的生活是密切相关的。在教学活动中，教师在与学生的平等对话中与学生共同成长，而不一定比学生成长得更快，学生随时都有超过教师的可能，一旦教师被超越，就不再能和学生平等地对话，积极参与对话和理解对话对教师的持续成长影响深远。师生共同成长，让学生在真正的教育生活中体验生活，把握和创造自己的人际关系，让学生把握自己所处的生活环境，建立自己与他人的关系，与外界的关系，从而能够积极地面对未来的生活和世界。

师生共同成长中教师与学生知识的沟通、意义的理解等都与学生现实的和将来的生活世界相关联，真正对学生的生活经验的增长，对学生关于世界的理解，构成了有价值的东西。学生从自己独特的教育生活中既把握和领略了教育意义，又理解和承领了生活意义。每个学生在成长的过程中，都将认识自己的独特性，获得从学校背景进入社会背景的独特的生活经验和完整的精神世界。师生共同成长，导向和谐师生关系的确立。师生共同的建立，亦即意味着师生

双方都参加，不仅有言语上的你来我往，而且有知识、思想、经验和情感等多方面、深层次的相互交流。这样，对话也就不只是师生之间产生交往关系的一种方式，更是弥漫于师生之间的一种教育情境。在对话关系中，教师和学生都为教育活动所吸引，他们充分展示自己的才能，发挥各自的潜力，共同参与，真诚合作，全心全意地创造相互的交往活动，营造积极健康的氛围。教育成为引导学生精神发展的基本方式，这是一种共享的方式，当教师和学生作为独立的个体而相遇并理解，并且共同在教育中创造、摄取双方的共同关系中凝聚的知识、经验、意义时，就是共享。教师在这种共享中不仅实施着教育，而且根本地是在生活，学生在这种共享中接受教育，也在生活。教师以自己的整体性的精神，以自己的完整性和创造性影响学生的完整性。教育蕴含于教师与学生之间的精神与精神的沟通，而不是停留在传授与接受之间，也不是淤积于认知与操作之间。

在师生共同成长模式中，教师与学生双方都对教育负起共同的责任，教师通过与学生的对话而教育，学生通过与教师的共处受启迪而成长。教师在学生面前展示了知识，学生在理解中开启新的精神境遇进入新的生活之中，学生不是通过接受几条知识而是通过教育获得人生体验和生活智慧。

四、高校网络生态系统良性调整体系的优化策略

（一）高校网络生态系统良性调整体系的中介提升策略

首先，加强对"双螺旋互学互长的师生共生机制"的中介功能的调节作用，通过构建师生交流顺畅的微平台、拓宽师生教与学互动的微渠道、巩固教师在与学生进行生活学习等内容沟通时的微权威，来加强师生共生机制在无机的四模块相互支撑协同服务机制与有机的多维度大学生网络素养培育机制之间的正向调节作用，促进教师与学生通过无机客体中的四模块（理论教学、实践养成、质量评价、效果展示）构架来提升有机主体的大学生网络素养培育机制运行效果的转化能力。其中，构建合适的师生交流微平台以及拓展师生"教"与"学"的微渠道这两个维度起到了更为重要的中介作用，巩固教师在微平台与微渠道的"线上"微权威中介效用是"线下"教师现实权威的延伸，对于这项已经在学生心中形成的固有印象产生的中介正向促进作用不明显，而是分解到微平台的设置和微渠道的联系当中，通过教师在微平台与微渠道中的语言亲和力、内容信服度、词汇时代感以及情绪感染力来体现。

其次，梳理对"四模块相互支撑的协同服务机制"的内部四个模块维度的

相互关系，由于相关性显著且相关系数较大，因此需要进一步研究四个模块之间相互作用的关键点，抓住着力点，促进四个模块间功能的相互强化效果体现得更为精准和明显，尤其对理论教学模块的关注度需要进一步提升，由于大学生在传统的理论课程知识点传授过程中处于被动接受的状态，这种形式使得学生的普遍满意度较低，效果也不尽如人意，加之理论教学模块与其他模块之间的相关度很大，为了促进学生将理论知识向实践养成、行为质量以及榜样引领等有效转化，改进理论教学模块的开展形式、传授方式以及考察模式显得十分重要。

再次，强化对"多维度大学生网络素养培育机制"的大学生网络思想动态、网络行为习惯以及网络舆论态度的引导，网络道德教育是多维度大学生网络素养培育机制中的基础，它能够帮助大学生将自身现有的网络认识形成体系化，促使学生在网络微媒体使用过程中具有内在的理论指导，有助于学生更好地辨别网络信息、正确地看待网络舆论。而调研显示，目前大学生对网络道德教育的效果满意程度不是很高，因此，通过理论教学、实践养成等形成网络道德教育的文化氛围是提升学生对网络素养的理解、认同和践行的有效途径。

最后，掌握三个机制的各个维度之间的关联度和作用点，由于每个机制中的相应维度之间均呈现出显著的正相关作用，为了使正相关效应的作用效果体现得更为明显，有必要进一步研究每个机制下各个维度之间的关键作用点，以及不同机制下的维度之间的相互着力点。如在无机的四模块相互支撑协同服务机制中的"效果展示"与"实践养成"之间的相关性，可以通过优秀榜样事迹案例集、优秀校友与优秀学长座谈会、优秀学生成长微电影展播等多样化的形式促进广大的普通大学生效仿、学习，从而帮助其进行实践养成。在无机的四模块相互支撑协同服务机制与有机的多维度大学生网络素养培育机制中，需要运用理论教学维度与网络道德教育维度之间的相关性作用，通过教师在微平台、微渠道中的中介正向调节过程，将理论知识通过微小的细节逐步渗透到学生心中，从而内化、固化，进而产生行为转化，最终体现网络素养的整体提升。

（二）高校网络生态系统良性调整体系的目标调整策略

通过以双螺旋互生互长的师生共生机制作为大学生网络微教育的介体，促进大学生的网络素养这个主体应用协同服务机制的客体得以提升，促使大学生网络微教育正能量生态系统的正向运行，实现介体的自净化功能，既要借助生态系统特征、主体客体和介体特征，还要深入研究介体中师生之间的互生互长关系。师生互生互长的共生机制通过彼此尊重的共存、有效沟通的共享、相互激励的共创、促进转化的共乐而交互运行，最终实现双螺旋上升式的共同。互生互长的师生共生机制是相互作用、相互影响、相互促进的螺旋式上升过程，它作为一个整体在网络微教育环境中生存、发展，借助网络微教育环境中的四模块协同服务机制这个客体，实现提升大学生网络素养的主体目标，完成教师正向引导思政教育工作的任务。

1. 保持教学资源共存是师生共同机制运行的基本保障

共存即指在教育、教学过程中教师和学生都处于平等的主体地位，是生命的共同存在状态，具体到网络微教育环境中是指对教学资源具有共同拥有、共同利用的权限。面对同样的网络微教育资源，教师与学生由于思维结构体系和知识运用能力的不同而产生资源利用的差异。这种差异并不一定体现为教师优于学生，也可能体现为学生优于教师或者无法简单评价哪一方更为优异，这便形成了师生共同中"教"与"学"互动的基础。师生在共存的状态中要保证相互的尊重，才有可能进行下一步的有效沟通，保持师生共同机制的畅通运行。本书所要强调的是教学过程中对学生的尊重，尊重学生的已有经验才是促进学生与教师之间平等交流和深度对话的基础。

2. 引导教学成果共享是师生共同机制运行的重要环节

共享就是当教师和学生作为独立的个体而相遇并理解，并且共同在教育中创造、摄取双方的共同关系中凝聚的知识、经验和意义。教师与学生对网络微教育成果的共享主要依托网络微语言的交流，从技术层面来说，网络微语言有独有的特征，与生活用语和课堂用语大有不同，而且更新速度快，这就要求教师不断更新微语言词库，促进教师与学生密切交往，此时如果没有在共存状态中给予的相互尊重，这种交往就难以进行。从精神层面来说，网络微语言的交流有效性主要依托学生对教师知识含量、道德修为、语言风格、个人魅力等方面是否认可和信服，即教师的微教育过程是否具有微权威效应，这个层面重在考察教师的综合能力水平，是师生共同机制能否永葆良性运行的关键点。

3. 完成愿景目标共创是师生共同机制的外部推动力

共创强调在教育、教学过程中教师与学生之间通过平等的对话交流达到相互理解、共同创造。在网络微教育环境中，教师与学生在相互尊重和有效交流的同时，还应当相互激励，实现共同的愿景目标，这是作为师生共同体保持活力的保证。大学生网络微教育环境中的共创也不应当是单一的基础课教师、专业课教师或者学生工作干部这些与学生直接接触的人员的单独的责任，更应该将大学体系中的所有为学生服务的教师纳入进来，这样才能确保在实现愿景目标的过程中环环相扣不出现断点、层层相叠不出现断层、面面俱到不出现死角，形成全面育人、全员育人、全方位育人、全过程育人的积极氛围，从而完成对愿景目标共创的任务，形成持续共创的动力源泉。

4. 体验教学环节共乐是师生共同机制的内部牵引力

共乐是教师与学生在共同营造的"教"与"学"的氛围中，体会到共同进步的快乐。在网络微教育环境中，教师与学生在彼此尊重，有效交流，共同实现愿景目标的过程中，发觉自身在不断地进步，进步使师生共同体共同感受到愉悦，从而更有信心与激情继续体验共乐感受，实现网络微教育的正向持续性发展。在发现自身知识结构体系、人际交往能力、明辨是非水平有了提高时，师生共同体的整体网络素养得到提升，有效促进了网络微教育成果的良性输出，实现了思政教育效果的正向转化，有助于促进学生由被动学习向主动学习转化、在交往中由压制叛逆向顺应叛逆转化，从而形成学生对社会主义核心价值观的学习体验由学习压力向学习魅力转化。

师生共同机制通过彼此尊重的共存、有效沟通的共享、相互激励的共创、促进转化的共乐而交互运行，最终实现双螺旋上升式的共同。在网络微教育环境中，教师进行思政教育的正向引导，若想达到学生将社会主义核心价值观内化于心、外化于行的目标，应当将自身和学生作为共同体，打破教师为教育主体或者学生为服务主体的格局，在"教"与"学"的过程中，实现师生共同机制的良性运行，帮助网络微教育环境不断进行自净化，同时形成教师与学生"教"与"学"的共赢。

（三）高校网络生态系统良性调整体系的平台推进策略

青年教师与大学生在知识水平提升、职业生涯导向和人生长远发展上存在耦合性，因此，高校在进行青年教师队伍的内涵建设和形式建设上要搭建二者获得共赢的实践平台，保证大学生在获得知识储备和提升综合素质的同时，也保障青年教师的物质基础、自身发展和个人价值得以实现。

从搭建青年教师与大学生教学相长的知识互动平台、青年教师与大学生思维共同的思想交流平台、青年教师与大学生素养同升的典型激励平台、青年教师与大学生供需闭合的文化熏染平台这四个方面来勾画青年教师与大学生互促共同的实现路径。首先，搭建青年教师与大学生教学相长的知识互动平台，通过班主任队伍建设和导师制建设强化青年教师对大学生的学风建设；其次，搭建青年教师与大学生思维共同的思想交流平台，通过师生座谈会、基层组织民主生活会、科技创新团队师生合作项目、创新创业团队师生合作项目等加强青

年教师与大学生的思维碰撞；再次，搭建青年教师与大学生素养同升的典型激励平台，通过"我最喜爱的老师""优秀学生最感谢的老师"等活动的开展鼓励青年教师与大学生利益共赢、价值共现；最后，搭建青年教师与大学生供需闭合的文化熏染平台，文化氛围的营造需要精神的引导、制度的指引和案例的传承。

1.搭建青年教师与大学生教学相长的知识互动平台

高校通过基层学术组织建设与班主任队伍建设将教师和学生在课堂之外的时间进行有效、有序的联系。首先，高校基层学术组织的建立为青年教师与大学生互促共同提供了成长的沃土，基层学术组织主要由掌握学科前沿技术的有相当教学育人经验的老教授指导，对专业方向相同的组织内部青年教师有极好的引导作用。同时，基层学术组织中还包括具有相当创新精神的硕博研究生，青年教师为将从老教授处所学的授业技巧及时进行实践操作，指导硕博研究生方面承担着一定的工作量，他们与团队的硕博研究生互促互学互教互长。其次，高校班主任队伍的建设为青年教师与大学生互促共同提供了规范的体系，各个高校以学生自然班为单位配备班主任，并将青年教师任期职责及考核标准与班主任的职称评定和个人评优相联系，即根据班主任的基本工作量完成情况和班级成绩综合情况为青年教师核算工作成效，通过"三好班级""优秀教师""我心目中的好老师"等评优活动提升青年教师的工作热情。同时，为了让优秀学生更好地向青年教师学习工作方法，感悟青年教师的人格魅力，还可为班主任搭配高年级的学生干部或者学生党员担任副班主任和新生导航员，也为青年教师指导学生提供好助手、好抓手。

2.搭建青年教师与大学生思维共同的思想交流平台

高校通过本科生导师制建设和学生分类指导方案对大学生进行师生间的深入式、渗透式交流。即通过本科生导师制和学生分类指导将具备专业或者个人特色的青年教师与有特殊发展需求的学生进行系统整合、双向选择。如青年教师根据个人爱好和专业特点创建创新团队，他们在指导学生创新创业方面有一定的基础，将自身的创新创业理论知识、创新创业实践经验和创新创业互动平台提供给对创新创业有想法、有激情、有能力的大学生，青年教师在与大学生进行直接沟通的过程中，加深了情感交流，获得思维体系上的共建。另外，作为直接面对大学生的一线思想政治辅导员和教辅管理人员以青年教师为主，他们平时与学生交往最为密切，掌握着学生的基本学习情况、思想状况和动态，通过建立学生干部队伍能够及时了解大学生的整体或者个体的思想状态，对大学生的个性特征更为了解，便于有针对性且点对点地进行思想教育，从而搭建出青年教师与大学生沟通、互教、互学、互促、互长的有效平台。

3. 搭建青年教师与大学生素养同升的典型激励平台

青年教师与大学生的交流不仅限于课堂的理论教学过程，还存在于生活交流与其他交往途径中。教师在不同的环境、不同的角度下与大学生进行互动给他们带来的影响可能相较于课堂上更为让人印象深刻，因此教师体现出的综合素质和人格魅力就显得尤为重要，不仅关乎自身形象在大学生群体中的威信，还关系到其所代表的部门、学院甚至学校在大学生群体中的整体形象，进而关系到学校的长久发展。从这个角度上说，对青年教师的培养关乎学校的未来发展，青年教师的成长决定着教育事业的走向，很多高校基于一定的理论建立了适用于自身实际的青年教师培训体系。以学生的全面发展为目的，通过全员育人教育模式实现人才培养的目标，将青年教师的培训体系纳入与学生共同发展的路径上来，从共同的角度入手将青年教师的培训体系合理化，建立督促青年教师整体素养提升的激励平台，通过评选"三好班级""优秀创业团队""优秀班主任""师德师风先进个人""我心目中的好老师"等称号鼓励青年教师创先争优，思考如何更好地在对大学生进行知识传播的同时进行思政教育。

4. 搭建青年教师与大学生供需闭合的文化熏染平台

青年教师与大学生在教学环节、生活细节中交流互动、互相鼓励，并通过共同体建设共同完成学术科研任务、创新创业项目、评奖评优目标，在这个共同努力的过程中更深层次地加深情感交流，形成更为稳固的文化氛围并继续传承下去。具体搭建青年教师与大学生的文化熏染平台需要站在师生供需关系的角度，从精神引导、制度指引和案例传承上下功夫。即精神的引导要依靠学校整体师德师风的氛围渲染，将青年教师的职业理想与大学生的成长追求相联系；制度的指引要依靠学校对青年教师工作任务的具体要求，将青年教师的工作目标与大学生的发展目标相联系；案例的传承要依靠优秀青年教师成长案例的集中宣传，将青年教师的个人价值实现与大学生的综合素养提升相联系。在网络文化引导方面：一要开源，构建覆盖校园网络和公共网络的文化在线教育平台，使大学生受到硬知识和正能量的教育与熏陶；二要节流，加强和改进网络文化管理，做到对网络信息的准确研判和严格把控，从源头上过滤网络中的消极文化因素，净化网络空气，保证网络安全与稳定，营造和谐的网络文化氛围；三要疏导，将网络素养教育作为大学生思政教育的重要内容，提高大学生对网络信息甄别和取舍的能力，使大学生能够正确看待网络文化现象、文化舆论和文化思潮，提升文化自信、文化责任和文化担当。正确看待当代文化、传统文化与西方文化之间的关系。就中外文化的关系而言，要教育大学生秉持文化自信与文化自谦的理性心态：既要坚持文化品性，对当代中国文化的未来发展保持自信，又不能夜郎自大、唯我独尊；既要尊重文化的多样性，吸收其他文化的优长为我所用，又不能崇洋媚外、奴颜婢膝。

因此，加强三个体系间各要素的关联程度，减少各要素间的对立与冲突，畅通整个生态系统的反馈调控渠道，实现整个生态系统的物质循环、能量流动和信息交流，使不同体系的诸要素能够协同将社会主义核心价值观教育融入大学生网络生态系统教育中。

第八章　生态观视阈下思政教育的实施价值

第一节　思政教育生态观的培养

生态观是人类在生态系统中进行世界观的概括，是对生物与生物之间关系问题的基本认识，它指导人类认识和改造自然，核心在于对人与自然关系的认识，可以说它是一种科学的思维方法。对于思政教育本身，生态观面对的是动态的、发展的社会环境，重点在于发掘人的主体性，推进人的全面发展，在满足人的需要和人的全面发展中，要考虑人与自然、人与社会的关系以及如何从生态角度去把握。

一、思政教育的生态观

思政教育中的生态观是当代思政教育适应现实社会的挑战和诉求的逻辑产物。本书对思政教育生态观的内涵采用了王传礼的界定，即思政教育生态观是把生态思想渗透到思政教育的全过程，体现思政教育观念的现代转换，反映思政教育现代化的一种新的思政教育观。它从人与自然相互依存、互惠共生的生态前提出发，启发、教育、引导人们正确认识和处理人与人、人与社会、人与自身的关系。因此思政教育生态观规定了三个基本问题，即在反思人与自然的关系的前提下，如何解决当下人与自然的矛盾；如何在思政教育生态观的指导下把握和解决当前所面对的挑战与危机；如何让思政教育生态观满足生态文明建设的需要。

（一）思政教育生态观的表现形式

当前我国学者对思政教育生态观表现形式的说法众多，至今还没有达到统一的认识。

151

1. 培养科学的生态意识

生态意识能够决定人们对待生态自然环境的态度和行为方式，它是人类最基本的、与人类的主体意识密切相关的意识。学者余谋昌认为，生态意识是一种独立的崭新的意识形态，反映人与自然之间均衡发展的价值观念。长期以来人类在改造自然的过程中，进行了一些不合理的实践活动，导致资源短缺、环境污染等生态问题，生态系统受到了很大程度的破坏，而人类在面对当前的诸多生态问题时不可避免地会产生对自身的思考和反思，这就构成了主体自身的生态意识。

生态意识蕴含着丰富的内容，包含生态价值意识、生态忧患意识、生态道德意识、生态科学意识等。思政教育生态观通过思政教育开展的实践活动来树立和培养生态价值意识，以利于人们在实践活动中树立正确的价值取向以及价值评价标准；培养生态忧患意识，帮助人们认识生态危机产生的原因及其根源，指导人们要勇于承担生态危机产生的负面影响；培养生态道德意识，对自身或他人的行为有正确的道德判断，理性分析当前日益严峻的环境与发展问题并明确自身的责任和义务；培养生态科学意识，以科学的视角来审视自然和指导实践，系统科学地改变生态困境、解决生态危机。

2. 构建生态道德教育机制

所谓生态道德教育是教育者从人与自然和睦相处、相互依存的生态道德观念出发，以提升生态道德品质和生态道德意识为目标的教育活动，以为更好地享用生存空间以及人类长远利益为引导，使受教育者自觉形成爱护生态环境以及生态系统的思想觉悟、生态保护意识和相应的文明习惯。生态道德教育伴随着人类社会文明的发展进步而产生，是一种崭新的思政教育实践活动，其实质在于提升人们的道德意识水平，呼吁人们在道德理念的约束下维护生态平衡和加强对非再生资源的可持续利用，用道德标准来约束自己的行为，主动承担维护生态系统平衡的责任。从本质上来讲，生态道德教育就是对人的素质教育，它的教育内容非常丰富，重点在于如何促进人的全面可持续发展并提高生态道德素质，具体包含生态道德知识教育、生态道德规范教育、生态道德意识教育、生态道德养成教育。面对日益严峻的生存环境和生态危机，要想实现生态系统均衡、构建社会主义和谐社会，就必须在社会中普及生态道德教育。然而，普及生态道德教育不是一朝一夕就能实现的，它是一个复杂而系统的工程，不仅强调代内公平，也注重代际公平，既要求人们对自身的生存环境负责，又要为后世子子孙孙的生存发展予以充足的资源和空间保障，以谋求自然价值与人类自身价值的统一，最终实现人与自然的和谐均衡发展。因此，要使生态道德教育的理论转化为人们对生态保护的行为和意识，发挥生态道德教育的实效性，就需要全力构建生态道德教育机制。

3. 树立积极的价值引导

生态观的发挥需要价值观这种表现形式来传扬。传统的工业社会时期以"人类中心主义"为主导价值观，"人类中心主义"传递的理念实质上是以自身生存为目标的，将人类的生存发展置于自然万物之上，并要求所有的社会实践活动都以该价值目标为准则去遵循。人类在面对自然时处于主导地位，处于有利的一方，而自然则成为人类认识及改造的客体，在涉及人与自然关系的问题时，人类通常会尽最大的努力满足自身的需要去创造价值和财富，这就不可避免地对自然进行改造，以至于违反了自然的内在发展规律，这个时候就急需生态价值观来发挥作用去调节并规范人类的破坏行为，促使二者协调发展。

"非人类中心主义"倡导人们在满足自身生存发展的同时也要尊重生态平衡，突破"人类中心主义"价值理念的束缚，正确认识人与自然的辩证关系。"非人类中心主义"价值理念存在的基础和意义在于它不但承认自然发展的内在价值和规律，也正确引导人与自然和谐共处的理念。"非人类中心主义"的观点有利于生态文明的建设，但是它忽略了人与自然的相互平等。因此，我们要树立正确的主导价值观，确立整体利益的观念，促使公众由"经济人"向"生态人"转变。

（二）思政教育生态观的意义

1. 思政教育生态观能够促进人的全面发展

当前，人们致力于缓解日益严重的生态危机以及严峻的生存环境，不但在于为人类自身提供一个优越的生存发展环境，而且在于促进人与自然的均衡发展，进而实现社会的可持续发展，其本质目的还是实现人的全面可持续发展。人是社会中的人，具有典型的社会性，人无论是生存还是发展都离不开社会这个大环境，因此可以说，人的全面发展需要良好的生态环境予以物质条件上的保障。与此同时，思政教育活动是促进人全面发展的重要手段和方式。因此，应该充分发挥并实现思政教育的育人、导向、激励、调节功能，使思政教育生态观发挥时效性，教育并引导人们正确认识人与自然、人与社会以及人与人之间的关系，深刻意识到自身对自然、对社会以及对人类所担负的重任，形成积极正确的自然观、发展观、价值观、生态道德观，最终实现人的全面发展。

2.思政教育生态观能够缓解当前的生态危机

长期以来，征服和改造自然的胜利使得"人类中心主义"的价值观念盛极一时，即把人类当作地球的主导，理所当然地把人类自身凌驾于自然之上。事实上，生态问题就像一面镜子，不仅反映了不断恶化的生存环境，也揭示了现代社会发展中的问题。我国当前面临的生态危机表面上看是由于人类不合理的行为，肆意地开发、浪费自然资源，忽略了自然环境的承载能力和可持续性，本质上却在于价值观以及复杂的文化背景。人类在发展中不断反思，现代人们所崇尚的急功近利和享乐主义的价值观是现代生态环境危机越演越烈的始作俑者。思想被看作行为的先导，人类若不改变自身不正确的价值观念和思想观念，不深刻自省，就难以改变目前的生活方式和生存方式。而思政教育生态观就是在不断提高人们的认识水平和思想道德素质，培育和造就现代社会的"生态人"，以适应生态文明建设的时代性。

二、思政教育生态观培养的路径选择

（一）构建科学的生态心智模式

生态政治是以政治为视角研究生态环境问题，进而使政治和生态环境形成相辅相成的关系，将政治和生态合理地统一起来，最终促进政治与生态环境和谐、持续、协调的发展。生态危机的产生和发展，推动了国与国之间的政治关系以及国际政治生态化的演变，最终形成了生态政治观。当前由于人类过度向大自然索取能源与资源，生态问题日益严峻，保护生态环境刻不容缓。政治是人类的政治，是社会的政治，当人类繁衍生息受到生态失调的威胁时，政治作为一种手段、措施必然会延伸到自然界领域，生态政治观应运而生。

1.促进新型生态政治的发展

首先，生态政治观要求政府以政治化的手段来规范决策行为。政府可以通过制定政策和规章制度、颁布法令等行为直接干预环境保护、影响经济发展模式以及公众行为，政府的这些行为都会间接地对环境造成积极影响。生态政治观的确立，有助于调动公民参与生态环境治理的积极性，进而影响到政府的决策。其次，将公民政治参与行为与生态有机统一。日益恶化的生态环境和严峻的生态危机会激发公民政治参与的欲望，公民政治参与生态统一也将有利于生态环境保护。最后，有助于促进政治教育与生态结合。教育是人类改造自身的实践活动之一，在教育的过程中不仅应当包含人与自我的关系，人与人、人与社会之间的协调，也应该包含人与自然之间关系的协调。这意味着政治教育不仅是精神文化的具体表现，也没有与自然界相悖。将生态学与政治教育有机统一，使得政治教育的基本原理、知识融入政治教育中，使受教育者的文化素养和政治意识上升到人类的生存意识高度，以此提高受众的环境素养。

2. 提倡资源节约型消费观

消费作为人类生存与发展的基本条件之一，它基本彰显着人与自然的关系。在传统的工业社会，人类大肆向自然界索取原材料，以消耗自然资源为代价来满足人类物质需要。即人类的每个活动都会消耗一定的自然资源，并且随之产生各种各样的废弃物，这些行为必然会影响自然环境。正因为如此，只有转变人们原有的消费观念，提倡资源节约型消费观，崇尚节俭、提倡适度消费、参与绿色消费才会有效地解决资源浪费、环境污染和生态失调等目前威胁人类生存和发展的问题。提倡资源节约型消费观使人们的消费行为不仅与国家、社会相联系，还能够与自然环境相联系；使人们的消费行为不仅以满足当代人的需求为目的，还会为子孙后代的利益考虑。倡导这种与生态和谐发展的消费方式，应该发挥思政教育生态价值的作用，在全社会范围内提倡科学的消费行为，摒弃以破坏环境换取经济增长的不合理消费观念，引导公众迈向生态消费之路。

3. 确立正确的科学技术观

科学技术在促进人类社会和经济发展的同时也会对人类的生存与发展带来消极后果，可谓是把"双刃剑"。正如爱因斯坦的论述："科学是一种强有力的工具，怎样用它，究竟是给人带来幸福还是带来灾难，取决于人自己，而不取决于工具。刀子在人类生活中是有用的，但它也能用来杀人。"人们在享受科技发展带来的巨大物质和精神财富的同时，却又不得不重视科技能够直接或间接地危害到人类的生活和健康，如人口过快增长、能源和资源枯竭、环境污染和生态破坏等问题，面对这些问题，必须树立正确的科学技术观，倡导生态科技和绿色科技，不仅要承认科技发展所带来的正面影响，而且应对其产生的负面影响加以重视，并采取相应的措施，将其负面影响降到最低。首先，通过科技发展过程中产生的诸多案例及其发展的多元化，引领人们对科技进步与社会发展的关系树立正确的认识，坚持可持续发展理念和科学发展观，尽量减少或避免将要发生和正在发生的生态问题；其次，开展科学技术观教育，揭示出科技发展对人们的积极和消极影响。科技本身并不具有双重性，双重性是由科技应用所处的社会条件决定的，科技应与人类社会协调发展。

（二）构建良好的生态培养体系

生态道德的建设是我国生态文明建设的一个重要内容，它是涉及人与自然相互关系时人们所要遵循的行为准则、责任意识和道德规范的总和。德国环境教育协会的研究发现，通过学校教导的生态环境知识，只有10%左右能够转化成学生自身的环境意识，而将这种意识内化响应的行为的概率仅有10%。因此可以推断出，学校传授的知识转化为实际行动的转化率为1%。如何才能实现有效的学习，该调查也给出了研究数据，通过阅读可转10%，仅听可转20%，又听又看可转30%，在讨论中可转50%～60%，动手实践可转75%，而向别人讲述是最高的，可转化为90%。因此，开展积极有效的生态道德教育，对缓解我国当前的生态危机具有重要的现实意义。生态道德教育涉及社会的各个领域，是一个复杂的系统工程，归纳起来就是在学校、家庭与社会三个主要领域中协调进行。

学校教育是思政教育理念传播的主要基地，它在对人的生态道德教育中起着主导作用，它不仅培养学生的生态道德理念和环保意识，更能增强学生处理问题的责任和能力。为此，学校要承担起生态道德教育的责任，为构建可持续发展的社会主义和谐社会奠基。

第一，正确树立教育系统的思政教育生态观。生态道德教育不是一朝一夕就能实现的，它需要一个长期的潜移默化的教育过程，其教育目标就在于全面提高学生的综合素质。首先，在中小学阶段，教育者应尽量避免单向的灌输，应该激发学生参与课堂讨论与社会生态实践的积极性，在教育的过程中明确学生在生态建设中的道德伦理责任，这个阶段尤其是中学阶段的学生开始由半成熟向成熟转变，在参与生态实践的过程中更应增强自身的责任感与成就感。其次，中小学阶段的生态道德教育可以说是至关重要的，一旦受教育者在这个基础上自觉行动起来，就会自觉履行生态建设的义务，内化为自身的信念，外化为一种良好的行为习惯。最后，大学阶段的生态道德教育则应该以研究性学习为主，让学生参与讨论与决策的过程中，以当前社会中生态问题为案例并寻求解决方案。与此同时，制定生态危机产生的道德评判标准，鼓励学生探求我国生态危机产生的主导价值观以及它的存在基础。

第二，开设思想政治道德教育方面的课程。将思政教育的生态价值纳入各级教育系统的教育内容，在各阶段尤其是中小学阶段开设生态道德相关的必修课程；根据不同年龄段学生身心发展的特点以及接受能力编写教材，来增强受教育者的道德认知能力，以利于他们今后的道德判断和行为选择。学校应当始终贯穿以人为本的基本国策，在各学科渗透环境教育的基础上，通过专题教育的形式，引导学生关爱自然，关注学校以及社会的环境问题，使学生能够获取科学的生态道德知识，培养他们对环境的友善态度以及价值观。学校也要充分发挥自身的地位和技术设备优势为教师提供培训与技术支持，以保证我国各级教育系统对生态道德建设起到积极的作用。

第三，加强教育者的生态道德意识。教育者具有良好的生态道德知识固然重要，但这不是重点，重要的是要做好生态道德教育工作，以身作则、为学生树立榜样是教师的职责所在，这在本质上也是一种形象感召力。可以说，教师也是在潜移默化中建设着德育教育内容。因此，应将继续教育和教育者岗前培训相结合，在建设师资队伍过程中普及生态知识，全方位、多渠道强化教师技能。一旦教育者完善了知识结构并对环境科学产生了正确的认识，他们就会很好地在自身教学中践行。

第四，加强在校园文化建设中渗透生态德育。生态德育作为一种生态教育活动，追求人与自然、与校园文化以及与家庭和社会的和谐统一。整合和挖掘学校的教育资源，创新德育方法与途径，把传统德育与生态德育相结合，在校园文化建设中渗透生态德育，以德促教。苏霍姆林斯基曾说："让学校每一面墙壁都会说话。"这充分说明校园环境对学校德育的重要性，通过营造具有浓郁书香气息、积极向上的校园文化气氛，渗透生态德育。在2018年全国高校校园文化建设成果评比中，各个高校都以自己独特的形式发挥校园文化在渗透生态德育中的积极作用，以南开大学为例，它的主题是打造文化育人的"排头兵"，依托学生合唱团推进"公能"素质教育，学生在参与校园文化建设过程中不仅自身能够受到熏陶，也能将这种文化理念在校园以至社会中传播发展。

第五，争取在制度建设上有所成就。不断完善原有的不合理校规校纪，加入评估机制，将思政教育塑造"生态人"的使命与综合测评、奖学金标准、学生评优、干部竞选以及入党等内容直接挂钩，形成良好的奖惩机制，最大限度地提高学生关注生态、保护环境的积极性和使命感。

第六，增强学生的道德主题实践互动。在参与中学习反思是渗透生态德育的重要手段。近年来一项由《中国少年报》发起的环保教育活动得到全国青少年的大力支持和积极响应，即组织青少年儿童对废物进行回收分类以及再利用，并将这种环保的行为转化为一种理念灌输到青少年儿童思维中，将回收利用资源这项事业从娃娃抓起，从而牵动全社会。在这项实践活动中，环保专家给出了专业的数据，回收一吨废纸可再生产 800 kg 可使用纸；节约使用 400 kg 煤就可以发电 521 度。这样具体的调查数字使参与活动的学生深有觉悟并培养了他们保护环境、资源再生的责任意识。这样的社会实践，不仅极大地锻炼了受教育者，还可以感染更多的人加入环保队伍中去。

（三）构建生态文化建设的大平台

1. 完善生态建设中的公众参与机制

环保意识越高，公众的环保行为参与度也越高；环保满意度越高，公众的环保行为参与度也越高。因此，公众对环保活动的参与度是当前环保教育的关键。而调查数据显示绝大多数公众的环保参与经历仅限于通过大众传媒获得，参加环保公益相关活动的比例仅为 18.1%，参与环保宣传过程仅为 4.2%，有12.9% 的公众环保经历为零。综上所述，思政教育要不断优化生态文化建设的公众参与机制，公众主要在参与生态建设决策、参加生态文明建设和参与生态问题监督三个方面来实现有效的公众参与。

公众参与生态问题的决策中，既能有效地反映公众呼声、满足生态发展的需要，又能确保政府决策的科学性和民主性。政府有为公众提供公共产品的职能，其中就包括提供良好的生存发展环境。当生态环境问题出现，政府在制定相关政策法规由于信息不对称而无法有效决策时，就需要听取公众的意见，减少决策的随意性和盲目性，增强决策的合理性和科学性。此外，当一项决策取得广大公众的接受和认可时，这项决策的执行也会得到广泛的支持。

公众对环保活动的参与度是当前生态教育的关键。这主要落实在志愿者行动和环保义务劳动中，通过开展义务的植树造林、旧物回收再利用、垃圾分类投放等活动，不断规范自身的行为并培育公众良好的生态理念，激发公众对生态保护的自觉性和积极性。同时配合志愿者活动开展形式多样的宣传活动，与世界环境日等重要节日相联系，营造良好的宣传氛围以取得最佳的效果。公众作为生态问题的直接利害关系人，是生态环境监督的重要力量。一方面对各级政府和执法部门进行监督，督促执法部门认真履行监管和生态环境保护的职责。另一方面对社会中已经发生和有可能发生的危及生态环境的问题进行监督。

2. 发挥生态旅游业的倡导作用

生态旅游是指倡导爱护环境的旅游，或者提供相应的设施及环境教育，以便旅游者在不损害生态系统或地域文化的情况下访问、了解、鉴赏、享受自然及地域文化，它强调在生态旅游过程中融入环境教育和生态道德教育，使生态伦理观、生态善恶观、生态责任义务内化为游客的道德规范和自觉行为。因此可以说，生态旅游是带有科普色彩和生态科教的专项旅游活动。生态旅游不仅具有认识、享受、保护自然及文化遗产的作用，还关注文化多样性和自然生态，强调对自然和社会负责。

寓教于游是发挥思政教育生态观塑造"生态人"效用最有效、最直接的方式。一方面，针对旅游高峰期，组织旅游者开展具有丰富性、趣味性的生态公益活动。有针对性地对不同阶层、不同年龄段组织不同的活动进行思政生态观教育，以此促进人们生态道德的回归以及生态意识的提升。另一方面，充分利用现有的生态教育的基础设施并不断建设完善，如科普馆、陈列厅、生态教育馆和博物馆等，开展有关生态旅游的征文活动和摄影比赛，激起游客的积极性和创造性。以张家界国家森林公园为例，它是我国生态旅游的一个成功案例，其以优美的环境和神奇的地貌向全世界展示森林公园的风姿，与此同时，园区制订了管理条例，如把游客数量控制在环境的承载范围内，确保将收入的一定比例用于公园的自然保护等。可以说，它为游客带来了一个更新观念和提高对森林价值与生态环境的再认识。

3. 发挥生态文学的引领作用

我国生态文学起步较晚，21 世纪初期，欧美的生态哲学和生态文学成就被系统引进，为我国生态文学的发展提供了重要参照。至今，我国生态文学的主要成就表现在展现危机、感悟自然和反思根源方面。但我国的生态文学还有很大程度的发展空间，在生态问题日益成为各界关注焦点的情形下，文学对生态还显得较为冷漠。我国学者王诺作为生态文学研究领域的开拓者之一，对生态文学给出了定义，即生态文学是基于生态整体主义，以生态系统的整体利益为价值准绳，探究人与自然关系和生态危机的社会根源的文学。

首先，注重生态整体观的弥补是发展生态文学的重要前提。我国诗人在感悟大自然时大多注重对自然的描绘和赞美，借此来抒发文人情趣和理想，主要立足点在于人，缺少对生态文学的描写和生态思想的思索。生态文学的发展对广大创作者提出要求，以联系观和整体观出发，以生态责任意识为生态系统立言，辩证看待人与自然的相互依存关系，深入探讨人类适度开发利用自然和超越自然承载力的掠夺、摧残的区别，以及对生态平衡的重建与恢复等问题。

其次，展现危机与反思根源是生态文学发展的关键。面对日益严峻的生存环境和生态现实，文学作品的渲染和传播在当今尤为重要，它不但能唤起公众对生存环境的忧患意识，更可以呼吁大家参与到生态环境的恢复与重建当中。当然这还远远不够，我们更要从根源上进行反思和批判，并以此为基础弘扬生态世界观和价值观，将生态文学发展繁荣下去。

最后，注重社会学家和生物学家在生态文学领域的参与。生物学家不仅要为同行写书，还要为广大读者写书，不仅要讨论微观的生物学问题，还要讨论曾经被社会学家垄断的问题。社会学家阅读和思考生物学家的著作，而后重组自己的知识和思想结构。其结果岂止是双赢，更是全人类思想的升级。可见，社会学家、生物学家的联盟不仅能拓宽创作思路，紧跟时代需求，更能将生态文学的发展引入一个新境界。

第二节　生态观视阈下思政教育的价值

一、思政教育生态观的价值

思政教育是否具有生态价值，能不能实现其生态价值，这都取决于生态是否有价值，生态价值是思政教育生态价值实现的基础。

（一）生态价值观

生态价值观是在 20 世纪中叶以来形成的生态伦理学的基础上产生和发展起来的。传统的伦理学研究的是人与人、人与社会的道德关系，仅仅认识到了人对社会的依赖性，却忽视了人对自然界的依赖，所以并不涉及人与自然的道德关系。一直以来，关于对自然界的认识始终存在着一个误区，那就是不管在东方还是在西方人们都认为自然界本身是没有价值的，人类可以随意地开采和利用、人与自然的关系是一种征服与被征服的关系。受此影响，人们借助科学技术的发展以及人们理性能力的提高，开始了对自然界的残酷的掠夺性的开发，在满足人类利益的同时也造成了对生态环境越来越严重的破坏。当人类通过反思自己的行为并且产生出强烈的忧患意识以后，以环境保护为主的思想不断产生，世界范围内的环境保护运动也逐渐兴起，生态伦理学就是在这样的背景下产生的。

生态伦理学承认自然界的价值，强调人与自然是平等的，人与自然同是地球的重要组成部分，从而把道德关系扩展到生命和整个自然界之中。生态价值观就是在此基础上形成的，它认为，人类仅仅是自然界中的一部分，与自然界中其他的生命存在是一样的，并不比其他的物种高贵，而且如果人们认识不到自然界的内在价值，仅仅认为自然界只有工具性价值，就会破坏整个生态系统的生态平衡，导致生态危机。生态价值观要求人们尊重自然，与大自然和谐相处，认为人类是全球生命中的一部分，不能唯我独尊，应该关爱其他生命形式，维护整个生态系统的稳定和持续发展。

目前人口膨胀、资源短缺、环境污染、水土流失等生态问题日益严重，在一定程度上直接危及人类的可持续发展。要改变这种严重的生态危机，实现社会的可持续发展，以进一步实现人的全面发展，我们必须抛弃"人类中心主义"价值观，坚持科学的生态价值观，结束过去那种一味地向自然索取的状态，建立一种新型的能够与自然和谐相处的伙伴式关系。承认生态价值，维护自然界的稳定性、平衡性和多样性，与自然和谐相处，促进人与社会的持续发展。

（二）思政教育生态价值的概念

思政教育生态价值，就是在生态价值的基础上建立的通过改变人的思想和行为，调节人与自然的关系而体现出来的思政教育活动对生态的意义和作用。思政教育生态价值表现为思政教育对生态的价值，这个价值直接作用于生态，维护生态平衡，具体说来表现为正价值、零价值和负价值。长期以来，思政教育生态价值忽视生态价值，只注重政治价值和经济价值，这时思政教育生态价值就是零价值。思政教育生态价值是通过思政教育对人的培养、教育体现出来的，当思政教育能够教育人们采用合理的生产方式和消费方式，对生态系统的运行起积极的促进作用时，思政教育生态价值就是正价值。如果人们采用的是破坏自然环境、枯竭资源、破坏生态平衡的生产方式和超前消费、过度消费等错误的消费方式，这时思政教育生态价值为负价值。

思政教育价值按照不同的标准可以分为不同的类型。按照价值主体的不同，思政教育价值可以分为个体价值和社会价值，思政教育的社会价值是指思政教育作用于政治、经济、文化和生态等所呈现出的政治、经济、文化和生态价值，这几个方面相互联系、互相影响。

二、思政教育生态价值实现的途径

思政教育生态价值的实现，是思政教育的价值在思政教育的活动过程中，被人和社会接受的过程。当被主体接受的时候，思政教育的生态价值由潜价值变为显价值，这才是价值的实现。如果主体没有接受，那么思政教育的生态价值只是潜在的价值，价值就不能得到实现。思政教育生态价值的实现，就是要通过思政教育活动，使人们接受生态教育，让人们在思想观念上认识到生态平衡的重要性，接受人要与自然和谐发展的思想和观念，在人们的行为上，主动保护自然，发展生态科技，实践科学发展观。

（一）加强人们的生态观教育

1. 加强思政教育的生态道德意识的灌输

思政教育生态价值的实现，就是要提高人们的生态意识，正确的生态意识才能指导人们爱护自然、保护自然，实现与自然的和谐相处。正确的生态意识不会主动出现在人们的头脑中，这就要求思政教育者给人们灌输正确的生态思想。

（1）发挥学校、家庭、社会的作用

培养学生的生态道德意识，是提高全民族生态道德意识的关键。根据学生的特点，要求教师在各门课程的教学和各种课外活动中渗透生态道德教育，逐渐使学生认识到自然是人类的朋友和伙伴，不能破坏自然环境，破坏环境就是破坏人类的家园。教师要充分发挥学生喜欢课外活动的特点，让生态保护的课堂走出教室，让学生充分接触大自然。例如，组织学生春游，培养他们对大自然的热爱之情；在3月12日，组织学生参加植树活动，告诉大家森林是地球之肺，教育学生懂得树木对人类的意义，没有树木和森林，水土就会流失，土地就要沙漠化，人类就会死亡；还可以组织环保知识竞赛等活动，以达到寓教于乐的目的。

首先，高等学校是国家培养各行各业建设者和管理人才的专门场所，对大学生来说，学校可以通过专门开设环境保护类课程，将生态道德教育纳入伦理课程；或专门开设有关选修课程，组织社会实践，亲身感受生态环境对人类发展的意义。大学生生态道德意识的灌输，有利于他们毕业后在工作岗位上做出正确的环境决策，同时也有利于带动全民生态意识的提高。

其次，家庭教育是生态道德意识灌输的基础阵地。除了学校教育是生态道德意识灌输的主要阵地之外，家庭教育也是不可忽略的重要部分。家庭是学生的第一个生活环境，父母是孩子的第一任老师。家长应该重视和掌握思政教育的生态价值内容，在日常生活中以身作则，言传身教。如教育自己的孩子不在公共场所吐痰、乱扔纸屑，节约用水，少食用或不食用野生动物，不攀折小树，不践踏草坪，等等。父母为孩子树立了良好的榜样，孩子才可能成为环保的积极分子。如果所有家庭成员都有良好的生态意识，那么孩子在耳濡目染中也会形成生态道德意识。

最后，社会教育是生态道德意识灌输的最终阵地。社会教育有着不可替代的作用，每个人终将走出学校，踏上工作岗位，处于社会之中，因此，社会整体性的灌输教育尤为重要。

（2）运用科学的生态道德教育手段

首先，生态道德教育要注重知情结合。道德教育是一个知、情、意、行相结合的过程。其中，知是人们对某一现象的道德认识，道德教育是从道德认识开始的，但是如果仅仅把生态道德知识作为一种毫无感情的文字或者标语，那就很难对人们的心灵产生教育作用。在这种情况下，人们往往会对这种生态道德知识视而不见，看似轰轰烈烈，实际上不会对人们的内心产生任何震撼作用。人们常常在街上看到"爱护环境，人人有责"的标语，实际上很多人只以为这仅仅是环卫部门的事，与自己没有任何关系。

其次，思政教育的生态道德教育应注重主次结合。生态道德教育是个纷繁复杂的系统，只有分清主次，才能取得好的效果。提高人们的生态意识，是一个逐渐递进的过程。保护环境，加强生态意识教育，从娃娃抓起，这是生态道德教育的长远考虑。但是目前生态问题日益严重，改变这种现状是当务之急，所以目前思政教育的生态道德教育的主要对象是生态问题的制造者，要对他们进行生态意识的特殊教育。他们生态道德意识的提高，能够直接体现为生态环境的改善，能够为人们所直接感受到。但是，生态问题制造者的人生观已经形成，要改变这种已经很稳定的观念是很困难的。只有思政教育者进行细致耐心的教育和劝导，才能达到生态意识提高的目的。

最后，思政教育的生态意识灌输要注重纵横结合。在生态意识的灌输中，单一的方式仍然存在，所以要变单一性为多样性，形成生态意识的灌输网络。要充分利用家庭、学校、单位街道等场所，让人人成为生态意识的灌输对象，也让人人成为生态意识的宣传者。

2. 明晰生态道德规范

生态道德规范主要包括以下几方面的内容。

（1）尊重自然环境

自然环境是人类社会生存、发展的基础，体现了人类社会共同的价值需求。尊重自然，一方面源于人类及人类社会的生存发展需要；另一方面源于人类的道德善良。我国古代曾有天人合一、道法自然的思想，强调人类不仅要改造自然，更要顺应自然，调整人类的行为以达到天与人的统一，以实现共同发展。尊重自然就应该尊重自然的存在，尊重自然规律。只有在尊重自然规律的基础上发挥人的主观能动性，才不会被自然惩罚。

（2）合理使用自然资源

为了追求经济利润最大化，人类对自然资源的掠夺十分惊人。过多的资源消耗，导致了严重的环境污染和生态失衡。面对这一严峻现实，合理使用自然资源这一规范显得尤为重要。

（3）提高自然利用率，减少生态污染

第一，实行清洁生产，减少废弃物的排放。我国传统的工业生产模式是粗放式生产方式，高投入，低产出，高消耗，高污染。在可持续发展观和科学发展观的引领下，提倡企业采用无污染或轻微污染的工艺，提高自然资源的加工效率，把能源和物质的投入以及废弃物和污染物的产出降到最低，使制造过程产生的副产品不再当作废弃物排向自然界，而是重新利用。

第二，对产品进行绿色包装，减少包装污染。随着商品的不断繁荣和包装工业的迅速崛起，包装废弃物也日益增多。一些包装材料因为难以回收和处理，或回收处理不当，造成了极为严重的生态污染。事实上，很多产品的包装材料并没有被回收利用，还不能进行自行分解，不管它们是被掩埋土中、被倒入江河湖海，还是被焚烧，都会对土壤、海洋和大气等各种生态环境造成严重的污染。这就要求人们在对产品进行包装时，使用可以回收利用或自我分解的材料，使其得到回收利用，回到生产系统，进行循环，或是回到自然生态系统的循环。这样既能降低能源消耗与生产成本，又能减少对环境的污染。

第三，对废弃产品和包装物进行回收利用，实现循环经济。循环经济是指在保持生产扩大和经济增长的同时，建立"资源→生产→产品→消费→废弃物再利用"的生产模式。循环经济是集清洁生产、资源综合利用、可再生能源扩大、产品的生态设计和生态消费为一体，运用生态学规律来指导人类社会经济活动的模式。我国由于长期采用粗放式的生产模式，生态环境已经不堪重负，更加需要这一新型的经济模式以促进人类社会的可持续发展。

（二）正确运用科学技术发展生态科技

1.在生产过程中倡导生态科技

生态科技是科技发展的全新理念和导向，它能够促进人类生产水平以及相应科学技术水平的提高。生态科技的核心是研究和开发无毒、无害、无污染、可回收、可再生、可降解、低消耗、低排放、高效、洁净、安全的技术与产品。传统科技是建立在资本主义私有制和市场经济基础上的，技术的发展由工厂主、企业家和金融寡头等无限度地追求剩余价值的欲望主导着，而激烈的生存竞争、残酷的优胜劣汰、实现价值的欲望则助长了科学技术的畸形发展。传统科技刺激高需求，追求高利润，除此之外别无他求。传统科技极大地促进了生产力的发展，极大地改变了世界的面貌，尤其是经济面貌，但同时它也忽视了自然界的生态平衡，是造成生态危机的重要原因。现在我们要建设生态文明，构建和谐社会，实现人类社会的可持续发展，就要抛弃传统科技，在企业的生产过程中倡导生态科技。

2. 在生活过程中提倡生态消费

按照经济学的规律，生产与消费是一对矛盾的统一体。目前，世界各国都把消费增长作为刺激经济增长的重要方式，过分重视消费对经济发展的促进作用而忽视消费对自然环境的危害。由于国家政策和人们各种心态的影响，现实生活中很多人存在明显的过度、奢侈消费现象。这样的消费方式必然会增加自然资源的浪费，反过来人类又要为此付出代价。生态消费也叫绿色消费，这种消费模式既符合物质生产的发展水平，又符合生态生产的发展水平，既能满足人类的消费需求，又不对生态环境造成危害。

（三）建立科学有序的思政教育评价机制

1. 确立生态道德典范

榜样是一定社会规范和社会行为准则的具体化、形象化和人格化产生。人生活在一定的社会环境中，往往需要通过和他人的交往才能认识到自己的价值和意义。而在社会中，人们总是以代表本时代、本社会的道德人格的人物典型作为榜样、作为仿效的范例或模式，通过自身的努力争取在自己的身上得到实现。

在某一个群体范围内，树立一个榜样对人们的道德选择有着十分重要的作用，因为它能激起人们的情感、感染人们的情绪，并磨砺人们的意志，最终唤起人们的社会良知。榜样的存在体现了一种道德理想，它把人的道德理想与社会行为的最佳结合方式揭示出来，以明确的道德评价升华人格，催人奋进。榜样对人们的影响是通过感染、暗示、模仿等形式渐进地发挥作用的。社会榜样对道德主体的影响，一开始从一些外部的、表面的特征开始。在表面的、外部的影响过程中，榜样的内在精神也随之潜移默化地注入道德主体的心灵，进而转化为自身的自觉意识和内在要求积淀下来，从而影响道德主体对社会道德的自觉选择，使道德主体的行为在社会榜样的不断激发下，不断地趋向善的境界。

社会各部门、社会各阶层，都应该采取行动落实可持续发展观和科学发展观，坚持生态道德准则，从我做起，每一种行为都从环境保护入手，防止环境污染和对生态的破坏。

2. 强化制度保障

生态环境保护只靠道德的作用是不够的，道德的作用主要表现在对人们行为的规范和诱导上，但是道德对严重损害他人和社会的行为只能谴责不能制裁，道德不具有强制约束力，而法律正好可以弥补道德的这种不足。法律依靠国家的强制力为后盾，既可以引导、推动人们保护环境，也可以对人们破坏环境的违法行为进行惩罚，以达到防范的目的。

目前，我国生态保护法律体系还不健全，这就要求立法机关制定出体现环境正义和公平的环境法律。近年来，我国颁布了《中华人民共和国土地管理法》《中华人民共和国大气污染法》《中华人民共和国野生动物保护法》等法律，但是还不能满足实际的需要，所以要对现有法律进行修改，补充实施细则，并且要大力宣传，在全社会普及法律知识，以弥补法制不健全带来的问题。在法律的制定过程中，充分吸收大众的意见，这也是一种对新制定的法律的宣传方式。

立法的健全是执法的基础，有法必依、认真执法才能体现法律的作用。目前，我国的执法机关，由于各种原因，并不能做到有法必依，甚至出现了有法不依的情况。对此，要加强监督部门的监督力度，制定相应的奖惩措施以保证各类环境保护法律的执行。健全生态保护的法律体系，也要建立健全保证生态保护法律贯彻执行的制度，只有这样，才能发挥生态保护法律的作用，引导人们保护环境，防范对自然环境的破坏。

3. 积极营造生态保护的社会氛围

社会氛围，即社会环境，就是在人们生活的周围环境中，人们对某一问题的一致看法，对人们的思想和行为起着潜移默化的影响。"近朱者赤，近墨者黑"，这句话充分说明了周围环境对人们的影响有多大。健康、文明向上的社会氛围，对人们形成优秀的思想道德品质有巨大的推动作用；而不良的社会氛围，各种消极的和腐朽的观念会使人们悲观、消沉。

我们要培养一种生态保护的社会氛围，使尊重自然、热爱自然、与自然和谐相处的思想深入人心，使生态保护成为人们在处理与自然关系上的首要选择。社会氛围的培养主要是通过舆论的导向作用来实现的。现代社会舆论工具很多，如报纸、杂志、网络、广播、电视等。充分发挥大众舆论的作用，坚持以正确的舆论引导人，大力宣扬生态保护的重要性，警示生态危机的严重性，引导社会形成爱护环境、保护环境的新风尚。

第九章 生态观视阈下思政教育的实施策略

党的十八大报告明确指出，建设生态文明，是关系人民福祉，关乎民族未来的长远大计，所以将生态文明建设纳入社会主义现代化建设的总体布局。生态文明建设的一项重要任务就是生态价值理念的宣传教育。将培育人的生态道德纳入思政教育的范畴，既是时代赋予思政教育的使命，也是思政教育的价值自觉。当前，随着生态文明建设的地位和作用日益凸显，思政教育生态价值也越来越重要。

第一节 优化生态观视阈下思政教育环境

思政教育环境是指，在思政教育过程中，影响思政教育的一切外部因素的总和。其主要由媒体要素、精神要素、制度要素构成。环境虽然不能在完全意义上决定教育的各个方面，但环境对教育的作用是显而易见的。马克思曾经说过："既然人的性格是由环境造成的，那就必须使环境成为合乎人性的环境。"人的生存和发展总是处于一定的环境当中的，思政教育实践的社会环境对人的思想政治品德的形成无疑发挥着非常关键的作用。对普通的思政教育受教育者而言，很难做到"出淤泥而不染，濯清涟而不妖"的境界，因此要最大限度地发挥思政教育的作用，提高思政教育的时效性，建立科学优化的思政教育环境迫在眉睫。

一、充分利用主流传播媒体，优化思政教育的舆论环境

在信息技术迅猛发展的现代社会，思政教育要发挥其作用，离不开主流传播媒体的支撑。重视主流传播媒体的影响力和渗透力，优化思政教育的舆论环境，一是充分发挥文化产品的道德育人功能，创作更多讴歌高尚情操、反映主

流道德价值的优秀文化产品，使人们从丰富的文化产品中汲取精神养分、感悟道德力量。二是积极适应时代的发展步伐，丰富和创新道德建设的载体，在创新运用现有的广播、电视、报纸、杂志、板报等宣传阵地的同时，提高对互联网在思政教育中所起作用的重视，充分发挥国际互联网内容丰富、信息量大、传播迅速、时效性强的优势，利用 QQ、微博、社交网站等群众喜闻乐见的网络交互方式，让不同层次、不同样式的载体竞相发挥武装人、鼓舞人的重要作用，使思政教育更加生动活泼，效果更加深入持久。三是以信息技术为媒介的思政教育必须改变传统的说教方式，要对主流文化和核心价值观进行深入挖掘，力求升华，不断推出精品，增强社会主义先进文化的辐射力和影响力，营造积极、健康、向上的网络环境，加快构建技术先进、传输快捷、覆盖广泛的现代传播体系，发挥互联网、移动数字电视等新渠道以及信息网络设施在传播中的突出作用。

二、密切关注心理情感空间，优化思政教育的心理环境

思政教育是一项教育人的工作，通过思政教育活动使被教育者达到知、情、信、意、行的统一，然而在这一过程中充满诸多矛盾。这些矛盾在深层次上体现在认识、情感、意志、态度等心理因素中，在浅层次上表现为人们某种心理上的不平衡。在思政教育过程中，要科学运用心理学知识，对被教育者心理活动规律进行分析，把握被教育者的思想动态，并控制和引导其行为。同时，还要重视情感因素的作用，通过与教育对象的积极的情感交流，调整、缩短甚至消除与教育对象的心理距离，增强教育对象的信任感，主动激发教育对象的积极性、创造性和主动性，这样的教育活动才能达到预期目的，才能提高思政教育的针对性和实效性。

三、广泛调动社会各界力量，优化思政教育的社会环境

构建优化的思政教育环境，需要学校、政府、家庭等社会各方面的关心和支持，还需要调动和运用社会上各个方面的力量参与到思政教育活动中来，使学校、家庭、单位、社区、各种社会机构等成为思政教育活动开展的重要阵地。思政教育是全社会的事情，仅靠有限的专业的教育者来做思想政治工作是不能最大限度地发挥思政教育的作用的，只有齐抓共管，形成合力，把思政教育渗透到人们的日常生活中，在人们头脑中形成一种意识，最后将这种意识自觉转化为一种行为，以真正提高其实效性。

四、健全制度政策，优化思政教育的制度环境

思政教育既需要亲切感人的理念和口号，也需要法律和法规作为基础与保障，以立法的形式约束民众自觉接受思政教育，保障思政教育的顺利进行。各项经济、社会政策对人们的价值取向、道德行为有着直接的影响，因此，思政教育既要靠学习教育的软约束，也要靠制度政策的硬约束。综合运用经济、法律、行政等手段，逐步形成引导与约束、自律与他律相结合的长效机制，促进公民道德素质的提高和良好社会风气的形成。在制定出台有关政策时，既应注重经济社会事业发展的需要，也应体现社会主义核心价值体系建设的要求，积极倡导和鼓励符合社会主义核心价值观的行为，保护人们求真求善求美的积极性。

第二节　优化生态观视阈下思政教育的实践途径

一、系统论与思政教育的有机结合

系统论作为 21 世纪出现的一门重要科学，其思想源远流长。从古希腊开始到近代，系统式思维可以从世界上很多思想家的论述中见到，但是作为一门科学，其真正走向正规化发展，则是通过美籍奥地利人、理论生物学家贝塔朗菲的研究。在他发表的《抗体系统论》中，初步正式地提出了系统论的思想，在 1937 年提出一般系统论原理，奠定了这门科学的理论基础。系统论发展到现在，其整体观念的核心思想影响着人类科学的进步和发展，特别是对很多学科科学发展的影响，有着其他思想不可替代的作用。关于系统论核心思想的经典论述，可以从贝塔朗菲的《一般系统论：基础、发展和应用》中看到，任何系统都是一个有机的整体，它不是各个部分的机械组合或简单相加，系统的整体功能是各要素在孤立状态下所没有的性质。

思政教育是一项宏大的系统工程，这个系统不但具有一般系统的共性，而且具有其自身的特点。新时期加强高校学生思政教育工作，必须更加有效地运用系统论的观点，探讨在高校构建科学合理的思政教育与管理新模式，特别是思政教育内容结构的有机结合，实现思政教育实效性的最大化，以适应培养人才的需要。

二、系统论视阈下思政教育内容结构体系存在的问题

随着系统论同思政教育结合研究的逐步深入，思政教育各个要素结构也在不断地运用系统论的思想与方法论来优化和整合，特别是关于思政教育的内容结构优化的问题，近年来越来越受到专家和学者的重视，在这个优化和整合的过程中，我们应根据教育的现状探讨一下思政教育的内容结构存在的问题。

（一）内部系统中教育内容的界定混乱，内容教授缺失重点

对思政教育内容的界定，到现在为止，学术界还没有一个权威的答案。因为涉及思想意识教育的领域，相对于理工科的科学数据来说，这种教育有很大的灵活性。但这并不意味着思政理论教育在内容的选择上没有一个统一的标准，因为一个学科的正规化和科学化发展需要一个理论上的指导。如果理论指导模糊，那么学科发展势必受到很大的消极影响。明确学科边界和学科内涵，核心在于明确思政教育学科的研究范围，并能够真正以本学科的概念、范畴与致思方式推进本学科的科学研究。

对思政教育的内容的界定，早期学者认同"四教育说"，即思想教育、政治教育、道德教育、心理教育四部分。后来有些学者在这一基础上加上了法制教育，得到了大多数学者的认可，目前"五教育说"是基本的和比较权威的界定。这些要素组成了思政教育内容结构系统，从系统论的视角出发，只有将这些教育要素有效地组织结合起来，才能产生最大的教育效果。随着思政教育研究的深入以及科研的深入，越来越多的教育内容被人为地加入思政教育，越来越多的边缘领域被重视和提升，造成了高校思政教育内容的泛滥，大量教育内容同其他学科交叉重合，甚至很多教育内容已经超越了思政教育的内在要求。但是这种趋势也存在着一定的风险。我们说，我国思政教育的本质还是意识形态的教育，这种过度强调边缘领域的教育并且把教育付诸教学，在本科生的思政教育中，不仅会造成学生对思政教育的认知混乱，更严重的可能会造成学生对思政教育的反感和抵制。

（二）外部系统中教育方式的单一性，教育效果缺乏实效

系统论思想中对系统的本质属性有明确的界定，即整体性、关联性、层次性、统一性，其核心问题是如何根据系统的本质属性使系统最优化。在思政教育过程中，教育方式的采用是关乎思政教育实效性最为关键的外部系统。教育方式采用的技术的层次性，目标的统一性，内容的关联性，都影响着思政教育的实效。高校思政教育一直在强调创新教育方式方法，但是单纯的课堂式教学

很难在短期内得到有效的改变，"教师在台上讲，学生在台下听"的传统式的教学模式依然主导着思政教育的教育方式。这种课堂式的授课模式存在着固有的缺陷，这种缺陷在政治性强、趣味性低的思想政治教学中尤为明显，"学生不爱听，上课走过场"等现象普遍存在。整个社会的中心位置由政治转移至经济发展，而经济发展又体现为计划经济向社会主义市场经济的转换，文化事业在这样的背景下不可避免地走向多元化发展道路，这样的外部环境充斥着各种形式的信息渠道，传播着各式各样的信息，而与此同时，内部教学环境却几乎没有太多的变化，教学内容、教学方式一成不变，通过教学想要传达给学生的信息也同样一成不变。结合我国社会发展的大背景趋势来分析，思政教育方式实际上的单一性对思政教育效果的影响尤为明显。

三、思政教育内容结构优化路径

思政教育内容结构研究是思政教育基础理论研究的一个前沿问题，思政教育内容结构是处于不断优化的过程中的，其实质是通过优化实现由无序到有序、由低级到高级、由旧质到新质的发展。结合系统论的方法论思想，实现思政教育内容结构的优化，提高思政教育的实效性，我们应该从两方面入手：一是思政教育内容体系的优化，二是思政教育方式的优化。

（一）加强学科建设与改进，把握教育内容的主导性与多样性的有机结合

思政教育是为国家和社会的主流意识形态服务的，而国家和社会的主流意识形态都是一元的，是统治阶级意志的集中反映，这就决定了思政教育内容选择必须有主导性。但同时思政教育内在的规定性和丰富性又决定了其内容的多样性。所以，加强思政教育必须把握主导性与多样性的统一，实现主导性要素同多样性要素的有机组合，促进系统的整体性功能，提升思政教育的实效性。

思政教育以政治教育、思想教育、道德教育、法纪教育、心理教育五大要素为基本内容。其中要加强作为政治教育的主导性教育，而政治教育的主导性又不是单纯地体现在几个理论观点上的，主导性现代思政教育内容不是由一两个具体的理论观点简单拼凑而成的，而是一个系统的理论体系。

加强主导性教育要重点把握马克思主义基本原理教育、毛泽东思想和中国特色社会主义理论体系教育以及社会主义、集体主义和爱国主义的主旋律教育。在多样性教育中要充分组合思想教育、道德教育、法纪教育和心理教育，在政治教育主导性的基础上，拓展教育内容，实现思政教育的最大功效。多样性教

育中对系统地把握主导性教育，存在着一定的难度，因为多样性教育的要素不像主导性要素那样具有较强的系统性。把握多样性教育既要把握中外的思想教育，又要兼顾古今的优秀思想，既要注重思想教育，又要考虑法纪教育、道德教育以及心理教育。所以，对多样性教育的把握相对来说存在着一定的难度。所以，在思政教育的内容选择上，一方面要坚持以主导性为前提，以主导性指导和规范多样性，另一方面要以丰富的多样性整合与体现主导性。

（二）拓展教育手段，改进教育方式，提高思政教育的实效性

当今社会，经济的极大发展和科学技术的进步，使得越来越多的教育手段和教育方式出现在教学课堂上，大学生作为一个活跃的群体，特别容易接受新事物和新思想。在这种背景下，传统的、灌输式的课堂教学已经不能适应学生的要求，要加强思政教育，必须拓展教育方式，丰富教育载体，加强教学手段和方法的创新。特别是在网络教育以及多媒体教学高速发展的时代，对加强科学手段的运用以及传统教学方式的创新，不断地优化教学环境，提升教学的实效性有着更为迫切的要求。增强马克思主义理论教育的吸引力、说服力，必须在继承和发扬优良传统的基础上，对内容、形式、方法、手段等进行创新和改进，特别是要在增强时代感和针对性、实效性、主动性上下功夫，切实建立起与新形势新要求相适应的新机制。要充分运用社会主义建设的生动社会实践教学和现代传媒工具，适应信息技术特别是信息网络技术的发展，努力拓宽思想政治工作的空间，提高马克思主义理论教育的实效性，扩大覆盖面，增强影响力。

现阶段大学生思政教育的难点，首先在于部分大学生对思政教育的情感疏离。在全球化、信息化、多元化的共同冲击下，校园里的大学生本身发生了深刻的变化。"00后"陆续进入大学，成为大学生思政教育主体的重要组成部分。这是在网络时代成长起来的一代，他们游走于现实社会与网络社会之间，感知网络社会中世界各地异质的文化与现实社会中利益多样化的社会现实，心理不断被冲击。传统教育所弘扬的主流社会价值在现实社会中面临着光怪陆离的"实然"社会现象冲击，且"应然"和"实然"的强烈对比，造成了大学生对传统思政教育的情感疏离。其次大学生个体对思政教育态度的多样性使其效能面临挑战。考量大学生思政教育的效能既要考虑其思政教育目标的实现，也要考虑实现过程中的效率。而要两者兼顾，在大学生思政教育的过程中就要有教育主体态度上的认同和行为上的支持。最后大学生思政教育传统的社会功能与社会世俗取向存有冲突。思政教育作为社会意识形态的重要组成部分，其社会功能主要是政治功能，倡导正面教育。从宏观角度来说，社会意识生态环境受社会

心理生态环境的影响。而社会心理生态环境主要是由社会个体对社会发展所产生的直接的心理反应。因此，在大学生思政教育生态系统中，要实现大学生思政教育的社会功能，必须有良好的社会心理生态环境。但在一个多元、开放的社会中，任何子系统都不可能不受外界干扰。各种社会现象通过媒体、网络在大学生中相传，甚至也复制到了大学校园，这与大学生思政教育的正面理性教育产生了强烈的对比，直接影响了大学生的个体心理，而由此形成的社会心理生态环境也与理论意义上的社会意识生态环境无法形成良性循环。因此，传统意义上的大学生思政教育社会功能与社会世俗取向的冲突已经成为现阶段大学生思政教育面临的重大挑战。

从上述可知，贯穿整个大学生思政教育过程的基本矛盾，是教育者掌握的社会所要求的思政教育要求与受教育者思政教育发展状况之间的矛盾。要解决这个基本矛盾就一定要将"生命的、有机的、内在联系的生态观点"引入大学生思政教育的研究中，实现大学生思政教育自身的可持续发展。大学生思政教育的可持续发展既要满足现代人、现代社会持续发展的思想道德需要，更要符合未来社会发展的思想、精神要求，它是在继承社会优良的思想道德文化的基础上同时指向未来良好的思想道德的形成，这正是生态观视阈下大学生思政教育实现系统和谐和动态平衡的必然选择，也是解决思政教育基本矛盾的唯一路径。

大学生的一切问题，其根源在于社会，而不能在学生身上去寻找问题的终极原因。大学生思政教育发展中各种问题的出现和解决的核心都是个体的人。因此，尊重个体是大学生思政教育可持续发展的首要价值态度。

马克思认为，人在本质上是社会的存在，大学生思政教育只有培养出全面发展的社会人，才能与社会发展的价值选择相对接。而生态观视阈下的大学生思政教育就是在以人为本的价值态度下，朝着真正人性方向塑造人、培养全面发展的社会人的，进而达到改造社会、实现与社会发展相和谐的价值选择，最终达到可持续发展。因此，尊重个体、以人为本正是生态观视阈下大学生思政教育在实现可持续发展的最大价值过程中应有的价值态度与价值取向。

第十章　寓生态文明于高校思政教育的内容与模式创新

我国把生态文明建设列入中国特色社会主义建设的总布局，表明把生态文明建设提高到了前所未有的地位。生态文明教育贯穿于建设生态文明整个过程和各个方面，是建设生态文明的应有之义。大学生作为未来中国特色社会主义建设的中坚力量，担负着生态文明建设的使命与责任。加强生态文明教育，高校是主阵地，思政课是前沿阵地。生态文明教育融入高校思政课教学是落实党的理论、路线、方针、政策的客观需要。因此，必须积极探索高校思政课的生态文明教育模式，构建教学目标、教学资源、教学渠道"三位一体"的教育模式，将生态文明教育有机融入高校思政课教学，真正提升大学生的生态文明素质，有效发挥大学生在生态文明建设中的模范作用、传播作用和践行作用。

第一节　高校思政课加强生态文明教育的思考

高校是开展生态文明教育的重要阵地，然而国内高校的生态文明教育尚不能满足社会发展的需求，因此加强生态文明教育势在必行。在思政课中普及生态文明教育，是培养大学生树立科学生态观的有效途径，生态文明教育也是思政课教育中不可或缺的重要组成部分。

一、加强生态文明教育势在必行

改革开放 40 多年来，我国在经济建设方面取得了辉煌的成就，已跃居世界第二大经济体，然而，生产力的发展是建立在对自然资源的破坏性掠夺基础上的，打破了原有的生态平衡状态，超出了自然的自我修复能力，造成自然资源的过度消耗和短缺，人类生存环境急剧恶化和污染。目前资源短缺、环境污染已成为制约我国经济社会发展的瓶颈，这迫使人们在理论上重新审视经济建设与环境保护的关系问题。党的十八大将生态文明建设提升到国家发展战略层面，提出把生态文明建设融入经济建设、政治建设、文化建设、社会建设各方面和全过程，努力建设美丽中国，实现中华民族永续发展。生态文明是强调"人类与生存环境共同进化"的文明，关系人民福祉、关乎民族未来的长远大计，是人类面对当前的环境危机所做出的理性反思后选择的人类文明新形态。

随着我国经济社会发展中生态环境问题的日益突出，生态文明建设已成为当今社会的时代课题，生态文明教育也成为热门的教育领域。目前，国内学者对生态文明教育的定义、内涵及理论界定都做了卓越的学术探索，在大学生的生态文明教育方面颇有建树，但与国外发达国家把生态学作为一种世界观和方法论相比，国内高校的生态文明教育尚不成熟、不完善，还不能满足社会发展的需求。教育部也还未将生态文明相关课程列入高校公共基础必修课。据统计，仅有10%左右的非生物、环境专业院校开设了生态教育相关课程，如清华大学率先实施了"绿色大学计划"，云南大学开设了"人类生态学"精品课程，总体来看，接受生态文明教育的学生所占比例还比较低。国内的生态文明教育研究工作还缺乏广泛性、针对性和有效性，难以形成全民教育的氛围。

大学生作为有理想、有知识、有追求的青年一代，是社会主义生态文明建设的潜在推动者，肩负着建设美丽中国、实现中华民族永续发展的重任，他们的生态文明素养和生态伦理行为直接关系到我国生态文明建设的发展前景，影响着生态文明建设的效率和品质。而当前大学生的生态文明素养不容乐观，虽然通过新闻媒体传播大学生对生态文明知识有所了解，但还不够全面、不够深入内心，尤其是在生活实践中大学生还缺乏生态文明意识，不能有效约束自己的不文明行为，很多大学生的价值观念、生活方式、消费习惯等都有诸多和生态文明的要求不相符之处，如乱丢垃圾、践踏绿地、铺张浪费、过度消费等现象在大学生群体中时有发生，加强生态文明教育势在必行，高等院校作为大学生思想道德教育的主要阵地，把生态文明教育纳入自己的教育体系，是义不容辞的责任。

二、研究生态文明教育与思政教育的关系既有理论发展内在逻辑的交汇又有现实的需求

（一）通过思政课教学渗透生态文明教育

高校是开展生态文明教育、树立生态文明观念的重要阵地，学校的教育不仅是培养"聪明的经济人"，更要塑造"理性的生态人"。思政课作为高校的

必修课，具有课时多、跨度长、对象广的特点，是教书育人的主要渠道，不仅影响面广，而且历时长，在思政教育各门课程中融入生态文明教育的内容，采取渗透式教育方式，是生态文明教育的一种实现途径，而且这种形式也是其他专业课和公共选修课无法比拟的。

生态价值本身就是包括思政教育在内的古今德育工作所固有的一种价值形态。尊重自然、保护环境并不是人类对自然界的慷慨施舍，而是人类自身生存发展的需要，生态文明教育就是要加深大学生对大自然规律的认识，促进他们对人与自然这个整体系统共同利益的关注，赋予他们自觉保护自然的意识和能力。把生态文明教育纳入高校思政课的教学体系，是对大学生珍爱自然的道德情操的培养，这对大学生的全面发展提出了更高的要求。生态文明教育所提出来的规范和标准，标志着新时代人类文明的发展方向和道德要求，丰富和拓展了高校德育的内容。同时，生态文明教育还能把我国长期以来形成的思想道德原则和规范从社会领域引申至自然领域，引导大学生用人与自然和谐发展的理念去思考和认识我国社会、政治、经济、文化乃至全球性问题，从人类长远利益出发更好地保护环境，合理利用自然资源。在思政课教育中普及生态文明教育，是培养大学生树立科学的生态伦理观的有效途径，也是贯彻落实可持续发展战略这一基本国策的有效途径，使我们美丽的中国梦有了更清晰、更真实的未来。

（二）生态文明教育是思政课教育中不可或缺的重要组成部分

第一，从思政课应具备的教育功能来看，高校的思政课是为了培养大学生良好的价值观念和道德行为，而生态文明教育就是帮助大学生树立正确的人与自然、人与人、人与社会和谐相处的思想行为理念，体现了对人类社会发展的理性观察和对人类文明价值的重新诠释，这正是当代大学生所需具备的重要伦理道德。大学生不仅要掌握先进的科学文化知识，还应具备正确处理人与人、人与自然、人与社会关系的优秀品质。生态文明教育是新时期赋予高校思政教育的历史重任，加强对马克思主义生态思想的研究，并将马克思主义生态世界观整合到思政教育中，提高大学生的生态保护意识，是思政课教育亟待完成的理论建设任务。这也是思政课教育对国家政治经济生活发展变化的一种回应，也更能体现思政课与时俱进的理论品质与教育功能。

第二，从思政课的内容看，各门课程都包含了丰富的生态文明教育资源，也从不同的角度阐述了生态文明建设的必要性和重要性，如《思想道德修养与法律基础》第三章，涉及正确理解人与自然的关系等内容，提出要自觉珍爱自然，保护生态，"生态文明是人类在社会发展过程中保护和改善生态环境形成的文明成果，表现为人与自然和谐程度的进步。全面建成小康社会，努力实现社会主义现代化，一定要以科学发展观为指导，牢固树立尊重自然、顺应自然、保护自然的生态文明理念，把生态文明建设摆在突出地位。《中国近代史纲要》第十章中，关于以科学发展观作为我国经济社会发展的重要指导方针，指出"社会主义和谐社会的主要特征是民主法治、公平正义、诚信友爱、充满活力、安定有序、人与自然和谐相处。"《马克思主义基本原理概论》的第一章也论述了人与自然的辩证关系，要求用科学的自然观和发展观来指导人们与自然和谐相处，"社会的和谐、人与自然的和谐，都是在不断解决矛盾的过程中实现的""科学发展观正是深刻地揭示了当今人类社会的发展规律，指明人类改造自然与改造社会的实践活动，必须遵循客观规律，符合科学发展的要求，走可持续发展道路，努力实现社会经济系统和自然生态系统的良性循环。"《毛泽东思想和中国特色社会主义理论体系概论》的第八章"构建中国特色社会主义总体布局"中，专设一节阐释生态文明建设的重要性，其中深刻论述了："建设生态文明，是关系人民福祉、关乎民族未来的长远大计""建设生态文明是一个新的重大课题，也是人类发展史上空前壮丽而艰巨的战略任务。走向生态文明新时代，建设美丽中国，是实现民族复兴中国梦的重要内容。把祖国建设成经济繁荣、环境优美、生态良好的美丽家园，既是亿万人民的共同愿望，也是每一个公民义不容辞的责任。"

合理开发利用思政课中现有的和潜在的生态文明教育资源，既能增强课程的生动性与时代性，也能激发大学生的学习兴趣。

第三，从思政课的社会功能看，该课程就是宣传党的理论、路线、方针、政策，为国家政治经济生活和党的事业的落实提供智力支持，表现出鲜明的政治敏锐性和时代性。目前我国提出的科学发展观、美丽中国还有新型工业之路，以及现代生活文化都离不开生态文明建设，党的十八大更是把生态文明建设提高到了一个事关国家经济发展和政治稳定的大政方针的新高度，党的十八大报告明确指出："我们一定要更加自觉地珍爱自然，更加积极地保护生态，努力走向社会主义生态文明新时代。"要实现和谐社会的宏伟目标，离不开生态文明建设的可持续发展思想，要推进生态文明建设，必然要加强生态文明教育，培养良好的生态意识，树立人与自然和谐相处的伦理观念，高校的思政课面对这一新的时代形势和政治任务，必然要把生态文明教育纳入政治视野，担负起加强生态文明教育的光荣使命，为解决生态问题、促进社会经济和谐发展提供精神动力，这是社会发展对思政课提出的时代要求。

三、思政课中生态文明教育的不足与缺陷

思政课中的生态文明教育资源虽然丰富，但内容基本重复，而且散落在各门课程的相关章节中，缺少统一和整合，生态文明教育往往流于形式或带有很大的随意性，没有系统完整的专题很难凸显生态文明教育的主题，因此，需要对生态文明教育有一个长远而系统的规划。

思政课的生态文明教育资源主要是为该课的教学内容服务的，并未系统化、理论化，有一些成熟的生态文明研究成果没有应用于教材中，如马克思主义的生态观、生态伦理学、生态社会主义的理论等都没有涉及。

四、加强思政课中生态文明教育的措施

增添生态文明理论。根据思政课的内容和特点，在每门课程中增加相应的生态文明教育的内容，如在《马克思主义基本原理概论》中增设马克思主义生态观专题；在《毛泽东思想和中国特色社会主义理论体系概论》中讲授生态社会主义的理论；在《思想道德修养与法律基础》中增加生态道德、生态法律等内容；在《中国近代史纲要》中总结中华人民共和国成立以来的生态环境史。通过理论教学引发大学生对周边生态环境的关注和了解，进而应用理论知识反思现实。

在思想政治理论各门课程中除了渗透式地开展生态文明教育外，还要设置生态文明的专题教育，整合零散的生态文明教育的内容，构建一个比较系统的有机整体，做出一个长远的教育规划，确实提高大学生对生态文明建设的认知能力，树立生态道德伦理观念。

在实践教学环节强化环保体验和感性认知。生态意识的培养需要以对现状的了解作为现实基础，所以在实践教学中带领学生走出课堂，参观生态保护区，体会人与自然和谐相处的美好环境，更能激发大学生热爱自然保护环境的情感，养成良好的生态道德行为，引导他们身心愉悦地接受教育。在教学过程中采用典型案例分析的方法开展课内的实践教学活动，典型案件分析和总结可以使大学生更加深刻地了解生态问题产生的原因，充分调动大学生的主动性和参与性，通过了解、观察、分析社会现实，提高学生分析和解决社会问题的能力，增强对生态文明建设的感性认知。

第二节 高校生态文明道德教育在思政课教学中的地位

生态文明是一种新的文明形态，日益严峻的生态环境问题是一个亟待解决的时代课题，加强生态文明观教育、培育生态文明道德刻不容缓。高校思政课承担着帮助大学生树立正确的世界观、人生观、价值观的重要任务，也担负着教育学生学会运用马克思主义立场、观点、方法，按照"三贴近"原则解决好现实难题的重要职责。因此，高校思政课教学必须坚持与时俱进，将生态文明道德教育作为重要内容，有机纳入课程教学之中，为建设美丽中国、实现中华民族永续发展做出积极贡献。

一、加强生态文明建设已成为时代主旋律

（一）人类文明发展的历史进程

人类历史发展进程中先后出现四种文明形态，即原始文明、农耕文明、工业文明和生态文明。原始文明、农耕文明的共同特点是依赖土地而生，发展速度相对较慢，过程比较漫长。工业文明始于19世纪西方国家的工业革命，在征服自然的基础上快速发展，为人类社会带来了空前的技术进步与经济繁荣，但也付出了牺牲生态环境的沉重代价。人类在享受工业化成果的同时，形成了多种不可持续的生活方式，破坏了生态环境，催生了生态危机。进入20世纪以后，生态文明应运而生。生态文明是一种新的文明形态，是对依附自然的原始文明和农耕文明、征服自然的工业文明的超越，强调人与自然的和谐共处，试图通过人类的知识和智力，把工业文明的破坏与掠夺降到最小化。在生态文明建设中，正确处理人与自然的关系，推进社会可持续发展，是人类社会发展的成功转型，必将对人类社会发展产生深远影响。

（二）国际社会在生态环境保护问题上携手前进

20世纪60年代开始，人类已经意识到生态环境破坏带来的危害，开始携手探索生态文明建设道路。其中一些标志性事件如下。①1969年，美国公告《国家环境政策法》，在世界范围内首开环境影响评价制度的先河，也首开公众参与环境影响评价制度的先河。②美国大学校园发生声势浩大的"草根"环境保护运动，并在1970年4月22日演变成一场席卷全美国学校、旨在提高公民环境意识的"地球日"运动，极大地推动了整个国际社会对生态环境问题的理性认识。③1980年，联合国环境规划署、世界自然保护联盟（IUCN）制定《世

界自然资源保护大纲》，第一次向全社会提出了"可持续发展"概念，提出让公众更多地参与环境保护政策的制定，并详细地分析了让公众参与环境保护的好处。④ 1992 年 6 月，在巴西里约热内卢举行了举世闻名的联合国环境与发展大会，这次大会通过的《21 世纪议程》，第一次把"可持续发展"理念变成了各国政府的行动计划。

（三）生态文明建设在中国日益受到重视

相对西方发达国家而言，我国生态文明建设起步较晚，但日益受到重视，科学发展的理念逐步深入人心。生态文明建设在我国的发展历程如下。① 1973 年，我国召开第一次全国环境保护会议，会上环境保护被确立为政府的重要职能之一。② 1983 年，环境保护被确立为我国必须长期坚持的一项基本国策，环境保护观念开始深入人心。③党的十六届四中全会完整提出构建社会主义和谐社会的理念，人与自然和谐相处是社会主义和谐社会的基本特征之一。④党的十六届五中全会首次把建设资源节约型和环境友好型社会确立为国民经济与社会发展中长期规划的一项战略任务。⑤党的十七大报告将"建设生态文明"作为中国全面建设小康社会奋斗目标的新要求之一，明确提出"基本形成节约能源资源和保护生态环境的产业结构、增长方式和消费模式"的设想，并且要求"必须把建设资源节约型、环境友好型社会放在工业化、现代化发展战略的突出位置，落实到每个单位、每个家庭"。⑥党的十八大报告提出，要大力推进生态文明建设，并对推进生态文明建设做出了全面战略部署，把生态文明建设放在突出地位，融入经济建设、政治建设、文化建设、社会建设各方面和全过程，努力建设美丽中国，实现中华民族永续发展。

综上所述，无论是在国外还是在国内，尊重自然、顺应自然、保护自然的生态文明理念逐步成为一种共识，建设生态文明被摆在一个更加突出的位置，共同呵护人类赖以生存的地球家园成为时代主旋律、最强音。

二、大学生是加强生态文明道德教育的重点对象

（一）大学生是未来生态文明建设的主力军

生态文明建设是一项重大的战略性任务，事关我国经济社会发展方式的转变，事关人们的生产生活和消费方式的转变，事关我国在全球生存空间的大小。在这场没有硝烟的战争中，我国要想获得一席之地，拥有一定的话语权，必须具备强大的实力，必须有一大批具有生态理念、环保技术和系统思维的高素质

人才做支撑。大学生毕业后将是各行业和各领域的精英，将逐步成为企事业单位的决策管理层、科研部门的中坚力量、管理部门的政策制定与执行人员。可以说，他们的生态文明意识的强弱、素质的高低，将直接影响各行业、各领域生态文明建设的进程，直接制约今后我国低碳环保相关政策的制定、实施和执行，决定着我国生态文明的发展程度。

（二）大学生是生态文明知识的重要传播者

加强生态文明建设，需要在全社会普及生态文明知识、强化生态文明意识。就我国目前而言，社会公众的生态文明知识和意识总体来说还比较薄弱，迫切需要在全民中全面强化生态文明道德教育。大学生这个群体，既具备知识文化水平较高、对事物的认知理解能力较强的特点，也是学校、社会、家庭之间的桥梁和纽带，他们更能理解加强生态文明建设的重要性和紧迫性，从而增强投身生态文明建设的自觉性，也能有效担当起一个传播者的角色，将其在学校学到的生态文明知识传播到家庭和社会。

三、生态文明道德教育在高校思政课教学中占据重要地位

（一）加强生态文明建设应成为我国国情教育的重要主题

加强国情教育、增强大学生的爱国主义情怀，是高校思政课的重要任务之一。当前，我国面临资源约束趋紧、环境污染严重、生态系统退化的严峻挑战，具体表现在以下几个方面。在农业方面，毁林垦荒、毁牧开垦、围湖造田、填海种植，导致森林和草原植被的破坏，加剧了水土流失，湿地减少，土壤退化和沙化、荒漠化、盐碱化严重；滥用化肥农药，导致土地功能衰退，植物无法生存。在工业方面，废水、废气、废渣不经有效达标治理的大量排放，破坏了整体环境的自然形态。在城市建设方面，布局混乱，工业区与居民区、商业区混杂，人为破坏了区划功能。在资源产业方面，矿业盲目开采，森林乱采滥伐，灭绝性地捕杀珍稀濒危野生动物等行为破坏了生物链及生物的多样性。这些现象造成了我国的生态危机，成为制约经济发展、影响社会稳定的重要因素。对此，党和国家做出大力推进生态文明建设的重大决策部署，构建经济建设、政治建设、文化建设、社会建设、生态文明建设五位一体的总体布局，吹响了建设美丽中国、实现中华民族永续发展的时代号角。鉴于此，高校思政课必须将这些国情教育内容有机纳入课程教学之中，引导大学生正确认识我国生态文明建设的严峻形势，认真学习、深刻领会党和国家有关生态文明建设的重要精神，

自觉地珍爱自然，积极地保护生态，切实履行好时代赋予的神圣使命。

（二）加强生态文明道德教育应成为高校德育教育的重要组成部分

高校德育教育是对大学生进行道德教育的主阵地，思政课则是加强德育教育的主渠道。长期以来，高校德育教育关注的重点是人与人、人与家庭、人与集体、人与社会之间的关系问题，注重弘扬个人道德、家庭美德、社会公德，这也在思政课教学中得到了充分体现。人既具有社会属性，也具有自然属性；既要承担社会责任，也应承担保护自然的责任。而从生态文明的视角来看，当今的高校德育教育，在重视人与社会道德关系的同时，忽略了人与自然的道德关系，到目前为止，还很少将人类对生态环境的道德义务纳入高校德育教科书当中。虽然从 20 世纪 80 年代起，我国的环境教育就已经起步，但长期处于被忽视的地位。从总体上说，大学的生态文明教育一直没有做出明确的要求，没有把环境素质作为 21 世纪大学生必备素质列入培养目标，更谈不上对塑造"理性生态人"最为重要的情感体验、习惯养成及价值观的培养，这是导致大学生生态道德意识不高的最主要的原因。目前，高校在普遍缺乏生态教育公共必修课的情况下，加强面向各层次、各科类大学生的公共必修课——高校思政课的生态文明教育的力度显得尤为重要和迫切。总之，将大学生生态文明道德教育作为德育教育的重要内容，更加符合我国生态文明建设的时代主题，必将极大地激发中华民族的生态文化创造活力。

（三）提升大学生生态文明素质是高校思政课的重要职责

大学生是中国特色社会主义事业的建设者和接班人，生态文明建设是中国特色社会主义事业的有机组成部分，因此，在大学时代，引导大学生深入学习生态文明知识、提升生态文明素质和水平，对他们走向社会、服务社会将产生深远的影响。根据有关专家学者、研究机构的调查，一些当代大学生生态文明素质现状令人堪忧，具体表现为：生态文明道德意识淡薄，对生态环境保护的重要性、紧迫性认识不足；生态文明知识严重匮乏，对社会的一些环境保护行为参与率低；践行生态环境保护的思想之弦绷得不紧，铺张浪费、破坏生态环境的行为时有发生。传授生态文明知识、提升生态文明素质的主要责任在学校、在思政课。高校应有计划、有步骤地在思政课中充实、增设生态文明道德教育内容，采取灵活多样的形式强化大学生生态文明道德养成教育，帮助大学生准确把握自己应该承担的生态伦理责任和义务。

第三节 高校思政课中生态文明教育模式

生态文明教育融入高校思政课教学是落实党的理论、路线、方针、政策的客观需要。从培养大学生生态思想观念、提升大学生生态道德修养、增强大学生生态法治意识、引导大学生生态行为习惯等方面充分实现高校思政课的生态文明教育教学目标，从不同角度、不同形式不断创新高校思政课的生态文明教育教学资源；从提高教师的生态素质、营造生态校园环境、开展生态实践活动、进行生态素质评价等方面积极拓宽高校思政课的生态文明教育教学渠道，构建教学目标、教学资源、教学渠道"三位一体"的教育模式，提升大学生生态文明素质，使大学生按照尊重、顺应、保护自然生态文明的理念行动，发挥大学生在生态文明建设中的模范作用、宣传作用和践行作用。

一、制定高校思政课生态文明教育目标

高校思政教育的根本目的是帮助大学生用马克思主义理论武装头脑，坚定正确的政治方向，拥有先进的思想观念，提高思想道德修养。将生态文明教育拓宽到思政课新领域，主要从生态思想观念、生态道德修养、生态法治意识和生态行为习惯等方面把人与自然的关系纳入道德关怀之中，从而引导大学生树立正确的生态是非感，强化生态忧患意识、责任意识、担当意识，提高处理生态问题的能力，做到知行统一。因此，高校思政课教师要将生态文明教育尽可能地渗透到高校思政课教学中，有效实现高校思政课中生态文明教育的功能价值，使思政课真正成为生态文明教育的前沿阵地。

（一）高校思政课培养大学生生态思想观念

思政课蕴藏着丰富的生态内容，是大学生牢固树立生态思想观念的理论基础。目前部分大学生的生态思想观念比较薄弱，在日常行为中存在着破坏生态环境的习惯，如随地吐痰、乱扔垃圾、随意践踏或攀折花草树木、缺乏节水节电意识、铺张浪费等。在高校思政课中全面深入开展生态文明教育，加强马克思主义生态哲学思想教育，帮助大学生科学处理人与自然环境的辩证关系，树立正确的生态世界观和方法论；加强马克思主义生态伦理思想教育，以生态和谐为根本价值取向，帮助大学生树立科学的生态价值观；加强马克思主义生态审美思想教育，帮助大学生形成正确的、健康的审美观，培养大学生以审美的态度对待自然、保护地球家园。通过开展马克思主义生态哲学、生态伦理、生态审美思想等理论的教育，使大学生的价值观念、思维方式、生活方式和行为

习惯与生态文明的基本要求相协调，培养大学生生态思想观念。

（二）高校思政课提升大学生生态道德修养

高校思政课是高校实施道德教育的主渠道，具有为大学生提升生态道德境界的教育功能。生态道德是指处理人与自然环境的伦理关系的行为规范和准则。提升大学生生态道德修养需做到以下几点。将生态道德纳入思政课教育教学，开展生态危机观教育，增强大学生的生态忧患意识，唤起大学生主动、自觉地保护生态环境；开展科学发展观教育，增强大学生的生态责任意识，激发大学生树立热爱自然、敬畏自然、珍惜生态和关爱生命的道德情感；开展生态消费观教育，培养大学生绿色、低碳消费方式，帮助大学生学会判断人与自然的关系中的是非善恶，提升生态道德修养，并外化为积极主动的生态文明行为，成为保护生态环境、建设生态文明的践行者。

（三）高校思政课增强大学生生态法治意识

十八届四中全会提出，要在依法治国中推进生态法治建设，用法来调整人与自然的关系，坚持改善环境，优化经济发展，坚持经济与环境相协调。生态文明教育融入高校思政课教学，会增强大学生的生态法治意识。将法作为社会与自然和谐发展最高权威保障的理念与文化，以制度理性有效地实现人与社会、人与自然、社会与自然之间的平衡。开展生态法治意识教育，思政课教师要结合当前生态环境保护政策、社会热点问题，强化大学生的主体意识，由被动守法变为主动护法，促进大学生依法、有序、有效、积极主动地参与生态文明建设；强化大学生的权利意识，激发大学生对自身生态人权的保护热情和能动性，成为社会主义生态法治忠实崇尚者、自觉遵守者、坚定捍卫者；强化大学生的责任意识，保护生态环境就是保护人类自己，克制破坏生态的冲动，保障人与自然的和谐秩序。大学生通过自律和他律性规则对行为进行强制性规范与引导，逐渐将保护生态环境的法治意识内化为生态保护的自觉行动。

（四）高校思政课引导大学生养成生态行为习惯

思政课要让学生懂得不仅要靠法律手段解决生态环保问题，还必须通过教育改变大学生的生态观念，将生态文明意识渗透到行为习惯中的点点滴滴，同时，用这一行为影响和带动周边的人，养成生态行为习惯。思政课教学中讲授自然环境的保护和合理利用以及保持生态平衡等方面的知识，培养学生解决环境问题的技能；开展国情教育，让学生了解我国人均占有资源量低、资源消耗和浪费现象严重等问题，引导学生养成艰苦奋斗、勤俭节约的行为习惯；进行绿色消费、节约能源、环保购物等宣传教育，引导学生对物质需求养成理性消费的行为习惯；定期组织学生测量当地雨水、河水、自来水和饮用水的酸碱度，测量大气污染物浓度，了解污染状况，让学生养成保护环境的行为习惯。

生态文明教育融入高校思政课教学既是对目前政治、经济、文化、社会生活变化的一种回应，也是落实党的理论、路线、方针、政策的客观要求。高校生态文明教育要求大学生以保护生态环境为宗旨，以可持续发展为根据，以人与自然和谐相处为着眼点，强调自然界是人类生存与发展的基础，理性观察社会发展，重新阐释人类文明价值，这种教育融入高校思政课教学有利于大学生的成长和全面发展。

二、充分利用思政课教育教学资源

高校思政课的四门主干课程以不同角度、不同形式渗透了生态文明理念，具备丰富的教育资源。在高校思政课教学中，思政课教师仔细深入地挖掘分析教材，就能找到很多有关生态文明教育的切入点，可以贴近实际、贴近学生、贴近时代对大学生开展生态文明教育。

（一）《马克思主义基本原理概论》中的生态文明教育教学资源

在《马克思主义基本原理概论》教学中，在讲授唯物史观的内容时，讲解"物质决定意识的原理""发挥主观能动性和尊重客观规律的辩证关系"以及"世界的物质统一性的原理"等内容时，可以开展马克思主义生态思想及其发展的教学，加强生态文明教育，确立自然界是不以人的意志为转移的客观存在的观点，确立人类社会的任何活动都离不开自然界以及人类必须在尊重自然规律的前提下认识和改造自然界的观点，从而树立人与自然和谐发展的科学正确的自然观。在讲解"地理环境对社会发展的作用"时，强调自然资源是有限的，在教学中就要广泛宣传合理地综合利用自然资源、节约资源，保护自然生态系统和环境，优化国土空间开发格局，加强生态文明制度建设，建设美丽中国等生态文明建设的基本要求。在讲解"人口因素对人类社会发展的作用"时，引导学生认识保持适度的人口规模是社会发展的前提，在当今时代，保护和改善生态环境就是保护与发展生产力。保护生产力、发展生产力要依靠科技的创新发展，要依靠劳动者积极主动地充分认识生态环境的价值和有效保护生态环境。在讲授"政治经济学"时，让学生明确资产阶级唯利是图和极端贪婪的本性，以消耗地球上有限的自然资源为代价，不惜一切地创造财富，导致严重的生态危机，引导学生对资本主义工业文明造成的生态、环境问题进行批判。在讲授

"共产主义理想"时，引导学生分析共产主义要达到人类社会的和谐，更要实现人类社会与自然的和谐，让学生坚定理想信念，共同打造"人类命运共同体"，构筑尊崇自然、绿色发展的生态体系，实现人类自由而全面的发展。

（二）《毛泽东思想和中国特色社会主义理论体系概论》中的生态文明教育教学资源

在《毛泽东思想和中国特色社会主义理论体系概论》教学中，要特别强调几代党中央领导人毛泽东、邓小平、江泽民、胡锦涛、习近平思想中有关生态方面的内容。在讲授科学发展观这一部分内容时，强调"实现什么样的发展，怎样发展"，让学生明确以人为本既是科学发展观也是建设生态文明的根本出发点和归宿。在讲授"建设社会主义和谐社会"时，强调建设和谐社会的基本要求、建设思路等，从而让学生坚定走生产发展、生活富裕、生态良好的人与自然和谐相处的文明发展之路。在讲授"建设中国特色社会主义生态文明"时，强调党的十八大把生态文明建设放在突出战略地位的精神，强调社会主义生态文明新理念的内涵与特征，强调建设生态文明的思路与对策等，从而使学生充分认识加强生态文明建设的紧迫性和必要性，让学生深刻认识到生态文明建设不仅涉及经济社会和人的发展与保护自然环境的关系，而且涉及个体利益与社会利益、个体发展与社会发展之间的关系。在讲授"把握经济发展新常态""促进经济社会又好又快发展""全面建成小康社会"等内容时，结合目前社会现实问题的分析，强调生态文明是有关"新常态""转变经济发展方式""可持续发展""小康社会"等目标内容，激发大学生的生态危机意识，增强大学生的生态责任意识，引导大学生养成生态行为习惯，提高处理生态问题的能力，为大学生积极主动投身生态文明建设打下坚实的基础。

（三）《思想道德修养与法律基础》中的生态文明教育教学资源

在《思想道德修养与法律基础》教学中，讲授道德部分内容，如"爱国主义优良传统""构建和谐的人生环境""社会公德的实践与养成"等，可以强调有关生态文明方面的知识，引导大学生掌握热爱自然、保护环境、尊重生命、绿色生活、适度消费等应遵守的行为规范和准则，促使大学生在处理人与自然的关系中融入道德关怀，为自觉投身生态文明建设构筑起牢固的道德制高点。在进行生态文明思想、生态道德教育时必须贴近学生、贴近生活、贴近实际，使大学生能将所学生态知识运用于生活实践，学以致用。在讲授法律基础部分内容时，如"增强国家安全意识""经济法律制度""环境保护法"等，应增加生态法律方面的内容，强化环境法律法规教育，结合目前社会主义市场经济条件下有少数人不顾道德约束，公然以牺牲环境为代价违法生产获取利益的案例，组织学生讨论、学习、掌握国内外有关保护环境方面的法律法规及政策，增强大学生的生态保护意识。将生态思想、生态道德知识和生态法律法规知识融入高校思政课教学中，这对大学生提高生态道德素养、增强生态法律意识、养成环境自律行为有着重要意义。

（四）《中国近现代史纲要》中的生态文明教育教学资源

在《中国近现代史纲要》教学中，在讲授历史人物时关注其生态思想，如清末梁启超的文章和著作中详尽阐述了生态环境观，他认为社会历史发展离不开生态环境，不同的地理生态环境影响不同地区的生产方式和生产关系。《中国近现代史纲要》教学中应尽量挖掘我国生态环境史，利用正面的生态历史资源，对学生开展生态环境教育；也可以利用历史上破坏生态环境的负面资源，总结前人在保护生态环境问题上的经验与教训，分析我国历史上生态环境持续遭到破坏的重要原因，引导学生认识到盲目破坏生态环境行为的危害，增强生态忧患意识，让学生充分认识到建设生态文明是中华民族伟大复兴的必然选择，自觉肩负起建设生态文明崇高的历史使命。

生态文明教育融入高校思政课教学，教师必须深入挖掘教材中设计的相关生态资源，并以专题、案例等形式对生态资源进行完善，让学生系统学习掌握生态理论知识，达到知行统一。

三、拓宽思政课中的生态文明教育教学渠道

（一）提高教师生态文明素质，坚持典范育人

能否有效地将生态文明教育融入高校思政课教学中，高校思政课教师的生态文明素质起着十分关键的作用。高校思政课教师的生态文明素质是教师在教学科研与学习生活中逐渐学习、积累而形成的，思政课教师要利用自身的优势，不断提高生态道德修养、生态学识水平、生态意识、生态教育能力等综合素养。一是诚邀具有深厚生态文化底蕴、较高生态文化修养的从事生态专业教育的教授、专家举办学术讲座，帮助思政课教师提高生态学识水平。二是组织思政课教师外出进修培训，学习有关生态文明的知识，如转变发展方式、全面建成小康社会、自然生态系统与环境保护等知识，不断构建其合理的知识结构，全面提升以生态世界观为核心的生态教育能力。三是组织思政课各教研室开展生态文化知识的研讨和学习的教研活动，形成生态文明思维，掌握生态学方法论，

营造生态文明素养氛围。总之，高校思政课教师生态素养得到提高，在教学中就能积极主动地渗透生态意识，坚持生态伦理道德的基本价值取向，将生态道德、生态文明价值观念通过言传身教的方式潜移默化地影响学生，促使学生树立生态文明价值观。

（二）营造生态校园环境，坚持环境育人

高校校园环境作为育人的重要手段和工具之一，感染和改变着大学生的道德素质、思维方式和行为模式。思政课教师充分利用高校内的生态园林景观和校园教育资源，将生态文明教育融入思政课教学，为情景教学法、多媒体教学法、活动教学法等方法的创新提供素材，构建快乐课堂，丰富课堂生态文化和审美意识，起到润物无声的妙处。营造生态校园环境，以直观生动、形象活泼的呈现方式将生态文明融入校园环境建设。首先，校园自然环境的建设体现了生态文明理念。校园的规划设计、自然景观设计、建筑样式、绿化景观等需实现校园环境、功能、经济、资源的最优化，让学生在校园生活中感受到自然的亲和，体现服务教学的功能。思政课教师结合与校园有关的生态环境、低碳生活等真实情景，根据课程中的生态文明资源，着眼于大学生的情绪体验，让他们参与到教学中来，让大学生在获得知识的过程中形成生态道德意识。其次，校园环境建设要积极营造良好的生态校风、教风、学风。举办以"绿色发展、生态环保"为主题，涉及自然风光、爱护环境、低碳环保、绿色生活的书画展、摄影展、微视频等特色活动。思政课教师围绕教材重点、难点，利用微信、微博、QQ等信息化平台，采用图片、视频、声音等方式通过多媒体展示校园内已经发生和正在发生的生态破坏或生态治理、生态保护事实，展开学习和研讨，增强生态忧患意识、参与意识和责任意识。在生态校园环境下把生态文明融入思政课教学中，更能有效地培养大学生关心地球、善待生命、热爱生态的观念和行为习惯，使大学生成为生态文明的传播者和实践者。

（三）开展生态实践活动，坚持实践育人

高校思政课教学中开展生态文明教育，必须做到的是理论联系实践，开展丰富多彩的实践教育活动，坚持实践育人，让大学生在掌握生态理论知识的同时走向社会亲自体验、亲自实践。首先，通过大学生环境保护协会、绿色使者志愿者协会等社团组织，结合世界环境日、世界地球日、世界无烟日、世界水日、植树节等主题活动，积极开展生态文明主题教育，发放环保科普知识资料，张贴环保标语，宣传有关环保法律法规，倡导爱护环境、共建绿色家园、保护生

态的理念。运用网络、报纸等媒体及时报道大学生开展生态文明宣传活动的鲜活事例，扩大活动的影响力。其次，结合社区资源和地方优势，组织学生走上街道、走进小区，设点宣传环保知识，开展"节约资源、减少污染""绿色消费、环保购物"等主题教育活动，开展环境问题的广泛社会调查，让生态教育从校内扩展到社区，在实践中提高学生的生态意识和生态素养。最后，采用辩论赛、座谈会和宣讲报告等多种形式，让大学生了解国际国内的环境和生态现实问题，进一步深化生态理论知识，拓展思政课教学的空间，提高大学生生态素质。

（四）实行生态素质评价，坚持考核育人

为了了解大学生在生态文明素质培养过程中的努力、进步状况或成就，在思政课考核中构建生态素质评估体系，以制度促进大学生生态素质的提高。评估体系包括三种评价法。第一，考试测验评价法。思政课教师根据生态文明理论内容设计主客观相结合的题目考查学生对生态文明理论知识的认知水平和思维过程。第二，实践模拟评价法。由学生自己策划生态实践项目，同学之间相互交流合作，根据相互探讨及其在小组合作中的表现、对问题解决所做的贡献等方面对学生进行综合评分，考查学生综合运用所学生态文明理念解决实际问题的能力。第三，行为过程评价法。以学期为单位，每个学生将各种有关生态文明素养的材料收集起来放入本人的档案袋，包括本学期内有关生态文明理论学习成果和实践成果，如论文、调查报告、活动照片、微视频等，由辅导员或班干部根据档案袋内容进行分数评价。构建有思政课教师、学生、辅导员或班干部多主体，涉及理论、实践、过程多元化的评价体系，督促学生随时随地注意自身生活方式是否绿色，自身消费行为是否环保，有效促进学生生态素质的提高。

第四节　课堂生态文明视阈下基于问题协作式学习的高校思政课教学模式

在落实高校立德树人根本任务的背景下，由教师、学生与传统课堂环境构成的课堂生态文明遭受强烈的冲击，高校思政课的课堂教学也面临着新的挑战和机遇。问题协作式学习的倡导改进了高校思政课的传统教学模式，教师教学与学生学习融为一体，有效提高了思政课的实效性。以"形势与政策"课程为例，将问题协作式学习的教学方法运用到课堂教学实践中，并对其教学过程及教学模式进行探究，构建教学相长的课堂生态文明。

一、课堂生态文明的由来

学界对课堂生态的研究还处于起步阶段，对课堂生态文明进行富有意义的现代解读并不是一件容易的事情。但课堂生态文明的理论基础是教育生态学，从教育生态学的视角去解读课堂生态文明，为我们提供了一种重新审视课堂的思维方式。"教育生态学"一词最早是由美国学者格雷姆林·劳伦斯（Cremin Lawrence）于1976年提出的。教育生态学是一门以教育学和生态学为理论基础，相互渗透教育学和生态学的原理及方法形成的一门交叉学科，它把教育与生态系统联系起来，运用生态学的原理与机制研究教育现象，解决教育问题，进而掌握教育发展规律，揭示教育发展方向。概括地说，教育生态学是研究教育与其周围生态环境之间相互作用的规律和机理的科学，其实质是用生态学的原理来分析和指导教育的发展。用教育生态学来观照课堂，把课堂视为一个生态系统。这个生态系统由教师、学生和课堂环境等多个要素组成，这些要素之间相互联系、相互作用，产生各种各样的生态关系。课堂生态文明是课堂生态系统中的教师、学生和课堂环境等各要素之间达到结构、功能和配置上的最优化。课堂生态依赖教育生态的研究路径，运用生态学的原理和方法研究课堂现象，解决课堂问题，为传统课堂教学研究提供了一种范式。

二、传统高校思政课面临的现实困境

思政课是高校落实立德树人根本任务的主干渠道和核心课程，是加强和改进高校思想政治工作、实现高等教育内涵式发展的灵魂课程。然而，随着时代的迅猛发展和社会思潮的强烈变迁，如今的大学生早已不是当年的大学生，原本应与大学生的思想同频共振的高校思政课逐渐变得不被大学生喜欢，甚至惨遭诟病。于新媒体时代成长起来的"00后"已逐步成为大学生群体的中坚力量，他们习惯于在网络信息急剧膨胀与大众时间碎片化中生存，传统以课堂教学为主的高校思政课受教学空间、教学方式、教学内容等的制约，存在一些弊端，极大地影响了教师的教学质量和学生的学习质量。

第一，当前高校思政课的教学内容容量大，且集中时段、集中大量学生一同授课，教师难以在课堂上对教学内容进行深入开展，对许多内容往往是点到即止，思政课的授课形式与内容设计亟须基于现实需要进行一定的革新。第二，由于思政课非专业课且教学内容偏理论性，课堂教学往往略显枯燥且不容易出彩，存在少数学生对思政课学习重视程度不够，轻视甚至忽视思政课的育人价值的情况。第三，传统高校思政课以课堂授课为主，采用"满堂灌"与"一言堂"

的教学模式，学生学习反馈的双向性差，在授课过程中的参与度以及与教师的互动性不足，加之学生于课堂上易被手机等电子产品转移注意力，常常出现教师在上面讲，学生在下面玩手机的现象。第四，当前高校思政课的教学内容面向全校各个专业学生均为统一设置，立意切入稍显高远，与学生日常生活的结合度不够，让学生觉得与自己的关系并不密切。第五，新媒体时代下，大学生使用手机和互联网已经成为不可避免的趋势，网络上的"慕课"资源多不胜数，许多教学内容在教师讲授之前学生已经通过网络知悉，甚至有的学生比教师懂的还多，有限的课堂时间与无限的教学资源之间的冲突对教师的教学能力和知识储备提出了更高的要求。

传统高校思政课面临的现实困境的背后，折射的是其课堂生态的失衡。在课堂生态文明视阈下，需要教师进一步思考如何基于高校思政课课堂教学的特点和局限改变教学模式，增强授课内容的现实性与延展性，改进课堂学习方式，合理引导大学生在线上学习交流，打破教学的时间和空间限制，提高高校思政课的实效性，落实立德树人的根本任务。

三、课堂生态文明下的学习变革

在高校立德树人根本使命的指引下，课堂教学不仅是为了传授知识，更是为了培养学生的品格。思政课作为"高校第一课"，更加承担着高校立德树人的使命。为了让思政课真正发挥成效，让学生心悦诚服地接受思政课的"洗礼"，需要建设平等、宽松、活泼的课堂生态文明。在这样的课堂生态文明下，学生接受知识的方式随之发生改变，对学生在学习主体、学习时间和学习空间等属性上都产生了巨大的影响。

（一）学生学习主体的相互性

在平等的课堂生态文明中，教师与学生应该是课堂教学活动中的双主体。首先，师生共同参与课堂教学，体现出参与性。教师不是高高在上的知识传承者，而是知识的分享者和学习的参与者；学生不是被动的知识接受者，而是主动的学习者并与教师实现教学相长。其次，师生在平等的课堂生态文明中体现出互动性。教师在与学生的互动中激发学生的学习兴趣、掌握学生的学习情况并调整教学进度和难度；学生在与教师的互动中表达诉求、展示自我、增进沟通并获取支援。最后，师生在平等的课堂生态文明中还表现出相互的影响性。教师对学生不仅施加知识上的影响，还通过言谈举止对学生施加品行上的影响；学生不仅是课堂教学的对象，还是课堂教学的合作者与共同学习者，学生的评

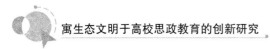

价对教师而言至关重要。另外，在平等的课堂生态文明中，学生与学生之间同样具有参与性、互动性与影响性的特点，生生之间通过学习方式的创新可以实现协同互助和优势互补，促进知识结构的更新并培养积极合作的意愿。

（二）学生学习时间的延续性

宽松的课堂生态文明体现为学生学习时间的延续性。首先，课堂教学活动的时间不局限于一节课 40 min，师生通过现代信息技术手段可以轻易地将教学活动延续到课下。留给学生和教师充分的时间，让学生和教师都有更多自主学习和独立思考的机会。宽松的课堂生态文明下的课堂教学对师生而言，每一堂课都是全新的、难以预设的体验。其次，学生学习时间上的延续性还会带来课堂教学的共生。现代课程观认为，课程不仅是知识，同时也是经验和活动，不只是知识的载体，同时也是师生共同探求新知的过程。教师和学生都是课程资源的开发者，两者共创共生，形成学习共同体。再次，从过程性视角来看待课堂教学，课堂教学是一个解决问题和建立联系的过程，教师在课堂教学中应重视过程，让学生有足够的时间去经历、体验和探索。最后，学生学习时间的延续性带来的是发展性的课堂教学。在传统的课堂教学中，学生的主动性受到压抑，个性与创造性难以发展，而发展性课堂教学以学生为主体，给予学生充分的时间，让学生充分地发挥了自主性、主动性和创造性，让学生在主动学习中获得生动、活泼的发展。

（三）学生学习空间的拓展性

学生学习空间的拓展性是活泼的课堂生态文明所带来的。借助现代信息技术，学生的学习在空间上不仅可以跨越课内外局限，而且可以跨越校内外局限。学生学习空间的拓展性就是要扩大课堂外延，开发一切可利用的课程资源，密切联系学生实际和社会生活实际，使课内课外相连、校内校外相连、家庭和社会相结合。更加开放的学生学习空间能够创设宽松民主、自由平等、生动活泼的学习氛围，能够给予学生更多的自由，释放学生的天性，让学生做课堂的主人。此外，学生学习空间的拓展性不仅体现在跨越地理空间的局限，还体现在跨越思维空间的局限。教师对学生的教学形式将由课内的问题探讨走向课外的实践探索，由学生的大脑思维活动走向身体力行的实践行动，所体现出来的实践性与行动性是更高意义上的学习空间拓展。

四、问题协作式学习对高校思政课课堂生态文明的响应

问题协作式学习主张问题是学生学习的起点和动机，学生以自主探究加小组协作的方式带着问题来学习，它是为了解决真实生活情景中的问题而采取各种措施的一种学习方式。问题协作式学习主要由三大要素构成，即教师、学生和问题情境。在问题协作式学习的过程中，教师不是直接告知学生答案或者给学生灌输知识，而是扮演指导者的角色，展示问题，引导学生主动通过研究、探讨、实践、思考，最终找到问题的答案，从而获取知识。

基于问题协作式学习的教学是一种以学生为主体的教学模式，它围绕问题情境这一核心，重视学生在教学中的体验和意义建构。把问题情境作为联结"教"与"学"的纽带，不仅能够激发学生的学习兴趣和热情，提高学生对教师所教知识的接受程度，而且能够活跃课堂气氛，减轻教师的授课压力。问题协作式学习体现了新的教师观、教学观、学生观和学习观，对课堂生态文明下的学习变革进行了响应。

1. 问题协作式学习是体验式、感受式学习

基于问题协作式学习的思政课课堂教学不再完全按固有教材体例以及传统知识逻辑来组织开展，而是突出问题导向，强调知识与问题的关联。教学内容与学生的生活经验紧密联系，有利于激发学生的兴趣，满足学生的需要，为学生营造一个自主、合作、探究的学习环境。同时它强调在课堂教学中师生是平等的，教师作为指导者、引路人，并不是要在有限的课堂教学时间内给学生灌输无限的知识，而是鼓励学生利用课下时间以及线上资源自主学习、感悟，在课堂上分享建构，实现教学相长。

2. 问题协作式学习追求合作式的课堂文化

高校思政课多采用合班教学，由于学生众多，经常可以看到不同行政班的学生之间相互隔离，甚至同一个行政班的学生之间也鲜有互动和交流，课堂教学氛围十分沉闷。问题协作式学习让不同的学生个体从孤立走向合作，促进学生之间的交流、共享，打破课桌城墙和壁垒，营造良好的课堂教学氛围。在问题的统摄下，教师组织学生通过协作解决问题，达成教学目标，实现了从教师主导课堂教学向教师与学生合作开展课堂教学的范式转变。

3. 问题协作式学习对学生进行发展性评价

问题协作式学习注重学生提出问题和解决问题能力的培养，因此更加关注学生的学习过程而非学习结果。这并非认为学习结果不重要，而是基于大学生

自主学习能力较强的特点，教师只要做好教学过程控制，便可让学生自行输出学习结果。此外，除了关注学生对问题的解答，教师还关注学生在问题协作式学习过程中遇到的困难和需求，关注每一个学生参与小组合作学习的积极性及思想状况，着眼于使每一个学生真正能够从思政课中获得知识的增益、道德的温暖和力量。

五、基于问题协作式学习的高校思政课教学模式

在落实高校立德树人根本任务的背景下，教学不仅是传播知识的手段，还是促进学生发展与教师专业成长的重要途径。课堂生态文明是学生发展、课堂教学方式变革和教师个体专业成长的共生体，其所倡导的思政课教学模式应该是基于问题协作式学习的。

（一）基于问题协作式学习的教学设计

1. 提出问题

第一，问题的由来。提出问题是问题协作式学习教学设计的起点和重点。教师根据本节课的教学内容创设初始的问题情境，激发学生提出问题。例如，要向学生讲解粤港澳大湾区建设的相关内容，则可以初步介绍粤港澳大湾区建设的面貌、与之有关的重大事件等，激发学生的兴趣，引导学生探讨什么是粤港澳大湾区，为什么要建设粤港澳大湾区，如何建设粤港澳大湾区等问题。在这一过程中，教师可以提醒学生相应的重难点，并针对重难点提出问题，让学生积极参与问题的讨论。

第二，问题的分类。教师在组织学生开展问题协作式学习的过程中，可以将课堂教学问题分为概念性问题、理解性问题和应用性问题三种类型。概念性问题帮助学生构建知识体系，理解性问题培养学生的批判性思考能力，而应用性问题提升学生的创造与革新能力。除了概念性问题有比较明确的答案，其余两种类型的问题均是劣构的，需要学习者充分发挥主体能动性。这三类问题由浅入深，循序渐进，共同帮助学生学会提问。不同类型的问题对应着不同的协作学习方式。

2. 确定主题

在教师和学生都提出自己的问题后，教师引导学生根据这些问题的类型及相关性提炼出 2 或 3 个主题。确定主题是为了聚焦问题，剔除不相关的问题，防止思维过于发散。提炼的主题必须是有意义的，在课程刚开始的时候，教师

可以有意准备几个主题，并引导学生向这些主题靠拢。但随着学习的进行，学生已经能够熟练地把握主题，教师就要留给学生更多的发挥空间。如就粤港澳大湾区建设这一课程内容，师生可以针对"改革开放""创新"等主题聚焦问题。

3. 协作学习

一般由 8 ～ 10 名学生自愿组成一个学习小组，小组成员在汇总和分类出全体组员提出的问题及主题后，便各自利用课下时间及线上资源收集资料，尝试寻找问题的答案；小组成员互相交换情报和资料，对具有争议性的问题再次收集资料，以头脑风暴的方式对问题进行充分论证，最终得出较为一致的答案。在这一过程中，小组成员经历知识的交互和思想的碰撞，能够更快地构建课程内容的完整知识体系，同时对课程内容的接受程度也大大提升。

4. 分享建构

各学习小组把自己通过合作探究研究的问题、研究的过程及学习结果以幻灯片的形式在课堂上展示分享，供其他人互相学习交流；各学习小组可对其他学习小组的汇报内容提出补充、质疑或纠正。在这一过程中，学生之间可以互通有无，查漏补缺，建构完善知识体系。由于许多问题没有唯一标准的答案，无法直接判定各学习小组的学习成果优劣，此时需要依据发展性评价的原则，由教师组织各学习小组之间进行互评，并对各组的表现进行点评，必要时还要对研究问题及主题进行补充说明。

5. 自我反思

在问题协作式学习成果的基础上，教师可以通过布置课下作业鼓励学生对学习成果进行梳理，形成完整的书面汇报，进一步把学习成果变成一个具有探究意义的课题，积极组建课题小组，参加课题申报及学术科研比赛，更加深入地锻炼自主学习和探究能力。对教师而言，教师要负责监控基于问题协作式学习的课堂教学质量，对学生开展问题协作式学习的过程及结果的不足进行反思，以便更好地组织下一次课的教学。

（二）基于问题协作式学习的高校思政课教学实践效应

问题协作式学习以问题出发，以小组协作的方式让学生共同探究、共同成长，并在具体的课堂情境中实现教师个体专业成长与学生发展的共生。该学习方式围绕所提出的课程核心问题，充分发挥每个小组成员的独特作用和协作合力，实现课程资源和学习经验的共享，变革课堂学习方式，提高学生学会学习、学会提问以及实践创新的能力。

　　基于问题协作式学习的高校思政课教学实践效应表现为学生发展、课堂教学方式变革以及教师个体专业成长三重目标的实现。三重目标的实现还直观地表现为一些可视化的成果，如学生发展的成果、课堂学习方式变革的成果和教师专业成长的成果。学生发展的成果表现为学生德育水平的提升、人文素养的内化和思想政治理论知识的增长；课堂学习方式变革的成果表现为学生对思政课的积极性的提高、对教学评价及满意度的改善；教师专业成长的成果包括教师的自我效能感、教师教学水平与技能的提升以及学生对教师的教学好感的增加。

参考文献

[1] 王刚. 思想政治教育资源研究 [M]. 重庆：西南师范大学出版社，2017.

[2] 徐茂华. 高校思想政治教育的时代主题：中国梦融入大学生思想政治教育研究 [M]. 长春：东北师范大学出版社，2018.

[3] 王升臻. 思想政治教育本质研究 [M]. 郑州：郑州大学出版社，2016.

[4] 李俊奎. 思想政治教育学导论 [M]. 哈尔滨：黑龙江人民出版社，2015.

[5] 张可辉，栾忠恒. 新媒体视域下大学生思想政治教育研究 [M]. 北京：中国商务出版社，2018.

[6] 臧宏玲. 高校思想政治教育前沿问题研究 [M]. 长春：吉林人民出版社，2017.

[7] 张晓梅. 新媒体与新媒体产业 [M]. 北京：中国电影出版社，2014.

[8] 曹世华. 新媒体技术应用与实践 [M]. 杭州：浙江大学出版社，2017.

[9] 罗小萍，李韧. 新媒体传播及其效果研究 [M]. 北京：中国广播影视出版社，2018.

[10] 周艳. 新媒体理论与实务 [M]. 北京：中国传媒大学出版社，2014.

[11] 王凤志. 思想政治教育美学方法论 [M]. 杭州：浙江大学出版社，2017.

[12] 胡飒，奚冬梅. 高校思想政治教育教学与实践研究 [M]. 北京：光明日报出版社，2018.

[13] 郭强. 新视角下的思想政治教育研究 [M]. 北京：中国社会出版社，2017.

[14] 杨曦阳. 全媒体时代思想政治教育新论 [M]. 长春：吉林文史出版社，2017.

[15] 樊常宝. 思想政治教育 [M]. 北京：北京理工大学出版社，2017.

[16] 罗仲尤. 思想政治教育属性研究 [M]. 北京：知识产权出版社，2017.

[17] 陈建，谢亚蓉，唐雪梅. 思想政治教育与创新创业 [M]. 长春：吉林人民出版社，2017.

[18] 张百顺，齐新林. 思政课教学与人格教育和谐发展 [M]. 武汉：华中科技大学出版社，2019.

[19] 刘芹，岳松，付安玲. 坚持文化传承 创新文化建设：2017 年思政课实践教学调研报告汇编 [M]. 青岛：中国海洋大学出版社，2019.

[20] 郭春燕，刘建华，刘永成，等. 北京高校新时代新思想学习研究 [M]. 北京：中国书籍出版社，2019.

[21] 谢剑雄. 半壶青吟 [M]. 苏州：苏州大学出版社，2019.

[22] 王炳林，赵军. 中国共产党治国理政历史经验研究：咨询报告集萃（2018）[M]. 北京：人民出版社，2019.

[23] 陶磊，张晴华，于露. 智汇大学英语：第 1 册 [M]. 杭州：浙江大学出版社，2019.

[24] 秦武峰，石海云. 林业职业院校特色治理：湖北生态工程职业技术学院治理能力建设的探索与实践 [M]. 北京：经济日报出版社，2019.